Technische Informatik I

v/d/f
Hochschulverlag AG
an der ETH Zürich

Thomas Müller, Hans Käser,
Rolf Gübeli, Rolf Klaus

Technische Informatik I

Grundlagen der Informatik und Assemblerprogrammierung

2. Auflage

**Zürcher
Hochschule
Winterthur**

Hochschule
für Architektur,
Technik, Wirtschaft
und Sprache

Bibliografische Information Der Deutschen Bibliothek
Die Deutsche Bibliothek verzeichnet diese Publikation in der Deutschen Nationalbibliografie; detaillierte bibliografische Daten sind im Internet über http://dnb.ddb.de abrufbar.

Das Werk einschliesslich aller seiner Teile ist urheberrechtlich geschützt. Jede Verwertung ausserhalb der engen Grenzen des Urheberrechtsschutzgesetzes ist ohne Zustimmung des Verlages unzulässig und strafbar. Das gilt besonders für Vervielfältigungen, Übersetzungen, Mikroverfilmungen und die Einspeicherung und Verarbeitung in elektronischen Systemen.

ISBN 3 7281 3001 x

1. Auflage 2000
2. korrigierte Auflage 2005

© vdf Hochschulverlag AG an der ETH Zürich

verlag@vdf.ethz.ch
www.vdf.ethz.ch

Vorwort

Nicht nur Personal Computer, auch viele andere Geräte des täglichen Lebens (Fax, CD-Spieler, Natel etc.) wären ohne integrierte Rechner nicht realisierbar, deren Software oft auf raffinierten Methoden zur Fehlererkennung, Fehlerkorrektur und Datenkompression basiert.

Im vorliegenden ersten Band werden zunächst die technischen Grundlagen der Informatik und anschliessend exemplarisch – anhand des Prozessors 8086 – die wichtigsten Konzepte einer Assembler-Sprache behandelt. Mit der Assembler-Einführung sollen primär das Grundverständnis für die Funktionsweise eines Prozessors vermittelt werden und erst in zweiter Linie programmiertechnische Fähigkeiten, auch wenn Mikrocomputersysteme bei beschänkten Ressourcen sowie aus Performancegründen heute noch in Assembler programmiert werden.

Weiter wird systematisch gezeigt, wie sich die wichtigsten Grundablaufstrukturen und die Datentypen Hardware-nah realisieren lassen. Durch die Codierung in Assembler wird ersichtlich, welche Funktionen die Prozessor-Hardware direkt leisten kann und was vom Compiler als Code generiert wird. Dies bildet die Voraussetzung, um z.B. den Aufwand eines Hochsprachen-Statements abzuschätzen oder notfalls den von Compilern generierten Code nachzuvollziehen.

In einem zweiten Band werden die Funktionsweise der Mikrocomputer-Hardware sowie weitergehende Techniken wie Interrupts, modulare Codierung und Makros behandelt, ebenso der Entwurf und die Umsetzung von State-Event-Techniken.

Beide Bände bilden mit den im Verlag vdf bereits erschienenen Publikationen „Einführung in die Digitaltechnik – Vom Gatter zu VHDL", „Grundlagen der Computertechnik", „Die Mikrokontroller 8051, 8052 und 80C517" und „Einführung in C++ – Konzepte moderner Programmiersprachen" eine Einheit.

Sowohl thematisch wie auch im Aufbau basieren diese Bücher auf den Lehrplänen der Studiengänge „Elektrotechnik", „Informationstechnologie" sowie „Kommunikation und Informatik" der Zürcher Hochschule Winterthur. Sie enthalten einen erprobten Mix aus Wissensvermittlung, praktischen Beispielen und Übungen. Das vorliegende Werk wurde von einem Dozententeam erarbeitet und wird in *allen* Klassen des Departements für den Unterricht des Fachs „Technische Informatik" erfolgreich eingesetzt.

Auch wenn die konzeptionelle Arbeit gemeinsam erfolgte und alle Teile intensiv diskutiert worden sind, ist dieses Buch sicher immer noch zu verbessern oder es können neue Aspekte integriert werden. Für jedes Kapitel zeichnet ein Autor verantwortlich, der sich über entsprechende Anregungen und auch sonstige Rückmeldungen freut. Die Autorenliste, Kontaktadressen sowie Hinweise auf weiteres Material sind im Anhang C zu finden.

Thomas Müller   Bülach, 21. Februar 2005

Inhaltsverzeichnis

1	**Einführung in die Informationstheorie**		**1**
	1.1 Einführung		1
		1.1.1 Geschichte und Thematik der Informationstheorie	1
		1.1.2 Begriffe der Informationstheorie	3
		1.1.3 Codes	4
		1.1.4 Was ist Information?	5
	1.2 Informationsgehalt von Ereignissen mit der gleichen Wahrscheinlichkeit		6
		1.2.1 Messgrösse der Information	6
		1.2.2 Redundanz	8
	1.3 Informationsgehalt von Ereignissen mit ungleichen Wahrscheinlichkeiten		10
	1.4 Übungen		13
		1.4.1 Arten von Codes	13
		1.4.2 Informationsgehalt von Lochkarten-Code und EBCDIC	13
		1.4.3 Kugelaufgabe	13
		1.4.4 Buchstabenstatistik	14
2	**Zahlensysteme**		**15**
	2.1 Zahlensysteme		15
		2.1.1 Eigenschaften von Stellenwertsystemen	16
		2.1.2 Das Hexadezimalsystem	17
		2.1.3 Beispiel für verschiedene Zahlenbasen	17
	2.2 Zahlenwandlungen		18
		2.2.1 Binär $\longrightarrow$ dezimal	18
		2.2.2 Dezimal $\longrightarrow$ binär	19
		2.2.3 Hexadezimal $\longrightarrow$ dezimal	20
		2.2.4 Dezimal $\longrightarrow$ hexadezimal	20
	2.3 Darstellung negativer Zahlen		21

	2.3.1	Sign and Magnitude: SM	21
	2.3.2	Einerkomplement: EK	21
	2.3.3	Zweierkomplement: ZK	22
	2.3.4	Exzessdarstellung: EX	22
2.4		Rechnen mit negativen Zahlen	25
	2.4.1	Addition und Subtraktion negativer Zahlen	25
	2.4.2	Multiplikation mit negativen Zahlen	27
2.5		Übungen	30
	2.5.1	Zahlenwandlungen ohne Vorzeichen	30
	2.5.2	Darstellung negativer Zahlen im Zweierkomplement	31
	2.5.3	Rechnen im Binärsystem	32

3 Codes   35

3.1		Grundbegriffe	36
3.2		Zahlencodes	37
	3.2.1	BCD-Code	37
	3.2.2	Codes mit Fehlererkennung	39
	3.2.3	Zählcode	39
	3.2.4	Gray-Code	40
3.3		Zeichencodes	41
	3.3.1	ASCII-Code	41
	3.3.2	ISO-Code	44
	3.3.3	Zeichencode des IBM-PC	44
	3.3.4	Unicode: universelle 16- und 32-Bit-Codes	44
	3.3.5	EBCDIC-Code	45
	3.3.6	Lochstreifencodes	46
	3.3.7	Lochkartencode (Hollerith-Code)	48
3.4		Strichcode (Barcode)	49
	3.4.1	Einführung in die Technik der Strichcodes	49
	3.4.2	Zweibreitencodes	51
	3.4.3	Mehrbreitencodes (EAN-Code)	53
3.5		Übungen	57
	3.5.1	Schaltung zur Umwandlung von Gray- in Binärcode	57
	3.5.2	Decodierung von Barcodes	57

4 Fehlerkorrektur 59

- 4.1 Fehlererkennung 59
  - 4.1.1 Parity-Prüfung 59
  - 4.1.2 CRC-Prüfsummen (Cyclic Redundancy Check) 60
- 4.2 Fehlerkorrektur 66
  - 4.2.1 Blocksicherung mit Quer- und Längsparitäten 66
  - 4.2.2 Systematische Codes nach Hamming 68
  - 4.2.3 Hamming-Code-Erzeugung für Ein-Bit-Fehlerkorrektur ... 71
- 4.3 Übungen 75
  - 4.3.1 Hardware-Schaltung zur parallelen Paritätsbildung 75
  - 4.3.2 Hardware-Schaltung zur seriellen Paritätsbildung 75
  - 4.3.3 Erzeugung von Hamming-Code für ASCII-Zeichen 76
  - 4.3.4 Hamming-Code für ASCII-Zeichen 76

5 Datenkompression 77

- 5.1 Allgemeines 77
- 5.2 Verlustlose Kompressionsmethoden 79
  - 5.2.1 Lauflängencodierung 79
  - 5.2.2 Codierung mit Zeichen variabler Länge 81
  - 5.2.3 Kompression mittels Substitution 88
- 5.3 Verlustbehaftete Komprimierung 92
  - 5.3.1 Einfache Reduktion der Qualität 92
  - 5.3.2 Bildkompression nach JPEG 93
  - 5.3.3 Kompression bewegter Bilder 101
  - 5.3.4 Abschliessende Hinweise 101
- 5.4 Übungen 102
  - 5.4.1 Lauflängencodierung 102
  - 5.4.2 Huffmann- und Shannon-Fano-Codierung 102

6 Einführung in Mikrocomputersysteme 103

- 6.1 Was ist ein Mikrocomputer? 103
- 6.2 Mikrocomputersystem 104
- 6.3 Mikrocomputer 105
- 6.4 Aufbau des Bussystems 105
- 6.5 Speicher (Memory) 106
  - 6.5.1 Die zentralen Speicher 107

X   Inhaltsverzeichnis

          6.5.2   Die peripheren Speicher 108
   6.6   Speicherung von Daten in zentralen Speichern 108
   6.7   Ein-/Ausgabe (I/O-Ports) 110
   6.8   Grundsätzliche Funktion eines Computers 110
          6.8.1   Ablauf der Abarbeitung des Programmes 112
          6.8.2   Ablauf des Lesens und Schreibens über das Bussystem 116
   6.9   Adressierungsarten 117
          6.9.1   Registeradressierung 117
          6.9.2   Immediate-Adressierung 118
          6.9.3   Direkte Adressierung 118
          6.9.4   Indirekte Adressierung 119
   6.10   Übungen 120

7   Architektur des Prozessors 8086   121

   7.1   Entwicklungsgeschichte der Intel-Prozessoren 122
          7.1.1   Preis/Leistungs-Verhältnis 123
   7.2   Blockschaltbild des Prozessors 8086 124
          7.2.1   Die BIU (Bus Interface Unit) 125
          7.2.2   Die EU (Execution Unit) 125
          7.2.3   Registersatz des Prozessors 8086 127
   7.3   Die Adressbildung des 8086 127
   7.4   Adressräume 130
   7.5   Übungen 131

8   Datentransfer-Befehle   133

   8.1   Assembler-Befehle 133
          8.1.1   Assembler-Schreibweise und -Syntax 133
          8.1.2   Symbolische Speicheradressen 134
   8.2   Adressierung von Datenoperanden 135
          8.2.1   Adressierungsarten 135
          8.2.2   Bildung der Offset-Adresse 135
   8.3   Datentransfer-Befehle 137
          8.3.1   Move-Befehl: Kopieren von Datenwerten 139
          8.3.2   Exchange-Befehl: Austauschen von Datenwerten 141
          8.3.3   Input-/Output-Befehle: Ein-/Ausgabe von/zu Ports 141
          8.3.4   Ergänzungen zur Schreibweise von Speicheroperanden 143
   8.4   Übungen 144
          8.4.1   Wirkung von Transferbefehlen bestimmen 144
          8.4.2   Transferbefehle codieren 145
          8.4.3   Elementare Pascal-Befehle in Assembler 146

9	**Maschinencode der 8086-Prozessoren**	**147**
9.1	Aufbau des 8086-Opcodes	147
	9.1.1 Prinzipieller Aufbau	148
	9.1.2 Bedeutung der Bitgruppen	149
9.2	Opcode-Aufbau der Move-Befehle	151
	9.2.1 Move-Befehl mit allgemeiner Adressierung	152
	9.2.2 Move-Befehl mit Immediate-Adressierung	152
	9.2.3 Akkumulator-Move-Befehle mit direkter Adressierung	153
	9.2.4 Move-Befehle für Segmentregister	154
9.3	Opcode-Aufbau des Exchange-Befehles	156
	9.3.1 Exchange-Befehl mit allgemeiner Adressierung	156
	9.3.2 Exchange-Befehl für Akkumulator und 16-Bit-Register	157
9.4	Opcode-Aufbau der IN-/OUT-Befehle	158
	9.4.1 Indirekte Portadressierung	158
	9.4.2 Direkte Portadressierung	159
9.5	Opcode-Tabelle der 8086/80186-Befehle	160
	9.5.1 Befehlsgruppen: Immed, Shift, Grp1 und Grp2	161
	9.5.2 Opcode der 80186-Befehle	161
9.6	Übungen	162
	9.6.1 Bestimmung des Opcodes	162
	9.6.2 Bestimmung der Assembler-Befehle	162
10	**Arithmetische Operationen**	**163**
10.1	Einführung	163
	10.1.1 Übersicht der arithmetischen Befehle	164
	10.1.2 Datenfluss im Prozessor bei arithmetischen Befehlen	165
10.2	Die „arithmetischen" Flags des Prozessors 8086	166
	10.2.1 Das Carry-Flag	166
	10.2.2 Das Overflow-Flag	168
	10.2.3 Das Sign-Flag	169
	10.2.4 Das Zero-Flag	169
	10.2.5 Das Parity-Flag	170
10.3	Die arithmetischen Befehle im Detail	171
	10.3.1 Addition	171
	10.3.2 Addition mit Carry	171
	10.3.3 Erhöhen um eins (Increment)	172

	10.3.4 Subtraktion	173
	10.3.5 Subtraktion mit Borrow	173
	10.3.6 Verminderung um eins (Decrement)	174
	10.3.7 Negieren einer vorzeichenbehafteten Zahl	175
	10.3.8 Multiplikation	176
	10.3.9 Division	177
	10.3.10 Konvertierung der Operandengrösse	178
10.4	Übungen	178
	10.4.1 Codierung einfacher Operationen	178
	10.4.2 Wirkung von Befehlen	179
	10.4.3 Addition langer Operanden	180

11 Logische Befehle und Shift-/Rotate-Befehle   181

11.1	Das Prinzip der logischen Operationen	181
11.2	Logische Befehle	183
	11.2.1 Die logischen Befehle AND, OR und XOR	183
	11.2.2 Der logische Befehle NOT	184
11.3	Shift- und Rotate-Befehle	184
	11.3.1 Das Prinzip der Shift- und Rotate-Befehle	184
	11.3.2 Rotate-Befehle	185
	11.3.3 Befehle zur Veränderung des Carry-Flag	186
	11.3.4 Shift-Befehle	187
11.4	Übungen	189

12 Assembler-Sprache 8086   191

12.1	Einführung	191
	12.1.1 Der Begriff „Assembler"	191
	12.1.2 Der Einsatz von Assembler	192
	12.1.3 Funktionen des Assembler	192
12.2	Syntax und Format der Assembler-Source	193
	12.2.1 Struktur eines Assembler-Programmes	193
	12.2.2 Schreibweise von Namen und Zahlen	194
	12.2.3 Struktur der Assembler-Befehlszeile	195
12.3	Assembler-Pseudobefehle (Assembler-Direktiven)	196
	12.3.1 Symbol-Wertzuweisung	197
	12.3.2 Speicherplatzreservierung und Datendefinition	197

		12.3.3	SEGMENT-Direktive	199

       12.3.3 SEGMENT-Direktive 199
       12.3.4 ASSUME-Direktive 200
       12.3.5 EVEN-Direktive 202
       12.3.6 END-Direktive 202
  12.4 Assembler-Operatoren 203
       12.4.1 Arithmetische Operatoren 203
       12.4.2 Logische Operatoren 203
       12.4.3 OFFSET-Operator 204
       12.4.4 Segment-Operator SEG 204
       12.4.5 PTR-Operator 205
  12.5 Übungen zu Assembler-Direktiven 205
  12.6 Beispielprogramm 206

13 Vergleichs- und Sprungbefehle 211

  13.1 Einteilung der Sprungbefehle 211
       13.1.1 Begriffe 211
       13.1.2 Intra- und Intersegment-Sprungbefehle 213
  13.2 Unbedingte Sprungbefehle 216
  13.3 Bedingte Sprungbefehle 219
       13.3.1 Arithmetische Sprungbefehle 219
       13.3.2 Flag-orientierte Sprungbefehle 221
       13.3.3 Vergleichsbefehle 222
       13.3.4 Befehle zur Konstruktion von Zählschleifen 224
  13.4 Übungen 226

14 Strukturierte Codierung in Assembler 229

  14.1 Strukturierte Codierung im Entwicklungsprozess 229
  14.2 Das Prinzip der strukturierten Codierung ... 230
  14.3 Realisierung der Strukturelemente in Assembler 233
  14.4 Übungen 237

15 Darstellung von Datentypen 239

- 15.1 Einführung 239
  - 15.1.1 Entwicklung der Datentypen 239
  - 15.1.2 Konzept der Datentypen 240
  - 15.1.3 Begriffe für die Implementation von Datentypen 241
  - 15.1.4 Übersicht Datentypen 242
- 15.2 Darstellung skalarer Datentypen 244
  - 15.2.1 Typ Character: Zeichen 245
  - 15.2.2 Typ Integer: ganze Zahlen 246
  - 15.2.3 Typ Enumeration: Aufzählungstyp 247
  - 15.2.4 Typ Boolean: logischer Datentyp 248
  - 15.2.5 Typ Subrange: Unterbereichstyp 249
  - 15.2.6 Typ Real: gebrochene Zahlen 249
- 15.3 Darstellung strukturierter Datentypen 254
  - 15.3.1 Typ Record: Verbund 254
  - 15.3.2 Typ Array: Felder 255
  - 15.3.3 Typ Set: Mengentyp 258
  - 15.3.4 Typ String: Zeichenketten 261
  - 15.3.5 Typ Pointer: Zeiger auf beliebige Datenstrukturen ... 262
- 15.4 Übungen 264
  - 15.4.1 Floating-Point-Darstellung 264
  - 15.4.2 Record-Typ 264
  - 15.4.3 Mengentyp 265
  - 15.4.4 Strings 265

16 Unterprogramme und Stack 267

- 16.1 Einführung 267
- 16.2 Das Stack-Prinzip 269
  - 16.2.1 Queue 269
  - 16.2.2 Stack 270
- 16.3 Stack-Realisation beim 8086 271
  - 16.3.1 Stack-Segment und Stackpointer 271
  - 16.3.2 Funktion der Stack-Operationen PUSH und POP 272
- 16.4 Stack-Befehle des 8086 273
  - 16.4.1 Daten sichern/zurückholen 273
  - 16.4.2 Unterprogramme aufrufen/beenden 275

16.5 Deklaration von Unterprogrammen in Assembler 276
    16.5.1 Minimaldeklaration: PROC, ENDP und RET 276
    16.5.2 Far- und Near-Prozedur-Deklaration 277
    16.5.3 Prozedurdeklaration mit Register-Save und -Restore 277
    16.5.4 Aufruf von Unterprogrammen 278
16.6 Parameterübergabe an Unterprogramme 278
    16.6.1 Arten der Parameterübergabe 278
    16.6.2 Realisierung in der Assembler-Programmierung 279
16.7 Übungen 282
    16.7.1 Funktion des Stack 282
    16.7.2 Unterprogramme entwerfen und codieren 284

17 String-Operationen   285

17.1 Elementare String-Operationen 285
17.2 Wiederholsteuerung (Repeat-Präfix) 287
    17.2.1 Unbedingte Wiederholsteuerung 287
    17.2.2 Bedingte Wiederholsteuerung 288
17.3 Übungen 289
    17.3.1 Speicherbereich kopieren 289
    17.3.2 Text-Strings 290

18 Codewandlungen   291

18.1 Typ „Ausgangscode berechenbar" 292
18.2 Typ „Eingangscode lückenlos" 292
18.3 Typ „Universal" 294
    18.3.1 Optimierung der Suche durch Intervallhalbierung 296
18.4 Parameterübergabe mit Parameterblock 299
18.5 Übungen 300

A Befehlslisten der Prozessoren 8086/8088 und 80186/80188   303

A.1 Thematische Befehlsliste der Prozessoren 8086 und 80186 304
A.2 Alphabetische Befehlsliste der Prozessoren 8086 und 80186 321

B ASCII-Zeichensätze   327

B.1 ISO-Latin-1-Zeichensatz 328
B.2 IBM-PC-Zeichensatz 329

C Unterstützende Unterlagen und Kontakte   331

1

Einführung in die Informationstheorie

In diesem Kapitel wird das grosse und vielschichtige Gebiet der Informationstheorie kurz beleuchtet: Nach dem ersten allgemeinen Teil, der die vielfältigen Aspekte der Information und Codierung nur ein wenig andeuten kann, wird in den folgenden Abschnitten der mehr technische Aspekt der Informationstheorie besprochen. Die Absicht dieses Kapitels ist also primär eine Einführung in die Denkweise und Hintergründe der Informationstheorie. Es erfolgt demnach keine tieferere mathematische Behandlung des Themas, um damit informationstheoretische Probleme lösen zu können.

1.1 Einführung

1.1.1 Geschichte und Thematik der Informationstheorie

Die Informationstheorie ist eine jüngere Disziplin, die sich vor allem in Bezug auf die Interpretation und Deutung von Informationsinhalten noch sehr in Entwicklung befindet. Als Begründer der Informationstheorie gilt Shannon mit dem Erscheinen seiner berühmten Publikation im Jahre 1948 bei Bell [1]. Heute wird sie als Teil der Kybernetik betrachtet: Wissenschaft der durch Informationen gesteuerten und geregelten Systeme oder Prozesse.

Zur Erfassung von Information in technischen und auch belebten Systemen werden in [2] fünf verschiedene Ebenen unterschieden:

Wahrscheinlichkeit und Statistik: Aufgrund der statistischen Wahrscheinlichkeit des Auftretens von Ereignissen (zum Beispiel der Empfang eines Zeichens beim Empfänger) kann der Neuigkeitswert (Grösse der Überraschung) „gemessen" werden: Seltene Ereignisse haben einen höheren Informationsgehalt als häufig auftretende.

Syntax: Zur Darstellung (Speicherung) der Information ist eine Codierung (d.h. ein Zeichenvorrat) erforderlich: Sender und Empfänger müssen sich auf einen Code einigen. Dieselben Ereignisse oder Nachrichten können auf ganz verschiedene Arten mit unterschiedlichem Aufwand codiert und übertragen werden.

Semantik: Die Bedeutung einer Zeichenkette ist das Entscheidende an einer Informationsübertragung. Dieser Inhalt kann nur vom Sender festgelegt werden und bedingt einen intelligenten Empfänger der Nachricht, der diese interpretieren kann.

Pragmatik: Welche Zielsetzung steckt hinter der Nachricht des Senders? Der Sender bezweckt beim Empfänger ein bestimmtes Ergebnis oder eine bestimmte Handlungsweise (z.B. in der Werbung: Kauf eines bestimmten Produktes).

Apobetik:[1] Welches ist die Zielvorgabe des Senders? Warum sendet der Informationserzeuger, was ist sein innerer Antrieb? (Z.B. in der Werbung: Gewinnmaximierung für das Unternehmen.)

Mit der klassischen Informationstheorie von Shannon können Codierungen und Übertragungssysteme in Bezug auf die ersten zwei Ebenen Wahrscheinlichkeit/Statistik und Syntax beurteilt werden. Sie befasst sich mit messbaren Nachrichten und ermöglicht die Beurteilung der Codierung von Zeichensätzen in Bezug auf Fehlererkennung und Fehlerkorrektur. Daneben hat sie aber auch eine grosse Bedeutung in der Beurteilung von Nachrichtenübertragungs-Systemen (Modulation, Rauschen, Kanalkapazität) zur fehlerfreien Übertragung von Nachrichten. Dieser „analoge Teil" ist aber nicht Thema unserer Betrachtungen.

In diesem Kapitel befassen wir uns mit der Ebene 1 (Statistik). In den Kapiteln 3 und 4 wird der zweite Aspekt, die Syntax, betrachtet. Die drei oberen Schichten haben mit dem komplexeren Thema „Intelligenz" zu tun und können nicht mehr allein mit der mathematisch-statistischen Betrachtungweise der ersten zwei Ebenen angegangen werden: Stichworte wie „künstliche Intelligenz", „Computerkunst" und andere gehören zu diesen „oberen Informationsebenen".

---

[1] Kunstwort in Analogie zu Pragmatik.

1.1.2 Begriffe der Informationstheorie

Die beiden Gebiete Informationstheorie und Codierung sind eng miteinander verknüpft: Information benötigt immer eine „technische Darstellung" in Form von Zeichen oder Signalen im weitesten Sinn (Bilder, Töne, Symbole und optische oder elektrische Signale). Die Übertragung und Speicherung von Information erfordert meist eine Wandlung in geeignete Darstellungsformen und technische Träger. Somit kann die Informationstheorie nicht ohne Codes eingeführt werden. In diesem ersten Kapitel werden wir zuerst einige Aspekte der Informationstheorie besprechen und dabei auch bekannte Codes zu Hilfe nehmen müssen. Erst in den folgenden Kapiteln 3 und 4 werden diese Aspekte im Detail behandelt, indem wir dann dort auf die informationstheoretischen Überlegungen aus diesem Kapitel zurückgreifen können.

Informationstheorie: Sie dient zur Beurteilung des Informationsgehaltes von diskreten und kontinuierlichen Signalquellen, der Codierung von Signalfolgen und der Beurteilung von Übertragung und Kanalkapazität eines Nachrichtensystems.

Codierung: Darstellung von Zeichen in digitaler Form (häufig Binärcodes). Mit der Informationstheorie können Codierungen bezüglich Informationsgehalt, Redundanz und Fehlerkorrigierbarkeit beurteilt werden. Zur Codierung hat Hamming [3] wichtige Beiträge geliefert.

Die folgenden Begriffe sind für Codierung und Informationstheorie von Bedeutung:

Zeichen, Zeichenvorrat: Ein Zeichen (Character) ist ein Element aus einer zur Darstellung von beliebigen Inhalten vereinbarten Menge. Die meist endliche Menge wird Zeichenvorrat genannt, und der Umfang (Mächtigkeit) ist sein wichtigstes Merkmal. Der Zeichenvorrat von Druckern, Terminals etc. wird auch **Zeichensatz** (Characterset) genannt. Ist der Zeichenvorrat eine geordnete Menge, so spricht man von einem **Alphabet**.

Nachricht: Eine Nachricht (Message) ist eine endliche Zeichenfolge, die eine Information vermittelt. Bei der technischen Übertragung (oder Speicherung) von Nachrichten müssen meist feste Regeln, sogenannte Protokolle, eingehalten werden. Weiter muss zwischen Absender und Empfänger der Aufbau der Nachrichten vereinbart sein. Zum Beispiel bestehen Nachrichten meist aus einem fest formatierten Nachrichtenkopf mit Adresse, Absender und Typ der Nachricht, der eigentlichen Nachricht und einem Nachrichtenende mit Kontrollinformationen.

Datum: Ein Datum (Einzahl von Daten) ist das kleinste unteilbare Element eines Wertebereichs. In der Informatik wird der Begriff häufig viel umfassender definiert, als eine Menge von Zeichen, die in maschinenlesbarer Form vorliegen. Zu den Daten gehören immer auch Regeln und Vereinbarungen zur Darstellung. Diese werden als Datenformat bezeichnet.

Signal: Unter einem Signal versteht man die physikalische Darstellung von Nachrichten und Daten. Diejenige Kenngrösse eines Signals, deren Wert oder Werteverlauf die Nachricht oder die Daten darstellt, nennt man **Signalparameter:** Amplitude, Frequenz, Phasenlage.

Digitale Signale: Der Signalparameter stellt eine Nachricht dar, die nur aus einer endlichen Anzahl Stufen besteht. Den „diskreten" Werten des Signalparameters entspricht jeweils ein Zeichen. Zum Beispiel gilt für die Daten auf einer V24-Leitung: $-15V \ldots -3V = 1$ und $+3V \ldots +15V = 0$.

Analoge Signale: Der Signalparameter stellt eine kontinuierlich veränderliche Nachricht dar (mit unendlicher Anzahl Zwischenwerten). Es sind allerdings immer bestimmte technische Grenzen, wie minimale und maximale Signalamplitude, Rauschabstand etc., vorhanden. Beispiel: Amplitude eines Videosignals.

1.1.3 Codes

Unter Code (Schlüssel) versteht man eine Abbildungvorschrift f, die jedem Zeichen eines Zeichenvorrats (Urbildmenge A) eindeutig ein Zeichen oder eine Zeichenfolge aus einem möglicherweise anderen Zeichenvorrat (Bildmenge B) zuordnet:

$$f A \rightarrow B$$

Beispiele: Morse-Code und Kurzzeichen für Namen (in einer Firma, Zeitung, etc.)

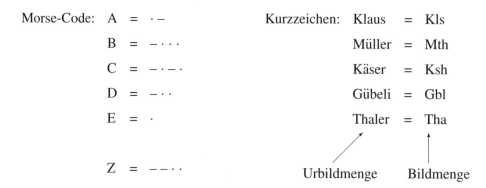

Den Vorgang des Übersetzens eines Zeichens oder einer Zeichenfolge der Urbildmenge in die Bildmenge bezeichnet man als Codierung oder Verschlüsselung; der umgekehrte Vorgang heisst Decodierung oder Entschlüsselung. Die Codeumsetzung kann mit einer Codierungsvorschrift (Algorithmus) oder einer Codetabelle vorgenommen werden. Dies kann mit einer Hardware (Coder/Decoder = CODEC) oder einer Software (Codier-Routine) erfolgen.

Die meisten Codes sind umkehrbar eindeutig. Es gibt aber auch andere, wie zum Beispiel den Morse-Code, der nicht umkehrbar eindeutig ist. Zum Beispiel werden „ET" und „A" auf die gleiche Zeichenfolge „·−" abgebildet. Hier muss die Decodierung durch zusätzliche Pausen, die das Zeichenende markieren, sichergestellt werden.

Die Codierung verfolgt verschiedene Zwecke:

- Die codierte Information soll möglichst einfach bearbeitet, kombiniert und übertragen werden können: Codewandlung, alphabethische Sortierung, Berechnungen mit Zahlencodes.
- Die Darstellung der Information soll mit einem möglichst geringen Aufwand erfolgen: geringer Speicherbedarf, schnelle Übertragung (Minimalcodes).
- Geheimhaltung: Die Information soll verschlüsselt werden (Kryptologie).
- Bei Störungen sollen Fehler erkannt und eventuell korrigiert werden.

Die wichtigsten binären Codes werden im Kapitel 3 erläutert.

1.1.4 Was ist Information?

Die Informationstheorie kann zur Beurteilung und Auslegung von ganzen Kommunikationssystemen verwendet werden: Mit ihr können der Zusammenhang von Störabstand, Bandbreite und Kanalkapazität oder die Eigenschaften verschiedener Modulationstechniken beurteilt werden. Auch das Abtasttheorem kann mit der Informationstheorie hergeleitet und begründet werden.

Die Informationstheorie im engeren Sinne Shannons (Statistik und Syntax) beschäftigt sich nicht mit dem *subjektiv bedingten Inhalt* einer Information. Eine bestimmte Nachricht (z.B. die Hochsee-Segelwetter-Prognose) kann für den einen wertlos, für den anderen lebenswichtig sein. Die Informationstheorie kann auch nicht für einmalige Ereignisse angewendet werden. Wie die Wahrscheinlichkeitstheorie untersucht sie zufällige Ereignisse, die zumindest prinzipiell unter bestimmten konstanten äusseren Bedingungen beliebig oft eintreten können, aber nicht jedesmal eintreten müssen.

Information kann nur durch ständige Abwechslung der übermittelten Zeichenfolge entstehen. Der Besitz eines Radios wäre absolut uninteressant, wenn immer nur ein Sinus von 440 Hz gesendet würde! Betrachtet man einen solchen Vorgang, das heisst eine Folge von Signalen, dann stellt man fest, dass sich die relative Häufigkeit, mit denen die einzelnen Zeichen eines endlichen Zeichenvorrats auftreten, bei hinreichend langer Beobachtung und selbst bei mehrfacher Wiederholung dieser Beobachtung relativ stabil verhalten. Jedes Zeichen tritt danach mit einer bestimmten Wahrscheinlichkeit in der Signalfolge auf.

Gegenstand der Informationstheorie sind Signalfolgen, in denen das Auftreten des einen oder anderen Zeichens nicht sicher voraussagbar ist, sondern nur mit Wahrscheinlichkeiten angegeben werden kann.

Zur mathematischen Behandlung der Informationstheorie werden also die Statistik und die Wahrscheinlichkeitstheorie benötigt. Der Informationsgehalt eines Zeichens wird aus der Wahrscheinlichkeit des Auftretens dieses Zeichens bestimmt. Im folgenden Abschnitt wollen wir jedoch davon ausgehen, dass alle Zeichen (oder Ereignisse) dieselbe Auftretenswahrscheinlichkeit haben, womit wir anstelle von Wahrscheinlichkeiten mit der Anzahl möglicher Zeichen operieren können. Wir beschränken uns im folgenden Abschnitt auf die einfachen Fälle, bei denen keine Wahrscheinlichkeitsrechnung notwendig ist: Alle Zeichen sollen mit der gleichen Häufigkeit (gleiche Wahrscheinlichkeit) auftreten.

1.2 Informationsgehalt von Ereignissen mit der gleichen Wahrscheinlichkeit

1.2.1 Messgrösse der Information

Ohne Information in ihren vielfältigen Formen (Gespräch, Nachrichten, Vorträge, Fahrpläne etc.) wäre unser tägliches Leben unvorstellbar. Nicht umsonst spricht man heute vom Kommunikations- und Informationszeitalter.

Was ist nun Information? Im Sinne der Wahrscheinlichkeitstheorie ist eine Signalfolge ein zufälliger Prozess. Bricht sie plötzlich ab, so ist man nicht ganz sicher, welches Symbol als nächstes erscheint. Diese Ungewissheit wird durch die Übertragung des nächsten Symbols beseitigt: Der Neuigkeitswert (Grösse der Überraschung) entspricht einer Informationsmenge.

Qualitative Definition: | **Information ist beseitigte Unsicherheit**

Information ist also nur „etwas" (Ereignis, Zeichen, Symbol etc.), was man vor dem Eintreffen nicht auch schon wusste. Ohne Unsicherheit gibt es keine Information!

Quantitative Definition: Ein Zeichen z aus einem Zeichenvorrat der Mächtigkeit N hat den folgenden Informationsgehalt H_z:

Informationsgehalt eines Zeichens: $\boxed{H_z = \text{ld}(N)}$ $[H] = \text{Bit}$ $\text{ld} = {}_2\log$

Informationsgehalt von Ereignissen mit der gleichen Wahrscheinlichkeit

Die **Logarithmus-Funktion** ist die Umkehrung der Exponentialfunktion:

$y = {_b}\log(x)$ bedeutet, dass y bestimmt werden muss, so dass $x = b^y$

Als Basis b werden typischerweise (je nach Anwendung) die Werte 10, 2 oder die natürliche Zahl e = 2.71 verwendet. In der Computertechnik (Digitalrechner) ist die Basis 2, also der Logarithmus Dualis = ld von Bedeutung:

$\text{ld}(16) = 4$, wegen $2^4 = 16$ $\text{ld}(64) = 6$, wegen $2^6 = 64$

Bei Werten, die nicht einer Zweierpotenz entsprechen, liefert der Logarithmus Dualis keine ganze Zahl. Mit der folgenden Basisumrechnung können die Werte mit Hilfe des Zehner-Logarithmus (log) bestimmt werden:

$\text{ld}(x) = \log(x)/\log(2)$ z.B.: $\text{ld}(40) = \log(40)/\log(2) = 1.60/0.30 = 5.32$

Beispiel 1:   Buchstaben oder Ziffern

Informationsgehalt eines Buchstabens   A ... Z $H = \text{ld}(N) = \text{ld}(26) = 4.70$ Bit

Informationsgehalt einer Dezimalziffer   0 ... 9 $H = \text{ld}(N) = \text{ld}(10) = 3.32$ Bit

Beispiel 2:   Ziehen einer Jasskarte

Beim Ziehen einer Karte aus einem Jass-Set mit 36 Karten hat jedes Resultat den gleichen Informationsgehalt, egal ob ein Ass oder eine Sechs gezogen wird (auch wenn subjektiv das Ass meist die „grössere" Überraschung darstellt):

Informationsgehalt einer Karte: $H_K = \text{ld}(36) = 5.17$ Bit

Beispiel 3:   Mit möglichst wenigen Fragen, die nur mit „ja" oder „nein" beantwortet werden dürfen, soll man herauszufinden, welche Karte der Partner aus dem vollständigen Jass-Set (36 Karten) gezogen hat. Wie viele Fragen sind zu stellen?

Vorgehen: Mit der direkten Frage nach einzelnen bestimmten Karten (Rosen-Ass, Rosen-König, ...) wird man einen mässigen Erfolg erreichen: Je nach Glück oder Pech benötigt man 1 bis 35 Fragen – im Durchschnitt also 18 Fragen.

Die informationstheoretisch geschicktere Fragetechnik ist das „Eingabeln":

1. Frage: Ist es eine Rose oder eine Eichel? (Trifft in 18 von 36 Fällen zu.)

2. Frage: Falls „ja" bei der 1. Frage: Ist es eine Rose?
   Falls „nein" bei der 1. Frage: Ist es eine Schelle? (Trifft in 9 von 18 Fällen zu.)

3. Frage: Jetzt steht die Farbe fest, und es kann innerhalb der 9 Karten eingegabelt werden: Ist die Karte kleiner als 10? usw. (Trifft in 4 von 9 Fällen zu.)

Mit dieser Eingabelungstechnik sind 5 bis 6 Fragen notwendig. Der Kernpunkt ist, dass die beiden Antworten „ja" oder „nein" dieselbe Wahrscheinlichkeit haben. Das heisst, jede Anwort bringt ein Maximum an Neuigkeitswert bzw. Überraschung.

1.2.2 Redundanz

Ein wichtiger Begriff der Informationstheorie ist die **Redundanz**. Man bezeichnet damit die Anteile in einer Codierung, die eigentlich weggelassen werden könnten, ohne dass der Informationsgehalt verkleinert wird. In einem deutschen Text kann zum Beispiel der Buchstabe „e" ohne weiteres weggelassen werden:

> Disr Txt ist immr noch ntziffrbar, wnn auch twas mühsamr.

Der mittlere Informationsgehalt eines Buchstabens in einem sinnvollen deutschen Text beträgt nur etwa 1.5 Bit statt der möglichen 4.7 Bit, da lange nicht alle Buchstabenkombinationen sinnvolle Worte ergeben, von sinnvollen Sätzen ganz zu schweigen.

Die Redundanz wird auch mit *Weitschweifigkeit* oder *Überflüssigkeit* bezeichnet, d.h. als Differenz zwischen dem Informationsgehalt der Codierung (des gewählten Codes) und demjenigen des daraus benutzten Zeichensatzes; also dem möglichen minus dem genutzten Informationsgehalt.

Redundanz:

$$\boxed{R = H_c - H_b = \mathrm{ld}(N_c) - \mathrm{ld}(N_b) = \mathrm{ld}(N_c/N_b)} \qquad [R] = \mathrm{Bit} \quad \mathrm{ld} = {}_2\mathrm{log}$$

R Redundanz der Codierung (Anzahl „überflüssiger" Bits)

N_c Mächtigkeit des Codes (Anzahl möglicher Zeichen)

N_b Mächtigkeit des Alphabetes (Anzahl benutzte Zeichen)

Beispiel 1:   Redundanz von BCD

Mittels vier Bit codierte Dezimalziffern (siehe Abschnitt 3.2.1):

$N_c = 16 \qquad N_b = 10$

$R = \mathrm{ld}(N_c) - \mathrm{ld}(N_b) = \mathrm{ld}(16) - \mathrm{ld}(10) = 0.68 \, \mathrm{Bit}$

Beispiel 2: ASCII-Code

Der ursprüngliche ASCII-Code (siehe Abschnitt 3.3.1) besteht aus 128 Zeichen (inklusive Spezial- und Steuerzeichen) und wird mit sieben Bit codiert. Der Informationsgehalt eines Zeichens beträgt also maximal 7 Bit (bestimmte Steuerzeichen werden allerdings selten oder nie gebraucht). Häufig werden diese ASCII-Zeichen mit einem Füllbit als 8 Bit-Grössen gespeichert oder übertragen, d.h. es sind 256 Codekombinationen möglich. Damit entsteht also folgende Redundanz:

$$R = \mathrm{ld}(N_c) - \mathrm{ld}(N_b) = \mathrm{ld}(256) - \mathrm{ld}(128) = 1.0 \text{ Bit}$$

Diese Redundanz von 1 Bit ermöglicht z.B. eine Ein-Bit-Fehlererkennung mit Paritätsbit (siehe Kapitel 4).

Beispiel 3: Radix-50-Code

Zu Zeiten der Minicomputer (16-Bit-Rechner in den 70er Jahren) war der Speicherplatz noch sehr teuer und begrenzt (8K oder 16K Kernspeicher waren üblich). Um nun zur Speicherung von Programm-Label (Buchstaben und Ziffern) möglichst wenig Speicher zu belegen, wurde bei gewissen Minicomputern (z.B. PDP-11) der sogenannte Radix-50-Code verwendet, mit dem 40 Zeichen codiert werden können (Radix-50 heisst dieser Code wegen $50_8 = 40_{10}$):

	Zeichen	Codewerte
10 Ziffern	0 ... 9	0 ... 9
26 Buchstaben	A ... Z	10 ... 35
4 Sonderzeichen	? $ % _	36, 37, 38, 39

Nun können mit der folgenden Codierung drei Zeichen z_i in ein 16-Bit-Wort w gepackt werden:

$$w = (z_3 * 40 + z_2) * 40 + z_1$$

Der 16-Bit-Code ist allerdings nicht vollständig ausgenutzt:

64'000 Werte sind verwendet: 0...63'999

1'536 Werte sind nicht verwendet: 64'000...65'535

Die Redundanz der Radix-50-Codierung von drei Zeichen in ein 16-Bit-Wort beträgt also:

$$R = \mathrm{ld}(N_c) - \mathrm{ld}(N_b) = \mathrm{ld}(65'536) - \mathrm{ld}(64'000) = 0.034 \text{ Bit}$$

Der Programmlabel LOOP_4 kann also in zwei 16-Bit-Worten codiert werden:

LOO $(21*40+24)*40+24 = 34584$ Most Significant Word (MSW)

P_4 $(25*40+39)*40+4 = 41564$ Least Significant Word (LSW)

Mit normaler ASCII-Codierung (8 Bit pro Zeichen) wären dafür drei Worte notwendig.

Extremwerte von Informationsgehalt und Redundanz:

- Alle Zeichen eines Zeichenvorrats sind ausgenutzt:

  $N_b = N_c \longrightarrow H_b = H_c \quad R = 0$ (keine Redundanz vorhanden)

- Nur ein Zeichen wird verwendet:

  $N_b = 1 \longrightarrow H_b = 0 \quad R = H_c$ (keine Information vorhanden)

1.3 Informationsgehalt von Ereignissen mit ungleichen Wahrscheinlichkeiten

Sobald die Zeichen nicht mehr mit derselben Häufigkeit auftreten, muss deren Auftretenswahrscheinlichkeit mit berücksichtigt werden. Der Informationsgehalt wird auch mit **Entropie**, einem aus der Thermodynamik entlehnten Begriff, bezeichnet. Je seltener ein Ereignis (Zeichen, Meldung) ist, desto höher ist sein Entropiegrad (Informationsgehalt). Die zwei folgenden Definitionen legen den Informationsgehalt aufgrund der Auftretenswahrscheinlichkeit fest.

a) Der Informationsgehalt eines Ereignisses

Der Informationsgehalt eines Ereignisses H_i (z.B. Entropie des Zeichens z_i) kann aus der Auftretenswahrscheinlichkeit p_i wie folgt bestimmt werden:

$$H_i = \mathrm{ld}(1/p_i) \qquad [H_i] = \text{Bit} \qquad \mathrm{ld} = {_2\log}$$

Die Einheit zur *Messung der Informationsmenge* ist also wiederum das Bit.

b) Informationsgehalt einer Nachrichtenquelle

Der mittlere Informationsgehalt einer Nachrichtenquelle I_q (Entropie einer Quelle) wird aus der Summe der gewichteten Informationsgehalte aller n Zeichen bestimmt (Shannon'sche Formel):

$$\text{Informationsgehalt:} \quad I_q = \sum_{i=1}^{n} p_i \cdot \mathrm{ld}(1/p_i) \qquad [I_q] = \text{Bit / Zeichen}$$

Beispiel 1: Wetterstatistik

Aus jahrelangen statistischen Beobachtungen in Winterthur weiss man, dass die Wahrscheinlichkeit für das Auftreten von Niederschlägen am 1. Dezember wie folgt verteilt ist:

Regen: 0.5   Schnee: 0.2   kein Niederschlag: 0.3

Mit der Formel von Shannon wird der Informationsgehalt des „Wetterzustandes" am 1. Dezember also wie folgt bestimmt:

$$I_{W1} = 0.5 \cdot \text{ld}(1/0.5) + 0.2 \cdot \text{ld}(1/0.2) + 0.3 \cdot \text{ld}(1/0.3) = 1.49 \text{ Bit / Wetterereignis}$$

Werden nun die beiden Fälle Schnee und Regen (Niederschlag) zusammengenommen (= 0.7), so ergibt sich der wesentlich kleinere Informationsgehalt:

$$I_{W2} = 0.7 \cdot \text{ld}(1/0.7) + 0.3 \cdot \text{ld}(1/0.3) = 0.88 \text{ Bit / Wetterereignis}$$

Die „gröbere" Statistik, die nur zwei statt drei Fälle unterscheidet, ergibt also vernünftigerweise einen kleineren Informationsgehalt. Wenn die beiden Fälle (Niederschlag/trocken) gleich wahrscheinlich sind (p = 0.5), so entspricht dies dem maximalen Informationsgehalt der Quelle von 1.0 Bit.

Beispiel 2: Lotterielos

In einer Lotterie gibt es 100 Lose, wovon nur zwei gewinnen. Beim ersten Ziehen ist die Wahrscheinlichkeit für eine Niete 98/100 = 0.98, diejenige für einen Treffer jedoch nur 2/100 = 0.02.

Der Informationsgehalt I_L der Lotterie (zu Beginn) beträgt also:

$$I_L = 0.98 \cdot \text{ld}(1/0.98) + 0.02 \cdot \text{ld}(1/0.02) = 0.14 \text{ Bit / Los}$$

Der Informationsgehalt dieser „Lotterie" ist also ziemlich gering, das heisst, dass die Überraschung beim Öffnen eines Loses klein ist: Eine Niete – hab ich mir doch gleich gedacht!

Wenn man den Informationsgehalt beim Ziehen des ersten Loses beurteilt, so erhält man für die beiden mögliche Fälle zwei sehr unterschiedliche Werte:

Niete: $H_N = \text{ld}(1/0.98) = 0.03$ Bit / Los

Gewinn: $H_G = \text{ld}(1/0.02) = 5.64$ Bit / Los

Beispiel 3: Optimale Codierung der Zeichen in einem deutschen Text

Wie erwähnt, hat ein seltenes Ereignis (Zeichen) einen höheren Informationsgehalt als ein häufig auftretendes: Man vergleiche dazu die Buchstaben „e" und „x" in der deutschen Sprache.

Aus dieser Erkenntnis kann man nun versuchen, die Codierung der Buchstaben und des Zwischenraumes aufgrund einer umfangreichen Statistik von vielen deutschen Texten optimaler als der ASCII-Code zu gestalten (siehe auch Kapitel 5). Aus Untersuchungen von Fano [5] wurde gemäss der folgenden Tabelle ein Buchstabencode mit 3 bis 12 Bit langen Codewörtern entworfen.

Nr.	Zeichen	Wahrscheinlichkeit	optimierter Code (Fano)	Nr.	Zeichen	Wahrscheinlichkeit	optimierter Code (Fano)
1	space	0.15149	000	16	O	0.01772	111001
2	E	0.14700	001	17	B	0.01597	111010
3	N	0.08835	010	18	Z	0.01423	111011
4	R	0.06858	0110	19	W	0.01420	111100
5	I	0.06377	0111	20	F	0.01360	111101
6	S	0.05388	1000	21	K	0.00956	1111100
7	T	0.04731	1001	22	V	0.00735	1111101
8	D	0.04385	1010	23	Ü	0.00580	11111100
9	H	0.04355	10110	24	P	0.00499	11111101
10	A	0.04331	10111	25	Ä	0.00491	11111110
11	U	0.03188	11000	26	Ö	0.00255	111111110
12	L	0.02931	11001	27	J	0.00165	1111111110
13	C	0.02673	11010	28	Y	0.00017	11111111110
14	G	0.02667	11011	29	Q	0.00015	111111111110
15	M	0.02134	111000	30	X	0.00013	111111111111

Der mittlere Informationsgehalt eines Zeichens in einem deutschen Text beträgt aufgrund der obigen Buchstabenhäufigkeiten 4.113 Bit.

Der mittlere Informationsgehalt der obigen Codierung nach Fano beträgt 4.148 Bit (als Summe der Produkte von Wahrscheinlichkeit mal Bitzahl über alle Zeichen). Bei einer Codierung mit gleich langen Codewörtern müssten aber 5 Bit aufgewendet werden. Dies entspricht einer Einsparung von 16%.

1.4 Übungen

1.4.1 Arten von Codes

Geben Sie in einer Tabelle verschiedene Beispiele von Codes bzw. Zeichensätzen mit ihren Eigenschaften an: geordnet/ungeordnet, begrenzt/unbegrenzt, Zeichenbeispiele.

1.4.2 Informationsgehalt von Lochkarten-Code und EBCDIC

In den IBM-Grosscomputern (*Mainframes*) wird nicht der verbreitete ASCII-Code verwendet, sondern der EBCDIC (8 Bit), welcher vom Lochkartencode (Hollerith-Code, 12 Bit) abgeleitet wurde (siehe Kapitel 3). In beiden Codes wurden zu Beginn nur 107 Zeichen codiert.

Bestimmen Sie Informationsgehalt und Redundanz von EBCDIC und der Lochkarten-Codierung.

1.4.3 Kugelaufgabe

Von 12 gleich aussehenden Kugeln ist eine im Gewicht gefälscht: Sie ist entweder zu leicht oder zu schwer. Mit einer Vergleichswaage (Balkenwaage) soll mit möglichst wenig Aufwand (Anzahl Wägungen) die gezinkte Kugel herausgefunden werden (inklusive der Aussage „zu schwer" oder „zu leicht").

a) Wie viele Wägungen sind mindestens notwendig?

b) Strategie: Wie ist bei diesen Wägungen vorzugehen, um mit der Mindestanzahl von Wägungen die gezinkte Kugel zu bestimmen und auch festzustellen, ob diese zu leicht oder zu schwer ist?

1.4.4 Buchstabenstatistik

Entwerfen sie ein (Pascal-)Programm `buchstaben_statistik`, das die Häufigkeit der Buchstaben A bis Z (inklusive Umlaute und Leerschlag) eines grossen Textfiles ermittelt. Das Resultat soll auf den Bildschirm ausgegeben oder als Textfile auf die Disk geschrieben werden.

Randbedingungen:

a) Kleinbuchstaben werden wie Grossbuchstaben behandelt ('a' = 'A')

b) Das Leerzeichen ' ' (space = 20h) wird in der Statistik ebenfalls erfasst.

c) Dagegen werden alle Sonderzeichen (? ! . , : ; + - * / $ % & # _ etc.) sowie die Steuerzeichen (CR, LF, FF etc.) für die Statistik ausgefiltert (nicht erfasst).

2

Zahlensysteme

In diesem Kapitel werden die benötigten Grundlagen der Zahlensysteme, kurz wiederholt.

Im *ersten* und *zweiten Abschnitt* werden das Prinzip der Zahlensysteme und die Zahlenwandlungen behandelt. Speziell das **Hexadezimalsystem** und das **Binärsystem** werden im Zusammenhang mit Adressrechnungen und mit der Hardware (Adressdecodierung) sehr häufig verwendet.

Im *dritten Abschnitt* werden die Darstellung der negativen Zahlen im Zweierkomplement und die Exzessdarstellung eingeführt und im *vierten Abschnitt* das Rechnen und die Überlaufproblematik mit der Zweierkomplementdarstellung analysiert.

2.1 Zahlensysteme

Es existieren grundsätzlich zwei Arten von Zahlensystemen:

Additive Zahlensysteme: Die „Ziffern" werden unabhängig von ihrer Position gleich gewichtet und einfach zusammengezählt. Beispiele: Striche beim Jassen, Römische Zahlen.

Stellenwertsysteme: Die Ziffern haben aufgrund ihrer Position innerhalb der Zahl unterschiedliche Stellenwerte. Beispiele: Dezimalsystem im Alltag, Binärsystem in Rechnern.

Die additiven Zahlensysteme haben heute keine grosse Bedeutung mehr, daher werden im folgenden nur die **Stellenwertsysteme** kurz charakterisiert.

2.1.1 Eigenschaften von Stellenwertsystemen

Die Berechnung des Wertes einer Zahl erfolgt durch die Multiplikation der einzelnen Ziffern Z_i mit den zugehörigen Stellenwerten b^i und der Summation dieser Produkte:

$$Zahlenwert \; = \; Z_n * b^n \; + \; ... \; + \; Z_i * b^i \; + \; ... \; + \; Z_0 * b^0$$

Ein Zahlensystem mit der **Basis** b hat die folgenden Eigenschaften:

a) Es werden b **Ziffern** benötigt: $Z_0, Z_1, Z_2, ... Z_{b-1}$.

b) Die **Stellennummer** n bestimmt die **Stellenwerte** b^n: n beginnt links vom Punkt mit 0, nach links ansteigend $1, 2, 3$ und nach rechts abnehmend $-1, -2, -3$.

c) Zwei *benachbarte* Stellenwerte unterscheiden sich um den Faktor b (= Basis).

d) Man erhält den Zahlenwert, wenn man jede Ziffer mit ihrem entsprechenden Stellenwert multipliziert und die so erhaltenen Produkte addiert.

e) Um einen Stellenwert „zwischendrin" auszuschalten, braucht es eine **Ziffer Null** (Einführung in Europa erst um 1500).

1. Beispiel: Dezimalsystem $276.35_{10} = 276.35_{10}$

Zahl:	2	7	6	.	3	5
Stellenwerte:	10^2	10^1	10^0		10^{-1}	10^{-2}
Zahlenwert:	$2*100$ +	$7*10$ +	$6*1$ +		$3*0.1$ +	$5*0.01$ =

2. Beispiel: Oktalsystem $276.35_8 = 190.453125_{10}$

Zahl:	2	7	6	.	3	5
Stellenwerte:	8^2	8^1	8^0		8^{-1}	8^{-2}
Zahlenwert:	$2*64$ +	$7*8$ +	$6*1$ +		$3*0.125$ +	$5*0.015625$ =

2.1.2 Das Hexadezimalsystem

In der Computertechnik nimmt das Hexadezimalsystem (kurz Hexsystem, manchmal auch **Sedezimalsystem** genannt) eine besondere Stellung ein. Da die rechnerinterne binäre Darstellung für den „maschinen-nahen" Benutzer sehr unübersichtlich lange Zahlen ergibt, wird meistens für die Ausgabe zur Darstellung interner Grössen das Hexadezimalsystem verwendet: Gruppierung von Binärzahlen in 4-Bit-Nibbles. Diese Darstellung wird auch in Assembler-Listings und in Debuggern verwendet.

Für das Hexadezimalsystem werden im Vergleich zum Dezimalsystem (von dem die ersten zehn Ziffern kommen) sechs weitere „neue" Ziffern benötigt: Man verwendet dazu die ersten sechs Buchstaben A ... F des Alphabetes, hätte aber ebensogut irgendwelche kyrillische oder chinesische Zeichen nehmen können.

dez	hex	binär
10	A	1010
11	B	1011
12	C	1100
13	D	1101
14	E	1110
15	F	1111

2.1.3 Beispiel für verschiedene Zahlenbasen

Die folgenden fünf Zahlenwerte sollen miteinander verglichen und der Grösse nach geordnet werden:

$$75._{(8)} \qquad 61._{(10)} \qquad 111101._{(2)} \qquad 2021._{(3)} \qquad 3D._{(16)}$$

Lösung: Um die verschiedenen Werte vergleichen zu können, müssen diese in dasselbe Zahlensystem gewandelt werden, am einfachsten in das dezimale:

$$75._{(8)} = 7*8+5 = 61._{(10)}$$

$$61._{(10)} = 6*10+1 = 61._{(10)}$$

$$111101._{(2)} = 1*32+1*16+1*8+1*4+0*2+1 = 61._{(10)}$$

$$2021._{(3)} = 2*27+0*9+2*3+1 = 61._{(10)}$$

$$3D._{(16)} = 3*16+13 = 61._{(10)}$$

Es zeigt sich also, dass alle fünf Zahlen denselben Wert haben.

Häufig werden für die Bezeichnung der Basis die folgenden Buchstaben am Ende der Zahl verwendet:

    Binär: b

    Oktal: q   Der Buchstabe „o" wird auch verwendet.
                              (Achtung: Verwechslungsgefahr mit „0"!).

    Hexadezimal: h   in C mit vorangestelltem Buchstaben x

    Dezimal: d   Falls keine Basis angegeben ist, gilt dieses als Default.

2.2 Zahlenwandlungen

Die Zahlenwandlung mit Stellenwerten ist bei grösseren Zahlen sehr umständlich. Man verwendet besser das sogenannte **Horner-Schema**, das von folgender Eigenschaft Gebrauch macht:

    Die Multiplikation einer Ziffer mit der Basis b ergibt den Wert dieser Ziffer „gemessen im nächstniedrigeren Stellenwert":

Ziel: Zurückführung aller Ziffern auf den Stellenwert 1 (links vom Komma)

2.2.1 Binär ⟶ dezimal

1. Beispiel: INTEGER   1 0 1 0 1 1. b = ? d

$$1\ 0\ 1\ 0\ 1\ 1.\ b = ((((1*2+0)*2+1)*2+0)*2+1)*2+1 = 43.\ d$$

	1	0	1	0	1	1.
		2	4	10	20	42.
	1	2	5	10	21	43.

Bei der Umwandlung von gebrochenen Dualzahlen muss mit dem kleinsten Stellenwert rechts begonnen und der Wert mittels *Division* durch 2 auf den Stellenwert 1 links vom Dualpunkt „reduziert" werden (siehe 2. Beispiel).

Zahlenwandlungen

2. Beispiel: FRACTION $0.1011\,b = ?\,d$

$0.1011\,b = (((1:2+1):2+0):2+1):2+0 = 0.6875\,d$

	0.	1	0	1	1
	0.6875	0.375	0.75	0.5	
	0.6875	1.375	0.75	1.5	1.0

$:2\ \Big|\ +$

2.2.2 Dezimal ⟶ binär

Die Dezimalzahl muss in ihre „Zweierpotenz-Anteile" aufgespalten werden.

Methode: Restbildung bei fortlaufender Division durch die Basis. Der resultierende Quotient muss wiederum durch die Basis dividiert werden, so lange, bis ein Quotient null entsteht (Abbruchbedingung). Die resultierenden Reste ($< b$) bilden die Ziffernfolge der gewandelten Zahl.

1. Beispiel: INTEGER $43.\,d = ?\,b$

$43 : 2 = 21$ Rest 1
$21 : 2 = 10$ Rest 1
$10 : 2 = 5$ Rest 0
$5 : 2 = 2$ Rest 1
$2 : 2 = 1$ Rest 0
$1 : 2 = 0$ Rest 1

Resultat: $43.\,d = 101011.\,b$

2. Beispiel: FRACTION $0.6875\,d = ?\,b$

$0.6875 * 2 = 1.375$
$0.375 * 2 = 0.75$
$0.75 * 2 = 1.5$
$0.5 * 2 = 1.0$

Resultat: $0.6875\,d = 0.1011\,b$

2.2.3 Hexadezimal ⟶ dezimal

Beispiel mit Stellenwert-Umrechnung: 2B. h = ? d

  2B. h = (2∗16 + 11) = 43. d

  3FF. h = (3∗16 + 15)∗16 + 15 = 1023.

Lösung der zweiten Aufgabe mit dem Horner-Schema: 3FF. h = ? d

```
    3    15      15.
         48    1008.
    ─────────────────
    3    63    1023.
```

Resultat: 3FF. h = 1023. d

2.2.4 Dezimal ⟶ hexadezimal

Es wird dieselbe Methode der Aufspaltung in „16er-Potenz-Anteile" wie bei der Binärwandlung verwendet:

1. Beispiel: 43. d =? h

  43   :   16   =   2   Rest   11   ⟶   B
   2   :   16   =   0   Rest   2   ⟶   2
  Abbruchkriterium   ⇐   0

  Resultat: 43. d   = 2B. h

2. Beispiel: 1023. d =? h

  1023   :   16   =   63   Rest   15   ⟶   F
    63   :   16   =   3   Rest   15   ⟶   F
     3   :   16   =   0   Rest   3   ⟶   3
  Abbruchkriterium   ⇐   0

  Resultat: 1023. d   = 3FF. h

2.3 Darstellung negativer Zahlen

2.3.1 Sign and Magnitude: SM

Im Alltag sind wir uns an die separate Darstellung von Vorzeichen und Betrag gewöhnt: Dies wird als **Sign and Magnitude** bezeichnet. Das Vorzeichen hat im Dezimalsystem aber eine andere „Qualität" als die Ziffern der Betragszahl: Es sind nur zwei Zeichen (+ −) statt zehn Ziffern möglich.

Im Dualzahlensystem wird das Vorzeichen gleich wie eine Dualziffer behandelt, d.h. es ist für vorzeichenbehaftete Dualzahlen ein weiteres Bit notwendig:

+ = 0   − = 1

Die Zuordnung ist allerdings auch umgekehrt möglich, siehe Abschnitt 2.3.4.

Beispiel mit 8-Bit-Wortlänge   inklusive Vorzeichen: 7-Bit-Betrag, 1-Bit-Vorzeichen

+ 10 = 0000 1010   + 65 = 0100 0001

− 10 = 1000 1010   − 65 = 1100 0001

Darstellungsbereich:

1111 1111   (= −127)   bis   0111 1111   (= +127)

Problem: Es entstehen dadurch zwei verschiedene Darstellungen der Null:

+ 0 = 0000 0000   − 0 = 1000 0000

2.3.2 Einerkomplement: EK

Diese Darstellung wurde in älteren Prozessrechnern wegen der einfachen Komplementbildung und auch bei Analog-Digital-Wandlern häufig eingesetzt. In heutigen Digitalrechnern ist diese Darstellung wegen der aufwendigen Rechenwerke nicht mehr üblich. Es wird normalerweise die Zweierkomplement-Darstellung verwendet.

Das Vorzeichen einer binären Zahl wird gewechselt, indem sämtliche Bits invertiert werden:

+ 10 = 0000 1010   + 65 = 0100 0001

− 10 = 1111 0101   − 65 = 1011 1110

Nachteil: Es entstehen ebenfalls zwei Darstellungen der Null:

```
+ 0  =  0000 0000              - 0  =  1111 1111
```

Beim fortlaufenden Zählen von − nach + (bzw. auch umgekehrt) entsteht bei der Null eine Unstetigkeit $\Longrightarrow$ Korrektur notwendig (siehe Tabelle auf Seite 24).

2.3.3 Zweierkomplement: ZK

Dieser Nachteil wird beim Zweierkomplement vermieden. Nach der Bildung des Einerkomplementes wird noch eine 1 dazugezählt:

```
         + 10  =  0000 1010              + 65  =  0100 0001
EK       - 10  =  1111 0101      EK      - 65  =  1011 1110
              +         1                      +         1
              -----------                      -----------
ZK       - 10  =  1111 0110      ZK      - 65  =  1011 1111
```

Die Umwandlung von negativen Zahlen in positive erfolgt genau gleich:

```
ZK       - 10  =  1111 0110      ZK      - 65  =  1011 1111
EK                0000 1001      EK               0100 0000
              +         1                      +         1
              -----------                      -----------
ZK       + 10  =  0000 1010      ZK      + 65  =  0100 0001
```

Das vorderste Bit gibt immer noch das Vorzeichen der Zahl an, aber bei negativem Vorzeichen müssten die Nullen als Stellenwerte interpretiert werden (mit anschliessender ZK-Korrektur: „Betrag + 1").

Die ZK-Darstellung ist die am weitesten verbreitete Darstellungsart und wird in den meisten Digitalrechnern für die INTEGER-Darstellung von negativen Zahlen verwendet. Im folgenden wird **immer die Zweierkomplement-Darstellung als Default** angenommen (Ausnahmefälle werden speziell vermerkt).

2.3.4 Exzessdarstellung: EX

Neben dem in der Praxis wichtigen Zweierkomplement wird in speziellen Fällen die Exzessdarstellung gewählt, die durch Nullpunktverschiebung aus der Zweierkomplementdarstellung zustande kommt: Der kleinste Binärwert `00000000` entspricht der negativsten Zahl `-128`, der Binärwert `10000000` der Zahl 0 und `11111111` der grössten positiven Zahl `+127`.   Vorzeichen: + = 1   − = 0

Beispiele: −10 und −65 in Exzessdarstellung

```
         + 10 =  0000 1010              + 65 =  0100 0001
EK       - 10 =  1111 0101      EK      - 65 =  1011 1110
              +           1                  +           1
                 ----------                     ----------
ZK       - 10 =  1111 0110      ZK      - 65 =  1011 1111

EX       - 10 =  0111 0110      EX      - 65 =  0011 1111
```

Die Exzessdarstellung entsteht also aus der Zweierkomplement-Darstellung, indem man das vorderste Bit invertiert. Die Exzessdarstellung ist gegenüber der ZK-Darstellung um den halben Bereich „verschoben", daher die Bezeichnung „Exzess-2^n" oder „Exzess-128" (bei 8-Bit-Wortlänge). Sie hat den Vorteil, dass eine allfällige Bereichsüberschreitung durch das entstehende Carry-Bit detektiert werden kann. Diese Darstellung wird bei den Exponenten der **Floating-Point-Zahlen** verwendet, heute allerdings mit etwas asymmetrischen Bereichen: z.B. Exzess-127 (siehe auch Kapitel 15).

Die Tabelle auf Seite 24 zeigt die vier besprochenen Darstellungsarten von negativen Zahlen mit der Wortlänge 4 Bit:

- Die linke Spalte zeigt die 16 möglichen Bitmuster bei 4 Bit Wortlänge (Rechnerinterne Darstellung) und in der Spalte daneben die Interpretation als *Unsigned-Zahl*. Bei vorzeichenbehafteter Darstellung muss nun je die Hälfte für positive und negative Zahlen vorgesehen werden.
- Die rechten vier Spalten zeigen die *Interpretation* des 4-Bit-Musters im jeweiligen Zahlensystem mit Vorzeichen.
- Links davon ist mit einem Pfeil die Richtung der aufsteigenden Zahlen eingezeichnet (increment): Damit werden die Bereichsüberschreitungen (Overflow/Underflow) sichtbar und können mit dem Binärüberlauf von 15 → 0 verglichen werden.
- Bruchstellen (mit ⊕ respektive ⊖ markiert): An diesen Stellen bewirkt eine Erhöhung um eins (increment 1) respektive Verminderung um eins (decrement 1) einen Zahlenbereichsüberlauf, der sich in einer falschen Resultatinterpretation äussert. Die Interpretation des 4-Bit-Musters in der gewählten Komplementdarstellung liefert ein falsches Resultat.
- Das Zeichen ⊙ zeigt die Inkonsistenz, die durch die zwei möglichen Darstellungen der Null entsteht: +0 und −0.

Binär	Dezimal	Sign+Magn.	Einerkomp.	Zweierkomp.	Exzess-8
⊕ 1111	⊕ 15	–7	⊙ –0	–1	⊕ +7
1110	14	–6	–1	–2	+6
1101	13	–5	–2	–3	+5
1100	12	–4	–3	–4	+4
1011	11	–3	–4	–5	+3
1010	10	–2	–5	–6	+2
1001	9	–1	–6	–7	+1
1000	8	⊙⊖ –0	⊖ –7	⊖ –8	0
0111	7	⊕ +7	⊕ +7	⊕ +7	–1
0110	6	+6	+6	+6	–2
0101	5	+5	+5	+5	–3
0100	4	+4	+4	+4	–4
0011	3	+3	+3	+3	–5
0010	2	+2	+2	+2	–6
0001	1	+1	+1	+1	–7
⊖ 0000	⊖ 0	⊙ +0	⊙ +0	0	⊖ –8

Wichtige Erkenntnis:

Nur bei der Exzessdarstellung findet der Überlauf am selben Ort wie bei der binären Zählfolge statt!

2.4 Rechnen mit negativen Zahlen

2.4.1 Addition und Subtraktion negativer Zahlen

Ein zentrales Problem bei allen Rechenoperationen ist der Bereichsüberlauf: Jeder Rechner (Hardware) und auch jede Software-Implementation von Fixed- und Floating-Point-Zahlen hat eine begrenzte Wortlänge. Daher muss man sich zunächst immer über die vorhandene Wortlänge und daraus abgeleitet über den Darstellungsbereich der Zahlen im klaren sein. Nun müssen für jede Rechenoperation die Kriterien für den Bereichsüberlauf gefunden werden. Bei jeder Ausführung einer Rechenoperation muss durch Hardware (im Rechenwerk) oder durch Software überprüft werden, ob das Resultat innerhalb des Darstellungsbereiches liegt und somit verwendet werden darf. Im Falle eines Bereichsüberlaufes kann nur die Anwender-Software (der Programmierer) entscheiden, was geschehen soll.

Im folgenden soll diese Problematik für die ganzen Zahlen mit Vorzeichen (INTEGER) untersucht werden, und zwar für die Operationen Addition, Subtraktion und Multiplikation.

Annahme: Wortlänge von 4 Bit inklusive Vorzeichen im Zweierkomplement.

$\Longrightarrow$ Darstellungsbereich: -8 (= 1000) bis   +7 (= 0111)

Die **Subtraktion** kann immer auf die Addition zurückgeführt werden, indem beim zweiten Operanden B das Vorzeichen gewechselt wird:

A – B $\Longrightarrow$ A + (–B)   Somit müssen wir nur die Addition betrachten.

Mit Hilfe der folgenden vier Beispiele wollen wir die Kriterien für die Bereichsüberschreitung finden (vergleiche dazu auch den Zahlenring auf der folgenden Seite).

Die Addition wird dabei gleich wie bei vorzeichenlosen Dualzahlen vorgenommen, wobei das Resultat auch wieder mit Vorzeichen im Zweierkomplement interpretiert wird. Welche Bedeutung hat ein allfällig entstehendes Carry als Überlauf ins 5. Bit über die 4-Bit-Wortlänge hinaus?

```
        Fall 1            Fall 2             Fall 3            Fall 4

   +6   0110         -4   1100          -3   1101         +4   0100
   +5   0101         -6   1010          +5   0101         -6   1010
   ─────────         ─────────          ─────────         ─────────
  +11   1011        -10  1 0110         +2  1 0010         -2   1110

        falsch            falsch             richtig           richtig
```

Beurteilung der vier Fälle:

Fall 1: Overflow: 1011 = –5 gibt als Zweierkomplement interpretiert ein falsches Resultat, trotzdem entsteht aber kein Carry.

Fall 2: Underflow: 0110 = +6 falls nur das 4-Bit-Resultat weiterverarbeitet wird. Es entsteht nun ein Carry.

Fall 3: Das Resultat ist richtig. Es entsteht aber trotzdem ein Carry.

Fall 4: Das Resultat ist richtig. Es entsteht kein Carry.

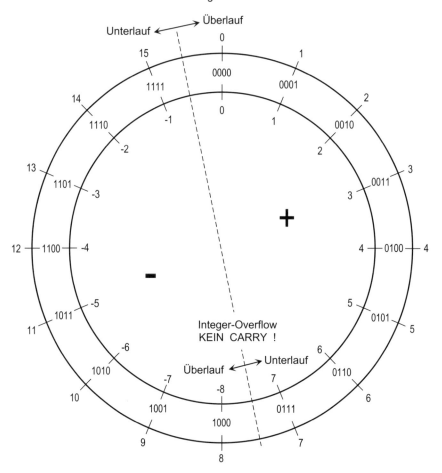

Abb. 2.1: Zahlenring mit 4 Bit

Schlussfolgerungen: Aus einem Carry im Resultat kann nicht auf einen Over- oder Underflow geschlossen werden. Einzig die Vorzeichen der beiden Operanden und des Resultates geben Auskunft über eine allfällige Bereichsüber- oder -unterschreitung:

- Haben die beiden Operanden verschiedene Vorzeichen, so kann bei der Addition kein Fehler entstehen, das Resultat ist immer richtig.
- Haben beide Operanden dasselbe Vorzeichen, das Resultat jedoch das dazu entgegengesetzte Vorzeichen, so hat eine Bereichsüber- oder -unterschreitung stattgefunden: Overflow / Underflow.
- Ein allfällig entstehendes Carry kann nicht zur Beurteilung des Resultates herangezogen werden. Es entsteht im Zusammenhang mit der Darstellung der negativen Zahlen beim Wechsel von den negativen zu den positiven Zahlen (bzw. umgekehrt als Borrow): Überschreitung des Nullpunktes beim Zahlenring.

Die Overflow-Erkennung wird in heutigen Rechenwerken hardwaremässig detektiert und in einem Overflow-Flag angezeigt.

Im Kapitel 10 können diese Mechanismen am realen Rechner nachvollzogen werden.

2.4.2 Multiplikation mit negativen Zahlen

Bei der Multiplikation wird für das Resultat R die Wortlänge der Operanden sehr rasch überschritten. Daher muss eine *Wortlängen-Erweiterung* auf die doppelte Grösse vorgenommen werden.

Im Fall mit 4-Bit-Wortlänge verwenden wir für das Resultat R eine Wortlänge von 8 Bit (Darstellungsbereich = −128 bis +127). Bei 4-Bit-Operanden (−8 bis +7) kann R allerdings nur Werte im Bereich von −56 bis +64 annehmen: Zwei mal 3 Bit für den Betrag plus Vorzeichen ergibt 6 Bit für den Betrag plus Vorzeichen: Im Prinzip würden 7 Bit genügen, ausser für den Fall $-8 * -8 = +64$.

Im folgenden soll die Multiplikation $5 * 7$ mit allen 4 Vorzeichenvarianten durchgerechnet werden.

1. Fall:

```
    +5 * +7 :     0 1 0 1    *    0 1 1 1
                  ─────────────────────────
                          0 1 0 1
                        0 1 0 1
                      0 1 0 1
                  ─────────────────────────
                  0 0 1 0'0 0 1 1   -->   +35   Resultat stimmt
```

2. Fall:

```
-5 * +7 :      1 0 1 1   *   0 1 1 1
               ─────────────────────
                         1 0 1 1
                       1 0 1 1
                     1 0 1 1
               ─────────────────────
               0 1 0 0'1 1 0 1   -->   +77   Resultat falsch
```

Durch das „Negativ-Bit" von −5 ergeben sich offenbar Einsen innerhalb der 8-Bit-Resultatlänge, die nichts mit dem Betrag der Zahlen zu tun haben. Wenn das negative Resultat auf 8 Bit richtig sein soll, so muss daher auch der negative Operand −5 auf 8 Bit erweitert werden:

korrigierte Lösung:

```
               1 1 1 1'1 0 1 1   *   0 1 1 1
               ─────────────────────────────
                         1 1 1 1'1 0 1 1
                       1 1 1 1'1 0 1 1
                     1 1 1 1'1 0 1 1
               ─────────────────────────────
               1 1 0'1 1 0 1'1 1 0 1
               XXXXX<==============>
                         1 1 0 1'1 1 0 1   -->   -35
```

Richtig, sofern nur die hintersten 8 Bit beachtet werden; und so weit haben wir die Zahl −5 im Binärformat ja gerade erweitert.

Folgerung: Negative Zahlen müssen auf die Resultat-Wortlänge erweitert werden; dies wird als **Sign-Extension** bezeichnet.

Im folgenden 3. Fall werden gegenüber dem 2. Fall nur die Vorzeichen der Faktoren vertauscht:

3. Fall:

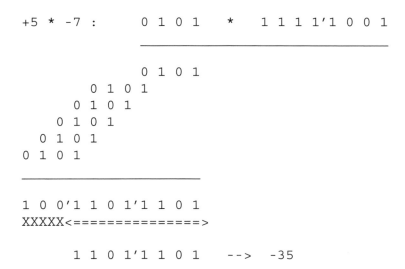

Richtig, sofern nur die rechten acht Bit interpretiert werden!

4. Fall:

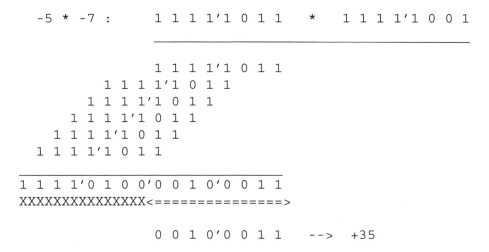

Richtig, sofern nur die rechten acht Bit interpretiert werden.

Schlussfolgerung: Negative Faktoren müssen immer mit der Wortlänge des Resultates in die Rechnung genommen werden. Aus der Resultat-Wortlänge „herauslaufende" Bits dürfen nicht betrachtet werden (diese sind oben mit XXXXXX markiert).

2.5 Übungen

2.5.1 Zahlenwandlungen ohne Vorzeichen

a) Zahlenwandlungen BINÄR $\Longrightarrow$ DEZIMAL

    1)   0000'0101'0110'0101. b   =

    2)   0.1110'1011'1000'0000 b   =

    3)   0111'1111'1011.1111 b   =

    4)   0010'0111.0100'1001 b   =

b) Zahlenwandlungen DEZIMAL $\Longrightarrow$ BINÄR

    1) 769. d   =   2) 1'077.34375 d =

    3) 4'103. d =   4) 8'193.2 d   =

c) Zahlenwandlungen HEX $\Longrightarrow$ DEZIMAL

    1) 159A. h =   2) BEDA. h =

    3) 0.088 h =   4) FEC3. h =

    5) ABC.8 h =   6) 3B.8E h =

d) Zahlenwandlungen DEZIMAL $\Longrightarrow$ HEX

    1) 77. d   =   2) 480. d   =

    3) 13.515'625 d =   4) 4'660. d =

    5) 4'369. d   =   6) 20.189 d =

e) Zahlenwandlungen HEX $\Longrightarrow$ BINÄR

    1) 159A. h =   2) 006F. h =

    3) FECA. h =   4) FE.F3 h =

    5) 8.EDC h =   6) BCD.1 h =

f) Zahlenwandlungen BINÄR $\Rightarrow$ HEX

1) 0101'1100'1011'1101. b =

2) 0011'1110'1001'1010. b =

3) 0.0001'0010'0011'0100 b =

4) 1101'1000.0111'1110 b =

5) 1100.0001'1011'1010 b =

6) 0110'0011'1001.1100 b =

2.5.2 Darstellung negativer Zahlen im Zweierkomplement

Bei den folgenden Aufgaben soll eine Wortlänge von 16 Bit inklusive Vorzeichen angenommen werden.

a) Zahlenwandlungen BINAER $\Rightarrow$ DEZIMAL

1) 1111 1111 1011 1111. b =

2) 1111 1111 1100 1000. b =

3) 1111 1110 1111 1101. b =

4) 1110 1011 0110 1000. b =

5) 1111 1010 1001 0001. b =

6) 1101 1000 1011 0111. b =

b) Zahlenwandlungen DEZIMAL $\Rightarrow$ BINAER

1) - 256. d =   2) - 1'030. d =

3) - 1'769. d =   4) - 4'103. d =

5) - 1'261. d =   6) - 8'193. d =

c) Zahlenwandlungen HEX ⇒ DEZIMAL

1) EA66.h =   2) FF91.h =

3) FECA.h =   4) FEF3.h =

5) 8EBC.h =   6) BCD0.h =

d) Zahlenwandlungen DEZIMAL ⇒ HEX

1)   - 77.d =   2) - 4'369.d =

3)   - 480.d =   4) - 4'660.d =

5)   - 20'189.d =   6) - 9'984.d =

2.5.3 Rechnen im Binärsystem

Die folgenden binären und hexadezimalen Berechnungen sollen durch Übergang auf das Zehnersystem (Operanden und Resultat) überprüft werden. Negative Zahlen sind wie üblich im Zweierkomplement darzustellen. Die angegebenen Wortlängen gelten für binäre Darstellung inklusive Vorzeichen.

a) Binäre Addition und Subtraktion: Wortlänge 8 Bit

```
1)    1 1 0 1  0 1 0 0 b        2)    1 0 0 1  1 0 1 1 b
    + 0 1 1 0  1 0 1 1 b            - 0 0 0 1  1 0 1 1 b
    ─────────────────────           ─────────────────────



3)    1 0 1 0  1 0 1 0 b        4)    1 1 1 1  1 0 1 1 b
    - 0 1 0 0  1 0 1 1 b            + 0 0 0 1  1 0 1 1 b
    ─────────────────────           ─────────────────────
```

b) Binäre Multiplikation: Faktoren 4 Bit, Produkt 8 Bit

1)   0 1 0 1   *   0 0 1 1 b

2)   1 0 1 1   *   0 1 0 1 b

3)   0 1 1 1   *   1 1 0 1 b

4)   1 0 0 0   *   1 0 0 0 b

c) Hexadezimale Addition und Subtraktion: 16-Bit-Wortlänge

1)   0 4 3 5 h   2)   7 3 B 2 h
       + 2 9 8 7 h   + 0 9 7 8 h

3)   0 0 9 F h   4)   F F C 4 h
       + 8 3 4 D h   + 0 7 A D h

5)   0 1 F A h   6)   F F E 3 h
       − 0 2 3 D h   − 0 0 2 1 h

7)   7 1 B A h   8)   8 1 3 2 h
       − 7 9 C D h   − 8 0 E F h

3

Codes

In diesem Kapitel wird ein Überblick über das grosse Gebiet der Codes gegeben. Bereits im Kapitel 1 wurden einige grundsätzliche Überlegungen zu Information und Codierung gemacht. Im folgenden werden diese Grundlagen nun angewandt und die wichtigsten Ziffern- und Zeichen-Codes sowie deren Herkunft und Anwendung erläutert.

Nach einigen Grundbegriffen im *ersten Abschnitt* werden im *zweiten Abschnitt* Codes für die Darstellung von Ziffern des Dezimalsystems erläutert und wird kurz auf die BCD-Arithmetik eingegangen. Daneben werden das Prinzip und die Anwendung des einschrittigen Gray-Codes gezeigt.

Im *dritten Abschnitt* werden die verschiedensten Zeichencodes für die Speicherung im Rechner, aber auch zur Erfassung und Übertragung von Information dargestellt.

Im *vierten Abschnitt* werden die wichtigsten der heute in der Wirtschaft sehr verbreiteten Strichcodes (Barcode) und der Aufbau verbreiteter Typen erläutert.

3.1 Grundbegriffe

Die nachfolgenden Begriffe werden im Zusammenhang mit den Zahlencodes oft verwendet.

Additive Codes: Diese haben für jede Stelle einen festen Wert: Der Codewert kann durch Addition dieser Stellenwerte gewonnen werden (siehe Kapitel 2).

Gleichgewichtige Codes: Alle Codewörter sind gleich lang und besitzen dieselbe Anzahl der verschiedenen Codierelemente (z.B. 2-aus-5-Code: 5 Stellen mit immer zwei 1 und drei 0). Nur durch die unterschiedliche Anordnung entstehen die verschiedenen Codewörter (⟶ Kombinatorik). Diese Codes werden zur Fehlererkennung verwendet.

Minimalcodes: Dies sind Codes mit lauter gleich langen Codezeichen, die nur so viele Elemente (Stellen) pro Zeichen haben, wie zur Darstellung aller Zeichen mindestens notwendig sind.

Optimale Codes: Die Codewörter haben je nach ihrer Häufigkeit (Auftretenswahrscheinlichkeit) unterschiedlich lange Codezeichen: Häufig auftretende Zeichen sind kurz, seltene Zeichen sind lang. Damit kann der Übertragungs- und Speicheraufwand minimalisiert werden, wie z.B. beim Morse-Code oder bei der Fano-Codierung für die Buchstaben (siehe Beispiele im Kapitel 1).

Binärcodes: Die Codezeichen sind auf dem Binärsystem aufgebaut: Es sind nur zwei Codierelemente vorhanden: meist als 0 und 1 bezeichnet. Praktisch alle heute technisch verwendeten Codes sind auf der untersten Ebene binäre Codes (Digitaltechnik).

3.2 Zahlencodes

Die Codierung von Zeichen und Zahlen erfolgt auf der untersten Ebene immer im Binärsystem, da alle diese Codes letztlich in Rechnern und auf Massenspeichern in binärer Form abgelegt werden. Die Codes für Ziffern und Buchstaben sind sogenannte **Obercodes**, die in einem Binärcode als **Untercode** dargestellt werden. In diesem Abschnitt werden verschiedene Codes erläutert, welche die Dezimalziffern in Binärcodes darstellen.

3.2.1 BCD-Code

Für die Codierung von Dezimalzahlen wird oft der BCD-Code (**Binary Coded Decimals**) verwendet. Bei der BCD-Codierung werden die Ziffern der Dezimalzahl separat mit je vier Bit (0000 bis 1001) codiert.

Dezimal- wert	BCD 8 4 2 1	Dezimal- wert	BCD 8 4 2 1
0	0 0 0 0	5	0 1 0 1
1	0 0 0 1	6	0 1 1 0
2	0 0 1 0	7	0 1 1 1
3	0 0 1 1	8	1 0 0 0
4	0 1 0 0	9	1 0 0 1

Die sechs nicht verwendeten Binärwerte 1010 bis 1111 werden als **Pseudotetraden** bezeichnet und dürfen in BCD-codierten Zahlen nicht vorkommen.

In kommerziellen Anwendungen werden, um Rundungseffekte zu vermeiden, die gebrochenen Zahlen (z.B. Franken- und Rappen-Beträge) als Fixed-Point-Zahlen im BCD-Format dargestellt und *nicht* wie in technisch/wissenschaftlichen Anwendungen im Floating-Point-Format (siehe Abschnitt 15.2.6).

Bekannte Sprachen, die standardmässig BCD-Arithmetik unterstützen, sind z.B. COBOL, PL/1 und Basic. Aber auch in Taschenrechnern wird BCD-Arithmetik verwendet. Dezimalbrüche, wie z.B der Wert 12.20, können damit exakt dargestellt werden.

```
12.20 d  =  0001 0010.0010 0000 bcd
```

Im Binärsystem (Floating-Point-Format) hingegen ergäbe der Wert 12.20 einen *unendlichen* Dualbruch. Durch die technisch bedingte Begrenzung auf eine *endliche* Anzahl von Stellen entsteht hier ein Rundungsfehler.

```
12.20 d  =  0000 1100.0011 0011 0011 0011 .... b
```

a) Problem der Pseudotetraden

Bei der Addition von mehrstelligen BCD-Zahlen in einem Binärrechner können innerhalb der 4-Bit-Nibbles die Werte 1010_2 bis 1111_2 (**Pseudotetraden**) entstehen, die durch eine Addition von +6 korrigiert werden müssen, so dass ein Übertrag in die nächsthöhere Stelle entsteht.

```
                        4628 d  =  0100 0110 0010 1000   bcd
                    +
                        1864 d  =  0001 1000 0110 0100   bcd
                        _____

binäre Addition:        5?8? d     0101 1110 1000 1100   bcd
Pseudotetraden:         * *             *         *

BCD-Korrektur (+6):                     0110      0110

Überträge:                           1         1
                                   _____

Resultat:               6492 d  =  0110 0100 1001 0010   bcd
                        ====================================
```

Auch bei den Operationen -, * und / im BCD-Code müssen natürlich entsprechende Korrekturen vorgenommen werden.

b) Packed- und Unpacked-BCD-Format

Unpacked BCD: Der BCD-Code wird in Digitalrechnern oft dazu verwendet, Dezimalzahlen zu speichern und zu verarbeiten. Dies ist für die Rechner am einfachsten, wenn jede BCD-Ziffer (4 Bit) in der kleinsten adressierbaren Speichereinheit (je nach Rechnertyp Byte, Word etc.) gespeichert wird. Die restlichen, höherwertigeren Bit bleiben dabei unbenutzt.

Packed BCD: Um Speicher zu sparen, können mehrere BCD-Ziffern (jeweils 4 Bit) zusammen in eine Speichereinheit (Byte, Word etc.) „gepackt" werden.

Beispiel: Die 8-stellige Dezimalzahl 86954137_d

```
dezimal:    8      6      9      5      4      1      3      7
BCD:      1000   0110   1001   0101   0100   0001   0011   0111
```

wird im Packed-BCD-Format in 4 Byte gespeichert:

| 1000'0110 | 1001'0101 | 0100'0001 | 0011'0111 |

3.2.2 Codes mit Fehlererkennung

Aus Gründen der Fehlererkennung werden oft **gleichgewichtige „m aus n Codes"** verwendet: In der Telegraphie oder bei den Strichcodes (siehe Abschnitt 3.4). Der **Biquinärcode** (Chinesisches Handrechengerät Abakus) und der **Walkingcode** (gleicht einer Schrittbewegung von zwei Einsen) wurden in alten Digitalrechnern verwendet und erlaubten eine einfache Realisation von Zählschaltungen. Der **1-aus-10-Code** kann sehr einfach codiert und decodiert werden und kommt z.B. bei Zahlentastaturen vor.

Dezimal-wert	2-aus-5-Code 7 4 2 1 0	Biquinärcode 5 0 4 3 2 1 0	Walkingcode	1-aus-10-Code 9 8 7 6 5 4 3 2 1 0
0	1 1 0 0 0	0 1 0 0 0 0 1	0 0 0 1 1	0 0 0 0 0 0 0 0 0 1
1	0 0 0 1 1	0 1 0 0 0 1 0	0 0 1 0 1	0 0 0 0 0 0 0 0 1 0
2	0 0 1 0 1	0 1 0 0 1 0 0	0 0 1 1 0	0 0 0 0 0 0 0 1 0 0
3	0 0 1 1 0	0 1 0 1 0 0 0	0 1 0 1 0	0 0 0 0 0 0 1 0 0 0
4	0 1 0 0 1	0 1 1 0 0 0 0	0 1 1 0 0	0 0 0 0 0 1 0 0 0 0
5	0 1 0 1 0	1 0 0 0 0 0 1	1 0 1 0 0	0 0 0 0 1 0 0 0 0 0
6	0 1 1 0 0	1 0 0 0 0 1 0	1 1 0 0 0	0 0 0 1 0 0 0 0 0 0
7	1 0 0 0 1	1 0 0 0 1 0 0	0 1 0 0 1	0 0 1 0 0 0 0 0 0 0
8	1 0 0 1 0	1 0 0 1 0 0 0	1 0 0 0 1	0 1 0 0 0 0 0 0 0 0
9	1 0 1 0 0	1 0 1 0 0 0 0	1 0 0 1 0	1 0 0 0 0 0 0 0 0 0

Ausnahme: Die etwas seltsamen Wertigkeiten beim 2-aus-5-Code gelten nicht für den ersten Fall null. Dies ergäbe den Wert 11 $\Rightarrow$ Überlauf.

3.2.3 Zählcode

Der Zählcode kann sehr einfach codiert und decodiert werden und wird bei der Telefon-Impulswahl verwendet: Die Einsen werden als Impulse umgesetzt, die Nullen als „keine Impulse".

Dezimal-wert	Zählcode 1 1 1 1 1 1 1 1 1	Dezimal-wert	Zählcode 1 1 1 1 1 1 1 1 1
0	1 1 1 1 1 1 1 1 1	5	1 1 1 1 1 0 0 0 0
1	1 0 0 0 0 0 0 0 0	6	1 1 1 1 1 1 0 0 0
2	1 1 0 0 0 0 0 0 0	7	1 1 1 1 1 1 1 0 0
3	1 1 1 0 0 0 0 0 0	8	1 1 1 1 1 1 1 1 0
4	1 1 1 1 0 0 0 0 0	9	1 1 1 1 1 1 1 1 0

3.2.4 Gray-Code

Der Gray-Code hat die Eigenschaft, dass beim fortlaufenden Zählen (increment/decrement) zwischen zwei benachbarten Codewörtern jeweils nur ein Bit den Zustand wechselt (**einschrittiger Code**): Damit ergeben Ablesefehler im Zwischenbereich jeweils nur eine Unsicherheit von einem Bit (LSB), was sowieso der Auflösegenauigkeit der gewählten Codierung entspricht.

Beispiel: 4-Bit-Gray-Code

Dezimal-wert	Binärcode b_3 b_2 b_1 b_0	Gray-Code g_3 g_2 g_1 g_0	optische Darstellung
0	0 0 0 0	0 0 0 0	
1	0 0 0 1	0 0 0 1	
2	0 0 1 0	0 0 1 1	
3	0 0 1 1	0 0 1 0	
4	0 1 0 0	0 1 1 0	
5	0 1 0 1	0 1 1 1	
6	0 1 1 0	0 1 0 1	
7	0 1 1 1	0 1 0 0	
8	1 0 0 0	1 1 0 0	
9	1 0 0 1	1 1 0 1	
10	1 0 1 0	1 1 1 1	
11	1 0 1 1	1 1 1 0	
12	1 1 0 0	1 0 1 0	
13	1 1 0 1	1 0 1 1	
14	1 1 1 0	1 0 0 1	
15	1 1 1 1	1 0 0 0	

Die Codewandlung kann sehr einfach vorgenommen werden:

Gray $\longleftarrow$ Binär:

$$g_3 = b_3$$
$$g_2 = b_3 \oplus b_2$$
$$g_1 = b_2 \oplus b_1$$
$$g_0 = b_1 \oplus b_0$$

Binär $\longleftarrow$ Gray:

$$b3 = g3$$
$$b2 = b3 \oplus g2$$
$$b1 = b2 \oplus g1$$
$$b0 = b1 \oplus g0$$

Dieser Code wird häufig bei der Umsetzung von mechanischen in elektrische Grössen verwendet. Für lineare Weggeber wird der Code beispielsweise auf einen Glasmassstab aufgetragen (analog zur optischen Darstellung in der obigen Tabelle) und die aktuelle Position dann optisch abgetastet. Für Winkelcoder wird er analog zur Abbildung 3.1 „gebogen".

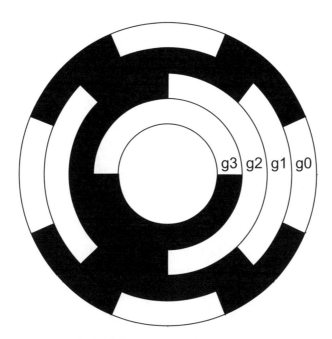

Abb. 3.1: Winkelcoder mit 4 Bit

3.3 Zeichencodes

3.3.1 ASCII-Code

Der ASCII-Code (American Standard Code for Information Interchange) ist der am meisten verbreitete Zeichencode auf allen Rechnern mit Ausnahme der kommerziellen Grossrechenanlagen, die den EBCDIC-Code verwenden (siehe Abschnitt 3.3.5). Der Code besteht aus 7 Bit und demzufolge aus maximal 128 Zeichen. Häufig wird ein achtes Bit als Paritätsbit in der Übertragung oder Speicherung dazugefügt, um allfällige Fehler detektieren zu können. Die ersten 32 Zeichen (und das Zeichen DEL mit dem Wert 127) sind nicht darstellbare Steuerzeichen für Geräte und Übertragung.

a) ASCII-Code-Tabelle

ASCII Dez	Hex	Zeichen	ASCII Dez	Hex	Zeichen	ASCII Dez	Hex	Zeichen	ASCII Dez	Hex	Zeichen
0	00	NUL	32	20	SP	64	40	@	96	60	‘
1	01	SOH	33	21	!	65	41	A	97	61	a
2	02	STX	34	22	"	66	42	B	98	62	b
3	03	ETX	35	23	#	67	43	C	99	63	c
4	04	EOT	36	24	$	68	44	D	100	64	d
5	05	ENQ	37	25	%	69	45	E	101	65	e
6	06	ACK	38	26	&	70	46	F	102	66	f
7	07	BEL	39	27	'	71	47	G	103	67	g
8	08	BS	40	28	(	72	48	H	104	68	h
9	09	HT	41	29	)	73	49	I	105	69	i
10	0A	LF	42	2A	*	74	4A	J	106	6A	j
11	0B	VT	43	2B	+	75	4B	K	107	6B	k
12	0C	FF	44	2C	,	76	4C	L	108	6C	l
13	0D	CR	45	2D	−	77	4D	M	109	6D	m
14	0E	SO	46	2E	.	78	4E	N	110	6E	n
15	0F	SI	47	2F	/	79	4F	O	111	6F	o
16	10	DLE	48	30	0	80	50	P	112	70	p
17	11	DC1	49	31	1	81	51	Q	113	71	q
18	12	DC2	50	32	2	82	52	R	114	72	r
19	13	DC3	51	33	3	83	53	S	115	73	s
20	14	DC4	52	34	4	84	54	T	116	74	t
21	15	NAK	53	35	5	85	55	U	117	75	u
22	16	SYN	54	36	6	86	56	V	118	76	v
23	17	ETB	55	37	7	87	57	W	119	77	w
24	18	CAN	56	38	8	88	58	X	120	78	x
25	19	EM	57	39	9	89	59	Y	121	79	y
26	1A	SUB	58	3A	:	90	5A	Z	122	7A	z
27	1B	ESC	59	3B	;	91	5B	[	123	7B	{
28	1C	FS	60	3C	<	92	5C	\	124	7C	|
29	1D	GS	61	3D	=	93	5D	]	125	7D	}
30	1E	RS	62	3E	>	94	5E	^	126	7E	~
31	1F	US	63	3F	?	95	5F	_	127	7F	DEL

Die Codes der grossen und der kleinen Buchstaben sind sinnvollerweise alphabetisch geordnet – damit wird das direkte Sortieren möglich. Die Codes der entsprechenden Gross- und Kleinbuchstaben haben eine konstante Differenz von 32 (= 20h), wodurch die Wandlung gross ↔ klein einfach wird: Dazu muss einfach das Bit Nr. 5 invertiert werden.

b) Steuerzeichen und ihre Bedeutung

Die Steuerzeichen (Werte 0 bis 31 und 127) sind in der folgenden Tabelle mit ihren Bedeutungen nochmals aufgeführt. Auf der Tastatur können diese Zeichen mit Hilfe der *Control-Taste* Ctrl oder Strg (Steuerung) und der entsprechenden Taste in der zweiten Spalte auf derselben Höhe erzeugt werden: Ctrl-C erzeugt ein ETX, Ctrl-M erzeugt ein CR, Ctrl-I erzeugt ein Tabulatorzeichen usw. Die Taste Ctrl wirkt wie die Subtraktion von 64 (= 40h) vom Codewert, d.h. das Bit D6 wird auf Null gesetzt.

ASCII				ASCII			
Dez	Hex	Zeichen	Bedeutung	Dez	Hex	Zeichen	Bedeutung
0	00	NUL	Null (Nil)	16	10	DLE	Data Link Escape
1	01	SOH	Start of Header	17	11	DC1	Device Control 1 (X-On)
2	02	STX	Start of Text	18	12	DC2	Device Control 2
3	03	ETX	End of Text	19	13	DC3	Device Control 3 (X-Off)
4	04	EOT	End of Transmission	20	14	DC4	Device Control 4
5	05	ENQ	Enquiry	21	15	NAK	Negative Acknowledge
6	06	ACK	Acknowledge	22	16	SYN	Synchronization
7	07	BEL	Bell	23	17	ETB	End of Text Block
8	08	BS	Backspace	24	18	CAN	Cancel
9	09	HT	Horizontal Tabulation	25	19	EM	End of Medium
10	0A	LF	Line Feed	26	1A	SUB	Substitute
11	0B	VT	Vertical Tabulation	27	1B	ESC	Escape
12	0C	FF	Form Feed	28	1C	FS	File Separator
13	0D	CR	Carriage Return	29	1D	GS	Group Separator
14	0E	SO	Shift Out	30	1E	RS	Record Separator
15	0F	SI	Shift In	31	1F	US	Unit Separator

c) Reduzierter ASCII-Code

Auch ein 6-Bit-ASCII-Code wurde früher oft verwendet: Damit liess sich zwar Speicherplatz sparen, es konnten dafür aber nur Grossbuchstaben dargestellt werden (auf dem Grossrechner CDC 6500 mit einer Wortlänge von 60 Bit konnten auf diese Weise 10 Zeichen in ein Wort gepackt werden).

3.3.2 ISO-Code

In den letzten Jahrzehnten wurden für viele nationale Sonderzeichen unterschiedliche 8-Bit-Erweiterungen vorgenommen und verschiedene nationale Zeichensatzerweiterungen definiert. Leider sind diese meist herstellerspezifisch und damit zueinander nicht kompatibel.

Die vielen Varianten von ASCII-Erweiterungen (PC-DOS, Windows, UNIX-Welt) haben den Austausch von Daten immer mehr erschwert. Die ISO hat daher verschiedene standardisierte Codes festgelegt: Der im Anhang B.1 aufgeführte Zeichensatz **ISO-Latin-1** ist für unser Umfeld der wichtigste.

3.3.3 Zeichencode des IBM-PC

Mit der Einführung des IBM-PC 1981 wurde aufbauend auf dem 7-Bit-ASCII-Code ein erweiterter 8-Bit-Zeichensatz definiert. Er enthält in den oberen, zusätzlichen 128 Codeworten (128...255) sprachspezifische Zeichen, mathematische Symbole und Spezialzeichen für Halbgrafik (siehe Anhang B.2). Daneben wurde aber auch der Bereich der Steuerzeichen teilweise mit neuen Symbolen versehen.

Das Windows verwendet den ISO-Latin-1-Zeichensatz (siehe Anhang B.1). Auch im Bereich der Steuerzeichen lehnt sich der Windows-Zeichensatz mehr den ASCII-Code an. Ein DOS-Textfile, ins Windows hineingenommen (bzw. von Windows in die DOS-Ebene exportiert), ergibt immer wieder Überraschungen, speziell bei Umlauten („ä", „ö", „ü" etc.).

Im Anhang B sind verschiedene Zeichentabellen aufgeführt.

3.3.4 Unicode: universelle 16- und 32-Bit-Codes

Der 16-Bit-Zeichencode UCS-2 (Universal multiple-octet coded Character Set 2) wurde 1992 vom IEC genormt: Er enthält systematisch alle wichtigen nationalen und internationalen Zeichensätze und den ASCII-Code als Untermenge mit dem vorderen Byte = 0. Die letzten beiden Codes $FFFE_h$ und $FFFF_h$ sind reserviert und können zur Codierung der Byte-Reihenfolge („Big Endian"- oder „Little Endian"-Format, siehe Kapitel 6) verwendet werden.

Dieser 16-Bit-Zeichencode ist eine Untermenge des geplanten 32-Bit-Codes UCS-4 (ISO 10646), der Platz für total 2 Milliarden (2 GByte) Zeichen bietet (das vorderste Bit ist dabei immer Null).

Für weiterführende Literatur siehe [4].

3.3.5 EBCDIC-Code

EBCDIC (Extended Binary Coded Decimals Interchange Code) wird in Grossrechenanlagen verwendet. Dieser Code ist ursprünglich aus der leichten Umcodierung des Lochkartencodes entstanden. Er ist ein 8-Bit-Code mit 256 möglichen Zeichen, wobei aber längst nicht alle Code-Kombinationen ausgenutzt werden.

$Bit_{4...7}$	0	1	2	3	4	5	6	7	8	9	10	11	12	13	14	15
$Bit_{0...3}$											A	B	C	D	E	F
0	NUL				SP	&	−									0
1						/			a	j			A	J		1
2									b	k	s		B	K	S	2
3									c	l	t		C	L	T	3
4	PF	RES	BYP	PN					d	m	u		D	M	U	4
5	HT	NL	LF	RS					e	n	v		E	N	V	5
6	LC	BS	EOB	UC					f	o	w		F	O	W	6
7	DEL	IL	PRE	EOT					g	p	x		G	P	X	7
8									h	q	y		H	Q	Y	8
9									i	r	z		I	R	Z	9
10			SM		¢	!	^	:								
11					.	$	,	#								
12					<	*	%	@								
13					(	)	_	'								
14					+	;	>	=								
15					'	¬	?	"								

a) EBCDIC-Steuerzeichen

Zeichen	Bedeutung	Zeichen	Bedeutung
NUL	Nil	BYP	Bypass
PF	Punch Off	LF	Line Feed
HT	Horizontal Tabulator	EOB	End of Block
LC	Lower Case	PN	Punch On
DEL	Delete	RS	Reader Stop
RES	Resume	UC	Upper Case
NL	New Line	EOT	End of Transmission
BS	Backspace	SM	Select Mode
IL	Idle	SP	Space (Leerzeichen)

3.3.6 Lochstreifencodes

a) CCITT-Alphabet Nr. 2 (5-Bit-Code):

Dez	Hex	Letter	Bedeutung	Figure	Bedeutung
0	00	Blank	Null	Blank	Null
1	01	E		3	
2	02	LF	Line Feed	LF	Line Feed
3	03	A		−	Hyphen (Minus)
4	04	SPACE	Space	SPACE	Space
5	05	S		'	Apostrophe
6	06	I		8	
7	07	U		7	
8	08	CR	Carriage Return	CR	Carriage Return
9	09	D		✠	
10	0A	R		4	
11	0B	J		BELL	Bell
12	0C	N		,	Comma
13	0D	F			(Null)
14	0E	C		:	Colon
15	0F	K		(	Opening Parenthesis
16	10	T		5	
17	11	Z		+	Plus
18	12	L		)	Closing Parenthesis
19	13	W		2	
20	14	H			(Null)
21	15	Y		6	
22	16	P		0	
23	17	Q		1	
24	18	O		9	
25	19	B		?	Question Mark
26	1A	G			(Null)
27	1B	FIGS	Figure Shift	FIGS	Figure Shift
28	1C	M		.	Period
29	1D	X		/	Slant
30	1E	V		=	Equals
31	1F	LTRS	Letter Shift	LTRS	Letter Shift

Mit fünf Bit lassen sich nur 32 Zeichen codieren. Da dies nicht genügt, um 26 Buchstaben und 10 Ziffern nebst einigen Satzzeichen zu codieren, wurde mittels einer „Code-Umschaltung" der Zeichensatz erweitert:

LTRS (Letter Shift): Die folgenden Codes stellen Buchstaben dar.

FIGS (Figure Shift): Die folgenden Codes stellen Ziffern und Sonderzeichen dar.

Diese Art von Codierung erfordert, dass der Empfänger die Vorgeschichte kennt. Falls er nicht im richtigen Zustand ist, werden die Zeichen bis zum nächsten Shift falsch decodiert. Beim Einschalten nimmt jedes Gerät einen Letter Shift an, d.h. es wird nach der linken Codetabelle codiert/decodiert. Damit nicht zu oft umgeschaltet werden muss, sind wichtige Zeichen wie SPACE, CR und LF in beiden Tabellen vorhanden.

b) CCITT-Alphabet Nr. 3 (7-Bit-Code)

Der verwendete 3-aus-7-Code ermöglicht eine Fehlererkennung. Die Anzahl Anordnungen von drei Einsen auf sieben Positionen kann mit der Kombinatorik (Permutationen mit Wiederholung) folgendermassen bestimmt werden:

$$n = 7!/(3! * 4!) = 35 \text{ Codewörter}$$

c) 8-Spur-Lochstreifen

Der 8-Spur-Lochstreifen wurde als Speichermedium bei älteren Prozessrechnern für Quellen- und Object-Code verwendet. Für die Steuerung von Maschinen werden immer noch viele Arten von Lochstreifen eingesetzt, auch wenn heute meist direkte Rechnerverbindungen verwendet werden.

Numerisch gesteuerte Werkzeugmaschinen (NC, Numeric Control) arbeiten mit 8-Spur-Lochstreifen für die Koordinaten und Steuerfunktionen. Die NC-Programmiersprachen APT und EXAPT dienen zur Erstellung von NC-Daten, die direkt von der Maschine verarbeitet werden.

d) 22-Kanal-Lochstreifen

Stickmaschinen arbeiten mit einem 22-Kanal-Lochstreifen, der je neun Bit für die x- und y-Koordinaten und 4 Bit für maximal 16 Steuerfunktionen enthält. Die 9-Bit-Koordinaten werden im sogenannten Heptadencode (Basis 7) als 3 mal 3 Bit codiert. Eine Heptadenziffer (3 Bit) verwendet nur die Werte 001 (= 0) bis 111 (= 6), d.h. alle 7 Ziffern haben mindestens ein Loch). Der Wert 000 wird also nicht für Koordinaten verwendet (Leertransport).

Die Koordinaten der drei Heptaden-Ziffern besitzen die Wertigkeiten $7*7$ 7 1 :

Wertigkeiten: 49   7   1

Koordinate: 010   100   111 $= (1*7+3)*7+6 = 76$ Einheiten

3.3.7 Lochkartencode (Hollerith-Code)

Dies ist ein 12-Bit-Code: Die Lochkarte enthält 12 Zeilen und 80 Spalten. Damit lassen sich pro Spalte maximal 4096 Zeichen codieren, die natürlich niemals alle ausgenutzt wurden. Hermann Hollerith schuf diesen Code für die 11. amerikanische Volkszählung 1890, wobei für die Angaben der Personen die Löcher „im Feld" mit einem Handlocher erfolgten: Der Code musste also leicht einprägsam sein. Die Karten wurden mit mechanischen Sortierern (sog. „Tabulatoren") ausgewertet: Beginn der mechanischen Datenverarbeitung. Aus diesem Code hat IBM ihren EBCDIC-Code für die Grossrechner abgeleitet.

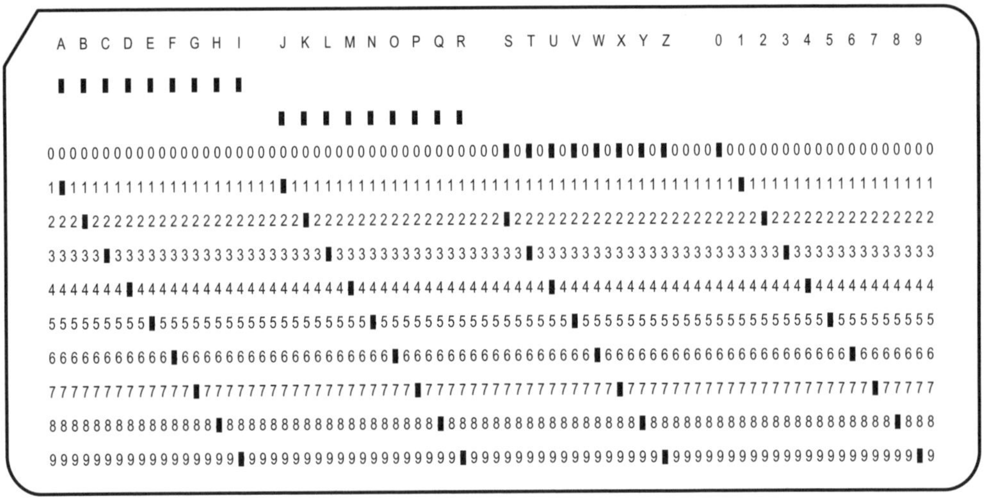

Abb. 3.2: Lochkarte mit Hollerith-Code

3.4 Strichcode (Barcode)

Die Strichcodes haben in den letzten Jahren eine sehr grosse Bedeutung im Handel und in der Technik erlangt: Heute werden die meisten Produkte neben der Beschriftung im Klartext (Preis, Gewicht) auch mit einem Strichcode (meist die Produktenummer) versehen, womit an den Kassen das Produkt erfasst werden kann und via Rechner die notwendigen Angaben automatisch abgerufen werden können. Für Service und Unterhalt von Geräten werden immer häufiger die Serien- und Produktenummern mit Strichcodes bezeichnet. Auch im Transportwesen, für Blutkonserven, Materialfluss in der Produktion usw. werden Barcodes eingesetzt.

Die ersten Ideen und Ansätze waren für Supermarkts in den USA gedacht und stammen aus den 30er und 40er Jahren. Im Jahr 1949 wurde das erste Patent von Woodland und Silver angemeldet (Woodland entwickelte später bei IBM einen Vorgänger des UPC-Strichcodes). Die grosse Verbreitung erfolgte zu Beginn der 70er Jahre mit der Einführung der Produkte-Codes **UPC** (**Universal Product Code**) in den USA und **EAN** (**European Article Number**) gegen Ende der 70er Jahre in Europa.

3.4.1 Einführung in die Technik der Strichcodes

Jeder eindimensionale Barcode besteht aus parallel angeordneten schwarzen Balken unterschiedlicher Breite und aus hellen Zwischenräumen mit gleicher oder ebenfalls unterschiedlicher Breite, die Höhe der Balken enthält keine Information[1]. Jedes Zeichen (Ziffer, Buchstaben oder Sonderzeichen) wird mit einer festen Anzahl Elementen (Striche/Lücken) codiert. Die Grundbreite eines schmalen Striches wird **Modul** genannt. Zwischen den Zeichen ist bei den **diskreten Codes** eine Lücke vorhanden (inter-character-gap), was bedeutet, dass die Codierung mit einem Strich beginnt und endet. Jedes Zeichen könnte also für sich allein stehen. Bei den **kontinuierlichen Codes** folgen die Zeichen ohne Abstand aufeinander, die Codierung beginnt mit einem Strich und endet mit einer Lücke oder umgekehrt.

Aus historischen Gründen gibt es zwei Arten der Codierung von binärer Information (0/1) auf eindimensionale Strichfolgen: Bei den älteren **Zweibreitencodes** wird eine Eins als breiter Balken und eine Null als schmaler Balken codiert (kann auch für die Zwischenräume gelten). Bei den neueren **Mehrbreitencodes** (auch als Deltacodes bezeichnet) wird pro Bit ein Modul reserviert: Eine Eins wird als schwarzes Modul, eine Null als weisses Modul codiert, wobei nur Codewörter mit einer minimalen Anzahl Wechseln schwarzweiss verwendet werden (z.B. bei EAN immer je zwei „hell-dunkel-hell-dunkel" oder umgekehrt). Bei diesen Strichcodes wird die Distanz (delta) zwischen zwei Kanten gemessen, was grössere Toleranzen bei der Herstellung erlaubt. Es ist offensichtlich, dass die Mehrbreitencodes wesentlich platzsparender sind, jedoch beim Lesen mehr Aufwand verlangen.

---

[1]Eine Ausnahme bildet der Postnet-Code, der aber kein Barcode im engeren Sinn ist.

Abb. 3.3: Prinzip Barcode: Zweibreiten- und Mehrbreitencode

Bei **Zweibreitencodes** werden die Binärwerte 0/1 durch zwei unterschiedlich breite Balken/Lücken dargestellt (mit Breitenverhältnissen von 2:1 bis 3:1). Bei einfachen Codes werden nur die Balken verwendet, und die Lücken sind alle gleich schmal (z.B. Industrial-2-aus-5).

Bei den **Mehrbreitencodes** wird eine Eins als schwarzer Balken, eine Null als weisser Balken derselben Breite codiert – dadurch entstehen je nach Anzahl aufeinanderfolgender Einsen bzw. Nullen sehr unterschiedliche Balken- bzw. Lückenbreiten. Pro Bit wird immer dieselbe Modulbreite vorgesehen.

Die meisten Barcodes verwenden ein Start- und ein Stoppzeichen, um das Aufsynchronisieren des Lesers zu erleichtern und die Erkennung der Leserichtung zu ermöglichen. UPC und EAN verwenden anstelle von Start- und Stopp-Zeichen zwei identische Begrenzungslinien am Anfang, in der Mitte und am Ende. Die Leserichtung wird aus der Codierung der Zeichen ermittelt.

Mehrdimensionale Strichcodes wie Code 49, Code 16K oder PDF417 (Portable Data File, siehe Abbildung 3.4) für grössere Datenmengen und hohe Dichten werden in dieser Einführung nicht besprochen. Im folgenden werden einige der bekanntesten eindimensionalen Barcodes erläutert.

Abb. 3.4: Beispiel eines PDF417-Barcodes mit über 300 Zeichen

3.4.2 Zweibreitencodes

Ältere Systeme verwenden einen einfachen Zweibreitencode mit 2-aus-5-Codierung für die Zifferndarstellung:

Dezimalwert	2-aus-5-Barcode 1 2 4 7 0
0	0 0 1 1 0
1	1 0 0 0 1
2	0 1 0 0 1
3	1 1 0 0 0
4	0 0 1 0 1
5	1 0 1 0 0
6	0 1 1 0 0
7	0 0 0 1 1
8	1 0 0 1 0
9	0 1 0 1 0
Start	1 1 0
Stopp	1 0 1

Die Anordnung der Bits ist gerade umgekehrt zur sonst üblichen Reihenfolge MSB...LSB. Der Grund liegt im Lesen der Codes von links nach rechts: Die erste Stelle von links beginnt mit der Wertigkeit 1.

Die Gewichtung 1–2–4–7 stimmt einzig bei der Ziffer Null nicht. Das letzte Bit mit der Wertigkeit 0 kann als „Even Parity" betrachtet werden.

Die Start-/Stoppzeichen dienen zur Erkennung der Leserichtung und zur Aufsynchronisierung der Leseelektronik (und Taktrückgewinnung).

a) Industrial-2-aus-5-Code

Jede Ziffer wird mit zwei breiten (= 1) und drei schmalen Balken (= 0) codiert. Zusätzlich wird immer ein Start- und ein Stoppzeichen bestehend aus nur 3 Bit verwendet. Die Zahl 1234 wird also mit Start- und Stoppsymbolen wie folgt dargestellt:

Abb. 3.5: Industrial-2-aus-5-Barcode

b) Interleaved-2-aus-5-Code

Der elementare 2-aus-5-Strichcode hat den Nachteil, dass er relativ viel Platz beansprucht, da die Zwischenräume keine Information enthalten. Zur Verbesserung wurde 1972 von Intermec der folgende *geschachtelte 2-aus-5-Code* vorgeschlagen: Es werden immer zwei Ziffern ineinandergeschachtelt, indem die erste Ziffer mit den schwarzen

Balken (schmal und breit) und die zweite Ziffer mit den hellen Zwischenräumen (ebenfalls schmal und breit) dargestellt werden: **Interleaved Two of Five Code.**

Dieselbe Zahl 1 2 3 4 wird nun mit „interleave" wie folgt codiert, wobei als **Startzeichen** 0 0 und das **Stoppzeichen** 1 0 **ohne interleave** verwendet wird. Der Platzbedarf wird damit um etwa 40% verringert (**kontinuierlicher Code**):

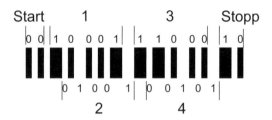

Abb. 3.6: Interleaved-2-aus-5-Code

Beim Interleaved-Strichcode müssen die Zahlen immer eine gerade Anzahl Ziffern haben: Bei Bedarf wird einfach eine führende Null ergänzt.

c) Matrix-2-aus-5-Code

In diesem Barcode wird der 2-aus-5-Code durch abwechslungweise Codierung in Balken und Zwischenraum für jede einzelne Ziffer durchgeführt („interleave" innerhalb einer Ziffer). Jedes Zeichen beginnt und endet mit einem Strich, und zwischen den Zeichen existiert eine Lücke, die keine Information enthält (diskreter Code):

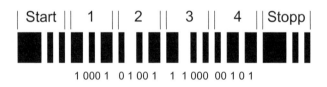

Abb. 3.7: Matrix-2-aus-5-Code

Die Start- und Stoppzeichen sind identisch, aber asymmetrisch mit einem „überbreiten" Balken, so dass daraus die Leserichtung erkannt werden kann.

Weitere Zweibreitencodes sind: Codabar, Code 39, Code 39 extended.

3.4.3 Mehrbreitencodes (EAN-Code)

Für die Artikelauszeichnung im Detailhandel wurden die zueinander kompatiblen UPC- und EAN-Codes speziell für das effiziente Lesen an Kassen entwickelt. Die bisher besprochenen Strichcodes haben die Eigenschaft, dass der Strichcodeleser einigermassen auf die Richtung des Codes ausgerichtet sein muss. Das automatische Abtasten des in beliebiger Richtung orientierten Produktes verlangt andere Eigenschaften, wie Richtungserkennung beim Lesen von hinten nach vorne, relativ geringe Anforderungen an die Druckqualität der Etiketten. Das Codierungsprinzip basiert auf einem IBM-Vorschlag aus dem Jahr 1971 und ist relativ kompliziert (Delta-Distanz-Messung der Flanken).

Zu Beginn und am Ende des EAN-Codes sind zur Synchronisation je zwei schmale Balken als Begrenzungszeichen angefügt (siehe Abbildung 3.10). Die zwei Hälften sind noch mit zwei schmalen Balken unterteilt. Jede Ziffer besteht aus 2 Balken und 2 Zwischenräumen, je 1 bis 4 Einheiten breit. Die gesamte Breite einer EAN-Ziffer beträgt immer 7 Einheiten (Module).

a) EAN-Code-Tabelle

Eine Ziffer kann je nach Lage innerhalb der gesamten Zahl auf drei verschiedene Arten (Zeichensatz A, B oder C) codiert sein.

13. Ziffer (12...7)	Ziffer	Zeichensatz A	Zeichensatz B	Zeichensatz C	Ziffer
A A A A A A	0	0 0 0 1 1 0 1	0 1 0 0 1 1 1	1 1 1 0 0 1 0	0
A A B A B B	1	0 0 1 1 0 0 1	0 1 1 0 0 1 1	1 1 0 0 1 1 0	1
A A B B A B	2	0 0 1 0 0 1 1	0 0 1 1 0 1 1	1 1 0 1 1 0 0	2
A A B B B A	3	0 1 1 1 1 0 1	0 1 0 0 0 0 1	1 0 0 0 0 1 0	3
A B A A B B	4	0 1 0 0 0 1 1	0 0 1 1 1 0 1	1 0 1 1 1 0 0	4
A B B A A B	5	0 1 1 0 0 0 1	0 1 1 1 0 0 1	1 0 0 1 1 1 0	5
A B B B A A	6	0 1 0 1 1 1 1	0 0 0 0 1 0 1	1 0 1 0 0 0 0	6
A B A B A B	7	0 1 1 1 0 1 1	0 0 1 0 0 0 1	1 0 0 0 1 0 0	7
A B A B B A	8	0 1 1 0 1 1 1	0 0 0 1 0 0 1	1 0 0 1 0 0 0	8
A B B A B A	9	0 0 0 1 0 1 1	0 0 1 0 1 1 1	1 1 1 0 1 0 0	9

Mit diesen drei Zeichensätzen werden die Codes EAN-8 und EAN-13 gebildet. Im folgenden ist für die Zeichensätze A und C je ein Beispiel angegeben. Der Zeichensatz B wird am Schluss im Zusammenhang mit EAN-13 erläutert.

Im Zeichensatz A werden z.B. die Ziffern 0, 1, 2 und 3 wie folgt codiert:

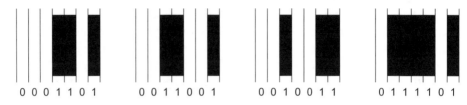

Abb. 3.8: EAN-Zeichensatz A

Im Zeichensatz C werden dieselben Ziffern 0, 1, 2 und 3 wie folgt codiert. Man beachte die Symmetrie der Codierungen:

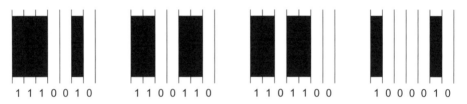

Abb. 3.9: EAN-Zeichensatz C

b) EAN-8-Code

Der **EAN-8-Code** besteht aus 8 Ziffern, wovon die linken vier mit dem Zeichensatz A (Odd Parity) und die rechten vier mit dem Zeichensatz C (Even Parity) codiert werden. Die Codierungen der einzelnen Ziffern auf der linken und der rechten Hälfte sind zueinander invers (hell-dunkel).

Abb. 3.10: Beispiel 1347 2569 in EAN-8

c) EAN-13-Code

Der **EAN-13-Code** besteht aus 13 Ziffern, wovon die rechten 12 in zwei Hälften zu sechs Ziffern mit zwei schmalen Balken unterteilt sind. Die beiden Hälften werden mit unterschiedlichen Codetabellen codiert: links mit Zeichensatz A oder B, rechts mit Zeichensatz C, und die vorderste 13. Ziffer wird in die linken sechs Ziffern „hineincodiert", indem für jede Ziffer zwei mögliche Zeichensätze zur Verfügung stehen (Zeichensatz A mit ungerader Parität und Zeichensatz B mit gerader Parität) – mit dieser Auswahl (6 Bit) wird die 13. Ziffer codiert (siehe EAN-Code-Tabelle auf der vorhergehenden Seite; linke Spalte).

Abb. 3.11: Beispiel 7 610100 017698 in EAN-13

d) Fehlererkennung im EAN-Code

Der EAN-Code besitzt eine zweistufige Fehlererkennung (siehe auch Kapitel 4). Jede Ziffer ist Ein-Fehler-erkennend codiert, und die letzte Ziffer ist eine Prüfziffer über die vorangehenden sieben bzw. zwölf Ziffern. In unserem Beispiel EAN-13 ist die Prüfziffer 8 durch Summierung der vorderen 12 Ziffern mit den Gewichten 1 3 1 3 1 3 1 3 1 3 1 3, Modulo-10-Bildung und Komplement-10 zustande gekommen.

$$7*1+6*3+1*1+0*3+1*1+0*3+0*1+0*3+1*1+7*3+6*1+9*3 = 82$$

Resultierende Prüfziffer: $82 \bmod 10 = 2$,   Komplement$_{10}$: $10 - 2 = \mathbf{8}$

e) Einsatz und Organisation von UPC- und EAN-Code

Der 1973 in den USA für Supermärkte eingeführte **UPC-Code** besteht aus 12 Ziffern, wovon die mittleren 10 als Nutzziffern (je fünf für den Hersteller- und fünf für den Produktcode) eingesetzt werden. Zusätzlich wird vorne eine Identifikationsziffer (Produkttyp) und hinten eine Prüfziffer angehängt (Gewicht: 1 – 3 – 1 – 3 – 1 – 3 – 1 ...).

In Europa wurde 1976 der zu UPC aufwärtskompatible **EAN-Code** (European Article Numbering) eingeführt, der auf den vorangegangenen Seiten erläutert wurde. Die zusätzlich eingeführte 13. Ziffer macht ihn für UPC-Leser unleserlich (keine Rückwärtskompatibilität). Die 13 Ziffern sind in vier Gruppen eingeteilt:

Ziffern	Anzahl	Verwendung
1 ... 2	2	Landescode oder Systemgruppe (z.B. Bücher oder Periodicals)
3 ... 7	5	Betriebsnummer (Hersteller)
8 ... 12	5	Artikelnummer (Hersteller-intern)
13	1	Prüfziffer

Die folgenden Ländercodes sind vom EAN (Brüssel) zugeteilt worden:

        Frankreich   30 ... 37
        Deutschland   40 ... 43
        Schweiz   76
        Italien   80 ... 83
        Österreich   90 ... 91
        usw.

Die Schweizerische Artikel-Code-Vereinigung (SACV) organisiert die Zuteilung der fünfstelligen Betriebsnummern. Beispiel: Migros = 16'900.

3.5 Übungen

3.5.1 Schaltung zur Umwandlung von Gray- in Binärcode

Entwerfen Sie eine Schaltung zur Umwandlung von Gray- in Binärcode. Es stehen nur AND-, OR-, NAND- und EXOR-Gates mit jeweils 2 Eingängen zur Verfügung.

3.5.2 Decodierung von Barcodes

Bestimmen Sie den Typ und den Zahlenwert der folgenden Strichcodes:

4

Fehlerkorrektur

Basierend auf Überlegungen aus der Informationstheorie wird im *ersten Abschnitt* das Prinzip der Fehlererkennung erläutert und im *zweiten Abschnitt* die Technik der Fehlerkorrektur gezeigt.

4.1 Fehlererkennung

Aufgrund der Informationstheorie können Aussagen über die zusätzlich notwendige Redundanz gemacht werden, um Ein- oder Mehrbitfehler zu erkennen und zu korrigieren. Um eine Fehlererkennung durchführen zu können, muss die Codierung so ausgelegt werden, dass zwischen gültigen und ungültigen Codekombinationen unterschieden werden kann – es ist also ein Codier-Mehraufwand (Redundanz) notwendig. Solange alle Codekombinationen gültige Codeworte sind, wirkt sich jeder Fehler so aus, dass wiederum ein gültiges Codewort (d.h. eine scheinbar richtige Aussage) entsteht.

4.1.1 Parity-Prüfung

Die in der Computer- und Übertragungstechnik weitverbreitete und bekannteste Fehlererkennungsmethode ist das Paritätsbit: Ein zusätzliches Bit wird bei jedem gültigen Codewort z.B. auf gerade Parität ergänzt. Damit wird jeder Einbitfehler an der ungeraden Summe von Einsen leicht erkennbar. Alle gültigen Codeworte (inklusive Paritätsbit) unterscheiden sich voneinander an mindestens zwei Stellen (Codierung mit Hammingdistanz 2, siehe Abschnitt 4.2), und damit führt jeder Einbitfehler zu einem ungültigen Codewort „zwischen" zwei gültigen.

Definition von Even und Odd Parity: Das Paritätsbit wird in die „Zählung der Einsen" mit einbezogen, d.h. bei **Even Parity** wird das Paritätsbit so gesetzt, dass die Anzahl Einsen inklusive Parity-Bit gerade ist: Eine ungerade Anzahl Einsen in einem Datenwort führt also zu einem Parity-Bit = 1 – damit wird die gesamte Anzahl Einsen gerade.

Odd Parity bedeutet: Das Datenwort *inklusive* Parity-Bit besitzt eine ungerade Anzahl Einsen.

Beispiele:

a) BCD-Code mit Even Parity:

Diese Querparität wird auch als **Longitudinal Redundancy Check (LRC)** bezeichnet. Statt nun die Paritätsergänzung pro Zeichen zu erzeugen, kann auch „vertikal" pro Bit über mehrere Zeichen (Block) die Parität pro Bitstelle durchgeführt werden: **Vertical Redundancy Check (VRC)** wird z.B. bei Magnetbandaufzeichnungen verwendet.

Dez	BCD	Parity
0	0 0 0 0	0
1	0 0 0 1	1
2	0 0 1 0	1
3	0 0 1 1	0
4	0 1 0 0	1
5	0 1 0 1	0
6	0 1 1 0	0
7	0 1 1 1	1
8	1 0 0 0	1
9	1 0 0 1	0
VRC	0 0 0 1	1

b) Parallele Paritätskontrolle bei dynamischen Speichern im PC: Es werden 9-Bit-SIMMs (Single Inline Memory Modules) verwendet; 8 Bit für die Daten und 1 Bit für die Querparität.

c) Paritätsbit bei der seriellen Datenübertragung: Es wird als 8. Bit am Schluss eines ASCII-Zeichens (7 Bit) übertragen.

4.1.2 CRC-Prüfsummen (Cyclic Redundancy Check)

Das Problem der einfachen Paritätsprüfung besteht in ihrer Anfälligkeit auf Mehrbitfehler: Sobald in einem mit Parity gesicherten Wort nicht nur ein, sondern zwei Bits gestört sind, kann dieser Fehler nicht erkannt werden. Die Fehlererkennungsrate bei einfacher Parity beträgt nur 50%, da alle geradzahligen Fehler nicht erkannt werden können.

Mit der CRC-Technik (Cyclic Redundancy Check), auch zyklischer Redundanz-Prüfsummentest genannt, können mit relativ wenig Aufwand Mehrfach- und Burst-Fehler (mehrere Fehler kurz hintereinander) in Datenblöcken mit sehr grosser Sicherheit entdeckt werden. Diese Technik wird heute sehr verbreitet in der Datenspeicherung (Disk) und der Datenübertragung (Computernetzwerke) angewendet.

Diese CRC-Prüfworte werden entweder hardwaremässig mit rückgekoppelten Schieberegistern oder softwaremässig mit einer „Modulo-2-Division" durch sogenannte charakteristische Polynome (auch als Generatorpolynome bezeichnet) erzeugt. Die Theorie zur Herleitung der sogenannten Generatorpolynome und Begründung der Eigenschaften benötigt höhere Algebra und kann hier nicht ausgeführt werden. Im folgenden wird die technische Realisierung mit rückgekoppelten Schieberegistern erläutert.

a) **Prinzip der Fehlersicherung mit CRC:**

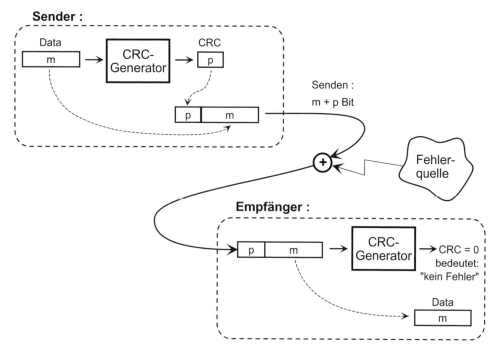

Abb. 4.1: Prinzip des Cyclic Redundancy Check

Zu jedem Datenblock m (als serieller Datenstrom betrachtet) wird in einem CRC-Generator ein Prüfwort p (CRC, typisch 12 bis 32 Bit) erzeugt, das an den Schluss des Datenblockes angehängt und ebenfalls übertragen wird. Der Empfänger bildet mit demselben CRC-Generator ein CRC-Wort, wobei auch das ankommende CRC-Wort miteinbezogen wird. Dadurch entsteht am Schluss des Datenblockes (inklusive des gesendeten CRC) bei fehlerfreien Daten im Empfänger ein CRC-Wert Null; dies bedeutet „fehlerfrei". Durch die Bildung des CRC mit rückgekoppelten Schieberegistern aus den Sendedaten entsteht ein charakteristisches CRC-Muster, das nur mit sehr wenigen fehlerhaften Datenkombinationen erreicht werden kann.

b) Beispiel: CRC mit 3 Bit

Zur Veranschaulichung sollen mit einem 3-Bit-CRC-Prüfmuster eine Anzahl Datenworte mit einer Länge von ebenfalls 3 Bit fehlergesichert werden. Die Datenwortlänge ist wegen der „Aufwandreduktion" kurz gewählt – normalerweise werden wesentlich grössere Datenströme von einigen hundert Byte mit 16-Bit-CRC gesichert. Die im folgenden vorgestellte Technik mit rückgekoppelten Schieberegistern erzeugt für jedes Datenmuster einen charakteristischen Wert.

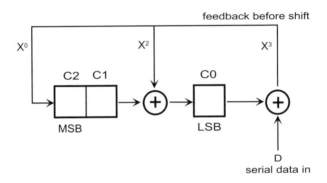

Abb. 4.2: CRC-Schieberegister mit 3 Bit

Das Schieberegister in Abbildung 4.2 mit einem „Einspeisepunkt" zwischen Bit C1 und C0 bildet die 3-Bit-CRC-Grösse wie folgt:

- Zu Beginn wird das CRC-Register auf Null gesetzt.
- Die Nutzdaten werden in der Reihenfolge LSB–MSB an den Dateneingang D gelegt (und ggf. gleichzeitig seriell gesendet).
- Vor jedem Takt werden die EXOR-verknüpften Werte gebildet und auf das Schieberegister gegeben – nach dem Takt werden die gebildeten Werte an den „Einspeisepunkten" eingelesen bzw. das Schieberegister um 1 Bit intern nach rechts geschoben.
- Nach drei Takten enthält das Schieberegister den CRC-Wert, der an den Schluss des 3-Bit-Datenwertes angehängt (bzw. gesendet) wird.

Für die CRC-Bildung gemäss dem Schema von Abbildung 4.3 wird also der Datenwert 0 0 1 an den Eingang des auf Null gesetzten CRC-Registers angelegt (zuerst das LSB = 1). Das folgende Schema zeigt die Inhalte des CRC-Registers nach allen drei Takten inklusive der Zwischenwerte aus den EXOR-Gates.

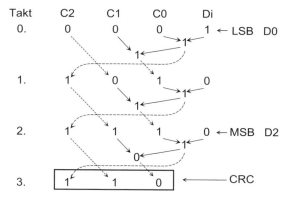

Abb. 4.3: CRC-Bildung mit CRC-3

Der Lesemechanismus (bzw. der Empfänger) bildet mit demselben rückgekoppelten Schieberegister mit den ankommenden Daten inklusive CRC am Schluss einen Prüfwert (1 1 0 0 0 1, LSB first), der bei fehlerfreier Übertragung nach sechs Takten den Wert 0 hat (siehe Abbildung 4.4).

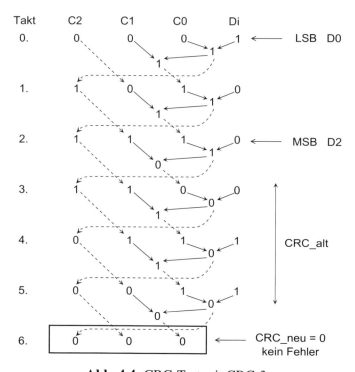

Abb. 4.4: CRC-Test mit CRC-3

Wenn man nun mit allen acht Datenwerten D2 D1 D0 = 0 0 0...1 1 1 die zugehörigen CRC-Prüfsummen C2 C1 C0 bildet, so ergibt sich die nachfolgende Tabelle.

C2	C1	C0	D2	D1	D0	data
0	0	0	0	0	0	0
1	1	0	0	0	1	1
1	1	1	0	1	0	2
0	0	1	0	1	1	3
1	0	1	1	0	0	4
0	1	1	1	0	1	5
0	1	0	1	1	0	6
1	0	0	1	1	1	7

Man kann diese Tabelle auch folgendermassen interpretieren:

Von den 64 möglichen Codeworten werden nur gerade acht als gültige Codekombinationen benutzt – bei Fehlern entstehen ungültige Codeworte, die durch die CRC-Bildung beim Empfänger in 56 von 64 Fällen erkannt werden können. Alle acht Codewörter unterscheiden sich von jedem anderen Codewort in mindestens drei Bitpositionen, dies wird als Hamming-Distanz d = 3 bezeichnet (siehe Abschnitt 4.2.3).

c) CRC-CCITT:

In der Praxis werden natürlich grössere Datenmengen als 3 Bit mit CRC-Prüfsummen versehen. Für Byte-Datenströme (z.B. Datenblock von 512 Byte auf Floppy-Disk) wird in Europa der folgende vom CCITT genormte 16-Bit-CRC-Generator verwendet:

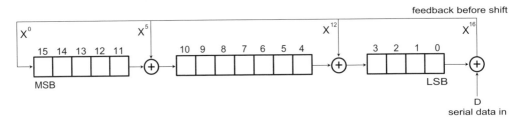

Abb. 4.5: CCITT 16-Bit-CRC-Generator mit Schieberegister

Der eigentliche Kern der CRC-Bildung liegt in den Rückkopplungpunkten des Schieberegisters, welche die „Vergangenheit" über lange Zeit im CRC-Wort mitberücksichtigen. Die Mathematik liefert Aussagen, welche Bits für eine gute Fehlererkennung verwendet werden müssen: Mit diesem 16-Bit-CRC kann ein Fehler mit einer Wahrscheinlichkeit von 99.9969% erkannt werden.

Fehlererkennung

In der folgenden Tabelle kann verfolgt werden, wie sich eine 1 (LSB des Datenwortes 0000000000000001_b) im CRC-Register langfristig auswirkt:

Takt	C15	C14	C13	C12	C11	C10	C9	C8	C7	C6	C5	C4	C3	C2	C1	C0	Di	Feedback
Start	0	0	0	0	0	0	0	0	0	0	0	0	0	0	0	0	1	1
1	1	0	0	0	0	1	0	0	0	0	0	0	1	0	0	0	0	0
2	0	1	0	0	0	0	1	0	0	0	0	0	0	1	0	0	0	0
3	0	0	1	0	0	0	0	1	0	0	0	0	0	0	1	0	0	0
4	0	0	0	1	0	0	0	0	1	0	0	0	0	0	0	1	0	1
5	1	0	0	0	1	1	0	0	0	1	0	0	1	0	0	0	0	0
6	0	1	0	0	0	1	1	0	0	0	1	0	0	1	0	0	0	0
7	0	0	1	0	0	0	1	1	0	0	0	1	0	0	1	0	0	0
8	0	0	0	1	0	0	0	1	1	0	0	0	1	0	0	1	0	1
9	1	0	0	0	1	1	0	0	1	1	0	0	1	1	0	0	0	0
10	0	1	0	0	0	1	1	0	0	1	1	0	0	1	1	0	0	0
11	0	0	1	0	0	0	1	1	0	0	1	1	0	0	1	1	0	1
12	1	0	0	1	0	1	0	1	1	0	0	1	0	0	0	1	0	1
13	1	1	0	0	1	1	1	0	1	1	0	0	0	0	0	0	0	0
14	0	1	1	0	0	1	1	1	0	1	1	0	0	0	0	0	0	0
15	0	0	1	1	0	0	1	1	1	0	1	1	0	0	0	0	0	0
16	0	0	0	1	1	0	0	1	1	1	0	1	1	0	0	0	-	0

d) Generator-Polynom

CRC-Generatoren werden häufig durch sogenannte Generator-Polynome *mathematisch* definiert. Die „Anzapfpunkte" der rückgekoppelten Schieberegister lassen sich daraus aber einfach bestimmen.

Der in Abbildung 4.5 gezeigte CRC-16-Generator wird beispielsweise mit dem folgenden Polynom beschrieben:

$$G(X) = X^{16} + X^{12} + X^5 + 1 \quad \text{oder} \quad G(X) = X^{16} + X^{12} + X^5 + X^0$$

Wie in Abbildung 4.5 gezeigt, wird das Polynom gemäss seiner Wertigkeit verkehrt – also von links nach rechts – angeordnet: Der Summand X^0 des Polynoms steht für die Stelle ganz links vom Generator; das Bit$_{11}$ des Generators entspricht im Polynom X^5; das Bit$_4$ entspricht X^{12}, und das Bit$_0$ entspricht X^{16}.

4.2 Fehlerkorrektur

Was heisst Fehlerkorrektur? Um einen Fehler korrigieren zu können, müssen die drei folgenden Schritte möglich sein:

1. **Fehlererkennung:** Ist das Codewort fehlerbehaftet (ungültig) oder fehlerfrei (gültig)?
2. **Fehlerlokalisation:** Wo liegt der Fehler (an welcher „Stelle")?
3. **Fehlerkorrektur:** Das lokalisierte falsche Bit muss invertiert werden.

Beispiele:

- In einem Text kann ein Tippfehler wegen der grossen Redundanz der Sprache meist leicht erkannt und korrigiert werden.
- Majoritätsentscheid: Vergleich zwischen drei Aussagen, die voneinander unabhängig dasselbe Resultat liefern sollten: Die „Mehrheit" hat recht!

4.2.1 Blocksicherung mit Quer- und Längsparitäten

Mit Hilfe von Quer- und Längsparitäten kann ein Einbitfehler koordinatenmässig lokalisiert und damit korrigiert werden.

Beispiel: Block aus 4 BCD-Ziffern mit „Even Parity"

Die vierstellige Zahl 1994 soll BCD-codiert mit Blocksicherung ein-Bit-fehlerkorrigierbar gemacht werden. Die linke Tabellenseite stellt die fehlerfreien Daten vor der Übertragung dar – auf der rechten Seite sind die empfangenen Daten mit einem Einbitfehler, der mit der angegebenen Längs- und Querkontrolle korrigiert werden kann:

```
Wert   fehlerfrei    ⟶   Einbitfehler

 1     0 0 0 1   1        0 0 0 1   1
 9     1 0 0 1   0        1 0 1 1   0    ⟸ Querparitätsfehler
 9     1 0 0 1   0        1 0 0 1   0
 4     0 1 0 0   1        0 1 0 0   1
       ─────────          ─────────
       0 1 0 1   0        0 1 0 1   0    ⟵ Längsparitäten
           ↑                  ⇑
       Querparitäten      Längsparitätsfehler
       pro Codewort
```

Zur Fehlerkorrektur muss die **fett** markierte Eins zu einer Null invertiert werden.

Mit dieser Methode können unterschiedlich lange Blöcke Einbitfehler gesichert werden. Was geschieht aber bei Zweibitfehler und welches ist die optimale Blocklänge? Dies ist eine Frage der Fehlerhäufigkeit. Die Blocklänge muss der mittleren Fehlerrate (und gegebenenfalls der Verteilung) angepasst sein. Wichtig ist dabei, dass normalerweise pro Block höchstens ein Fehler auftritt, da Mehrbitfehler nicht korrigiert werden können.

Diese Technik der Blocksicherung wird bei den klassischen Magnetbändern in der EDV verwendet: 9-Spur-Aufzeichnung von Bytes (8 Bit + Parity) mit Prüfsumme am Schluss jedes Datenblocks (Records).

Hinweis zur Realisierung:

Für die Querparität stehen die Datenbits üblicherweise gleichzeitig (parallel) zur Verfügung. Die Querparität bildet man durch eine Exklusiv-Oder-Verküpfung aller Datenbits (siehe auch Übung im Abschnitt 4.3.1).

Muss aber beispielsweise bei einer seriellen Datenübertragung die Längsparität gebildet werden, stehen die Daten nicht alle gleichzeitig zur Verfügung. Zur Bildung der seriellen Parität wird (pro Bit_n) eine Schaltung mit „Gedächtnis" benötigt. Abbildung 4.6 zeigt einen möglichen Signalverlauf (siehe auch Übung im Abschnitt 4.3.2). Die seriellen Eingangsdaten **serial data in** sind jeweils bei der negativen Flanke des **clock**-Signals gültig, das **parity out**-Signal bei der positiven **clock**-Flanke.

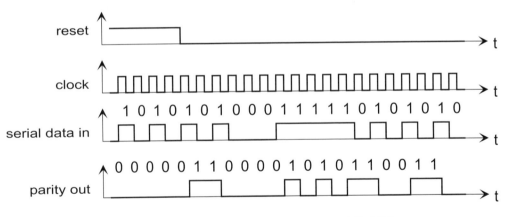

Abb. 4.6: Signalverlauf für eine seriellen Paritätsbildung

4.2.2 Systematische Codes nach Hamming

Das Prinzip der Hamming-Codes besteht darin, durch Verwendung von mehreren Prüfbits die Fehlererkennung so zu verfeinern, dass je nach Anforderung Fehler erkannt und korrigiert werden können. Hamming ordnet nun eine Anzahl Prüfbits (p) hinter die Datenbits (m) an:

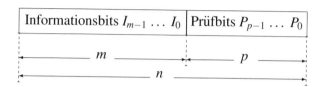

Hammingdistanz: Darunter versteht man die minimale Anzahl Bits, die geändert (invertiert) werden müssen, um von jedem gültigen Codewort wieder auf ein anderes gültiges Codewort zu kommen. Die Hammingdistanz gibt also den minimalen Abstand zweier beliebiger gültiger Codewörter an.

Die grundsätzlichen Überlegungen werden anhand der folgenden einfachen Beispiele aufgezeigt.

Beispiel 1: Es werden alle 8 möglichen Kombinationen (A...H) ausgenützt. Die Unmöglichkeit, einen Fehler zu erkennen, geht daraus hervor, dass jede Änderung eines Bits zu einer anderen gültigen Kombination wird.

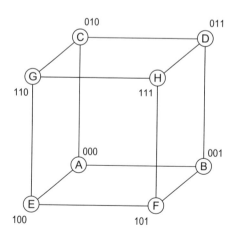

Abb. 4.7: Vollständiger 3-Bit-Code mit Hammingdistanz = 1

Beispiel 2: In der Abbildung 4.8 werden nur noch 4 Kombinationen (a, b, c, d) als gültige Codes verwendet. Um von einem gültigen Code zum nächsten zu gelangen, müssen immer zwei Bits verändert werden. Ein Einbitfehler kann erkannt werden aufgrund des ungültigen Codes (z.B. 100). Es ist aber nicht zu entscheiden, ob die ursprüngliche Information 110, 101 oder 000 war. Eine Fehlerkorrektur ist also nicht möglich. Dieser Fall entspricht dem Paritätsbit (die gültigen Codewörter haben Even Parity).

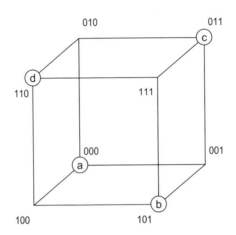

Abb. 4.8: Verkürzter 3-Bit-Code mit Hammingdistanz = 2

Beispiel 3: In der Abbildung 4.9 werden nur noch 2 Kombinationen (α, β) als gültige Codes verwendet.

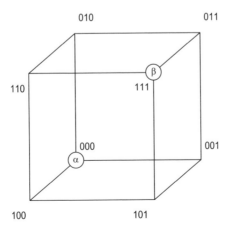

Abb. 4.9: Verkürzter 3-Bit-Code mit Hammingdistanz = 3

Fehlerkorrektur

Um von einem gültigen Code zu nächsten zu gelangen, müssen immer drei Bits verändert werden. Für die Fehlerbehandlung sind zwei Fälle zu unterscheiden:

a) Es treten nur Einbitfehler auf $\Rightarrow$ ein fehlerhaftes Codewort kann erkannt und zum „nächstgelegenen" gültigen Codewort korrigiert werden.

b) Es treten Ein- oder Zweibitfehler auf $\Rightarrow$ ein fehlerhafter Code kann nur erkannt, aber nicht mehr korrigiert werden.

Der Zusammenhang zwischen der **Hammingdistanz** (d), der Anzahl der korrigierbaren Fehler (k) und der Anzahl der erkennbaren Fehler (e) ist gemäss Hamming:

$$\boxed{d = e + k + 1} \qquad \text{mit} \qquad e \geq k$$

Damit ein **Einzelfehler** erkannt und korrigiert werden kann ($e = 1, k = 1 \Rightarrow d = 3$), stellt sich nun die Frage, wie gross bei gegebener Informationslänge m die minimal notwendige Anzahl Prüfbit p sein muss.

Hamming machte die folgende Aussage über die **Ein-Bit-Fehlerkorrektur:**

Ein Fehler kann an $n = (m+p)$ Stellen (Bits) auftreten. Um beurteilen zu können, an welcher der n Stellen ein Fehler aufgetreten ist, müssen $(n+1)$ Tatbestände (inklusive keines Fehlers) festgestellt werden können, und zwar mit Hilfe der zusätzlichen p Prüfbits:

$$2^p \geq (m+p+1) \qquad \text{bzw.} \qquad \boxed{m \leq (2^p - p - 1)}$$

Die Auswertung dieser Ungleichung ergibt die folgende Tabelle:

Anzahl Prüfbit p	Anzahl Bits Information m	Gesamte Bitzahl n	relative Redundanz $r = R/H_c = p/n$
1	0	1	1.00
2	1	3	0.667
3	... 4	... 7	0.429 ...
4	... 11	... 15	0.267 ...
5	... 26	... 31	0.161 ...
6	... 57	... 63	0.0952 ...
7	... 120	... 127	0.0551 ...
8	... 247	... 255	0.0314 ...
9	... 502	... 511	0.0176 ...
10	... 1013	... 1023	0.00978 ...

4.2.3 Hamming-Code-Erzeugung für Ein-Bit-Fehlerkorrektur

Die Blocksicherung der BCD-Zahl 1994 im Abschnitt 4.2.1 benötigte 9 Prüfbits.

$$\text{Informationsbits:} \quad 4*4 \quad = \quad 16 \text{ Bit}$$
$$\text{Prüfbits:} \quad 4*1+5 \quad = \quad 9 \text{ Bit}$$

Nach Hamming (siehe Tabelle auf der vorherigen Seite) wären aber nur 5 Prüfbits notwendig, um die 16 Datenbits ein-Bit-fehlerkorrigierbar zu sichern – die Blocksicherung benötigt also 4 Prüfbits zuviel! Im folgenden wird die Ein-Bit-Fehlerkorrektur von vier Informationsbits mit einem Hamming-Code ausgeführt.

Gemäss Hamming-Ungleichung werden für vier Informationsbits ($m = 4$) drei Prüfbits ($p = 3$) benötigt, was eine gesamte Wortlänge von sieben Bits ($n = 7$) ergibt, daher auch die Bezeichnung (7,4)-Hamming-Code.

a) Prinzip der Fehlerkorrektur

Der Sender erzeugt aus den 4 Informationsbits I_i noch drei zusätzliche Prüfbits P_i und überträgt (oder speichert) somit total 7 Bits. Der Empfänger erhält nun diese 7 Bits, von denen eines falsch sein könnte (in Abbildung 4.10 mit * angedeutet). Durch eine geeignete Prüfschaltung werden nun Korrektursignale K_i erzeugt, die ein allenfalls gestörtes Informationsbit I_i^* (mit einer EXOR-Funktion als Inverter) wieder korrigieren.

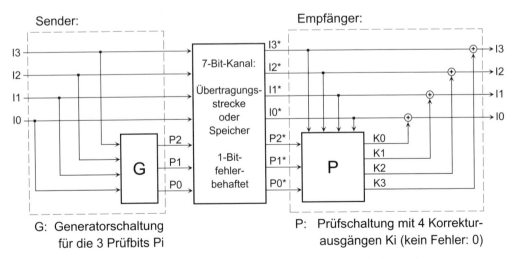

Abb. 4.10: Blockschema zur Fehlerkorrektur nach Hamming

b) Herleitung der Prüfbits

Die Hamming-Ungleichung liefert eine informationstheoretische Aussage über den Grenzfall der minimal notwendigen Prüfbits bei optimaler Codierung. Es stellt sich nun die Frage, wie die Prüfbits aus den gegebenen Informationsbits gebildet (und geprüft) werden müssen, um möglichst nahe an dieses Minimum heranzukommen. Im folgenden wird ein Verfahren für die Ermittlung der Prüfbits am Beispiel eines Codes mit vier Informationsbits erläutert.

Die Bestimmung der Prüfbits im Generator G und in der Korrekturlogik P (siehe Abbildung 4.10) kann mit dem folgenden Verfahren erfolgen:

Nach Hamming berechnet man die einzelnen Prüfbits in Form von Paritätsbits für jeweils verschiedene Kombinationen von Informationsbits. In unseren Fall benötigen wir also 3 Paritätsgeneratoren. Ihre Anschlüsse sollen so auf die Datenbits verteilt werden, dass jedes an mindestens 2 der 3 Generatoren angeschlossen ist. Damit der Fehler eindeutig bestimmt werden kann, wählt man für jedes Informationsbit eine andere Anschlusskombination. Zur systematischen Bildung der Prüfbits (siehe auch Tabelle auf folgenden Seite) wird je ein Parity-Bit über alle drei „Bitkoordinaten" (Wertigkeiten 1, 2, 4) gebildet:

a) Es wird eine Tabelle mit $n = 7$ Spalten (Anzahl Datenbits + Anzahl Prüfbits) gebildet, die zur Festlegung der Bits für die Paritätsbildung mit den Binärzahlen $001_b \ldots 111_b$ der Reihe nach numeriert werden.

b) Die Spalten mit Zweierpotenzen als Ordnungsnummern werden gestrichen, die verbleibenden Spalten den Informationsbits I_0 bis I_3 zugeordnet.

c) Die einzelnen Paritäten P_i (i: $0 \ldots 2$) werden nun über diejenigen Informationsbits gebildet, die in ihrer Ordnungsnummer die Paritätswertigkeit 2^i enthalten (mit X markiert).

Ordnungsnr.	1			2			3			4			5			6			7		
Binärcode	0	0	1	0	1	0	0	1	1	1	0	0	1	0	1	1	1	0	1	1	1
P_0 (2^0)									X						X						X
P_1 (2^1)								X										X		X	
P_2 (2^2)												X					X			X	
Inform.-Bit									I_0						I_1			I_2			I_3

Die obige Tabelle dient einzig zur systematischen Festlegung der Gleichungen für die Paritätsbildung über alle „Bitkoordinaten" und hat keine informationstheoretischen Hintergründe. Die Bestimmungsgleichungen $P_i =$ müssen einfach voneinander linear unabhängig sein. Es ergeben sich daraus die folgenden Bestimmungsgleichungen für die drei Paritätsbit P_i:

$$P_2 = I_3 \oplus I_2 \oplus I_1$$
$$P_1 = I_3 \oplus I_2 \oplus I_0$$
$$P_0 = I_3 \oplus I_1 \oplus I_0$$

Die Anordnung der Daten- und Prüfbits in der üblichen Reihenfolge MSB–LSB ergibt die folgende Tabelle der 16 Einbitfehler-gesicherten Codewörter:

	I_3	I_2	I_1	I_0	P_2	P_1	P_0		I_3	I_2	I_1	I_0	P_2	P_1	P_0
0	0	0	0	0	0	0	0	8	1	0	0	0	1	1	1
1	0	0	0	1	0	1	1	9	1	0	0	1	1	0	0
2	0	0	1	0	1	0	1	10	1	0	1	0	0	1	0
3	0	0	1	1	1	1	0	11	1	0	1	1	0	0	1
4	0	1	0	0	1	1	0	12	1	1	0	0	0	0	1
5	0	1	0	1	1	0	1	13	1	1	0	1	0	1	0
6	0	1	1	0	0	1	1	14	1	1	1	0	1	0	0
7	0	1	1	1	0	0	0	15	1	1	1	1	1	1	1

c) Fehlerkorrektur

Am *Empfangsort* werden zunächst drei Hilfsgrössen H_0, H_1 und H_2 gebildet. Dazu werden mit den (nun allenfalls fehlerbehafteten) Datenbits I_x^* wieder gleiche wie auf der Senderseite die Paritätsbits Q_x^* gebildet (gleicher Paritätsgenerator!). Diese werden mit den (nun allenfalls fehlerbehafteten) Paritätsbits P_x^* des Senders verknüpft und ergeben so die Aussage, welches Bit fehlerhaft ist (siehe Tabelle).

Erzeugung der Hilfsgrössen H_0, H_1 und H_2 durch den Empfänger:

$$Q_0 = I_3^* \oplus I_1^* \oplus I_0^*$$
$$Q_1 = I_3^* \oplus I_2^* \oplus I_0^*$$
$$Q_2 = I_3^* \oplus I_2^* \oplus I_1^*$$

$$H_0 = Q_0 \oplus P_0^*$$
$$H_1 = Q_1 \oplus P_1^*$$
$$H_2 = Q_2 \oplus P_2^*$$

H_2	H_1	H_0	Aussage
0	0	0	kein Fehler
0	0	1	P_0^* falsch
0	1	0	P_1^* falsch
1	0	0	P_2^* falsch
0	1	1	I_0^* falsch
1	0	1	I_1^* falsch
1	1	0	I_2^* falsch
1	1	1	I_3^* falsch

Daraus können nun die Gleichungen für die Korrektursignale K_i bestimmt werden (siehe Korrekturschaltung P in Abbildung 4.10).

$$K_3 = H_2 \cdot H_1 \cdot H_0$$
$$K_2 = H_2 \cdot H_1 \cdot \overline{H}_0$$
$$K_1 = H_2 \cdot \overline{H}_1 \cdot H_0$$
$$K_0 = \overline{H}_2 \cdot H_1 \cdot H_0$$

d) Informationstheoretische Betrachtung

Für die obige Codierung gilt:

Informationsgehalt: $H = \text{ld}(16) = 4$ Bit

Redundanz: $R = H_c - H = \text{ld}(128) - \text{ld}(16) = 3$ Bit

Hammingdistanz: $d = 3$

Andere Interpretation: Von den total 128 möglichen Codewörtern (7 Bit) werden nur 16 als gültige Codewörter verwendet, die zueinander eine Hammingdistanz von 3 haben.

4.3 Übungen

4.3.1 Hardware-Schaltung zur parallelen Paritätsbildung

Entwerfen Sie eine einfache Schaltung zur Bildung der geraden und ungeraden Parität zu 7-Bit-ASCII-Zeichen (Bits D6...D0). Dieses Paritätsbit P wird als 8. Bit an der vordersten Stelle angehängt. Verwenden Sie nur NAND- und EXOR-Gates.

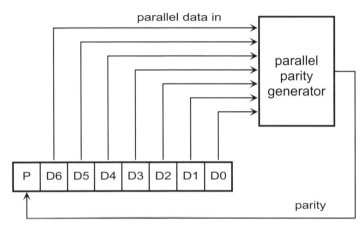

Abb. 4.11: Parallele Paritätsbildung

4.3.2 Hardware-Schaltung zur seriellen Paritätsbildung

Entwerfen Sie eine einfache Hardware-Schaltung zur Bildung des Paritätsbits eines seriellen Senders. Dabei besitzt die Schaltung drei Eingänge serial data in, serial clock und reset sowie den Ausgang parity out.

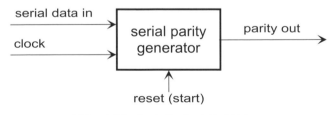

Abb. 4.12: Serielle Paritätsbildung

4.3.3 Erzeugung von Hamming-Code für ASCII-Zeichen

Bestimmen Sie die notwendige Anzahl Prüfbits P_i, um 8-Bit-Daten (z.B. ASCII-Zeichen) ein-Bit-fehlerkorrigierbar zu machen. Erstellen Sie die logischen Gleichungen für die Prüfbits P_i und die Hilfsbits H_i zur Korrektur von Einbitfehlern. Verwenden Sie die Methode, die im Abschnitt 4.2.3 angegeben ist.

4.3.4 Hamming-Code für ASCII-Zeichen

Entwerfen Sie ausgehend von der Aufgabe 4.3.3 ein Programm zur Generation des Hamming-Codes, um 8-Bit-Daten ein-Bit-fehlerkorrigierbar zu machen. Das Programm soll anschliessend mit Zufallszahlen in diesen Hamming-Codes Einbitfehler erzeugen und mit der Hamming-Methode wieder korrigieren. Verwenden Sie dazu die Resultate aus der Aufgabe 4.3.3 (Gleichungen für P_i und H_i).

Das Programm soll für alle möglichen Codeworte (256) die notwendigen Prüfbits erzeugen und auf dem Bildschirm darstellen (während der Entwicklungs- und Testphase soll mit einer kleineren Anzahl Codes gearbeitet werden, z.B. 16). Mit einem Zufallsgenerator sollen die ein-Fehler-gesicherten Codeworte „gefälscht" und nachher mit der Hamming-Technik wieder korrigiert werden. Die Zwischenschritte sollen ebenfalls auf dem Bildschirm angezeigt werden.

5

Datenkompression

5.1 Allgemeines

Die Kompressionsmethoden erlauben es, Daten für die Übertragung oder Speicherung zu verdichten. Das Ziel ist im allgemeinen Raum- oder Zeitgewinn. Es ist auch möglich, beides zusammen zu erreichen, indem die Zeit, die zum Komprimieren und Dekomprimieren der Daten benötigt wird, bei der Übertragung wieder wettgemacht wird.

Einfache Formen von Datenkompression werden auch im Alltag angewendet: Gänsefüsschen und Wiederholungsstriche sind solche Beispiele. Gänsefüsschen wiederholen das Wort, das eine Zeile höher in derselben Spalte steht. Und Wiederholungsstriche erlauben es, z.B. die Sequenz „Aufbau und Abbau" durch „Auf- und Abbau" zu ersetzen.

Die komprimierten Daten können im allgemeinen nicht verarbeitet werden. Sie müssen vorher wieder „ausgepackt" werden. Dieses Komprimieren und Dekomprimieren benötigt Verarbeitungsleistung (Rechenzeit) und spart – wie erwähnt – Raum (Diskplatz) und/oder Übertragungskapazität (Übertragungszeit, Bandbreite). Die Entwicklung dieser Technologien unterliegt gewissen Schwankungen. Die Fortschritte sind zwar im Mittel exponentiell, erfolgen aber nicht gleichzeitig. Damit schwankt die Bedeutung der Datenkompression für eine Applikation, je nachdem, welche Technologie und welche Ressource zur Zeit kritisch (teurer) ist.

Zum Beispiel war vor einigen Jahren der Festplattenplatz relativ teuer, der Systembus langsam und es stand verhältnismässig viel Rechenleistung zur Verfügung. Zu dieser Zeit war es äusserst populär, die Daten vor der Speicherung auf der Festplatte automatisch zu komprimieren. Heute ist der Systembus viel schneller und der Diskplatz wieder so günstig, dass sich kaum jemand diese Mühe macht.

Die Datenkompressionsverfahren werden aufgrund von zwei Unterscheidungskriterien eingeteilt:

Verlustlose Datenkompression: Die Daten sind nach der Komprimierung/Dekomprimierung mit den ursprünglichen identisch. Man nutzt ausschliesslich die Redundanz innerhalb der Information aus und wählt einen möglichst kompakten Code. Daten ohne Redundanz, wie z.B. Zufallswerte, lassen sich nicht verlustlos komprimieren.

Verlustbehaftete Datenkompression: Ein Teil der Information geht beim Komprimierungs-/Dekomprimierungs-Vorgang verloren. Man nutzt zusätzliches Wissen über die Charakteristik der Quelle oder des Empfängers und überträgt nur den „notwendigen" Teil des Signals (oder der Information).

Die im Alltag verwendeten Komprimierwerkzeuge (wie z.B. pkzip oder winzip) beinhalten oft zusätzliche **Archivierungsfunktionen.** Das heisst, sie verpacken nicht nur die eigentlichen Daten, sondern auch noch Dateinamen, Berechtigungen und Verzeichnisinformationen einzelner Dateien oder ganzer Verzeichnisbäume.

Daneben gibt es aber auch reine Komprimierwerkzeuge (wie z.B. gzip/gunzip), die nur *eine* Datei komprimieren.

Die Kompression muss aber nicht immer off-line – also im voraus – erfolgen. So komprimieren z.B. gewisse Modems die zu übertragenden Daten on-line, d.h. unmittelbar bevor sie diese durchs Telefonnetz schicken. Am Empfangsort werden sie dann automatisch wieder dekomprimiert. Wegen der beschränkten Rechenzeit sind die Datenkompressionsraten der On-line-Algorithmen aber nicht mit denen von Off-line-Algorithmen zu vergleichen. Bei vorkomprimierten Daten vergrössern gewisse On-line-Algorithmen sogar die Datenmenge wieder.

Im diesem Kapitel werden einige grundlegende Methoden der Datenkompression betrachtet, ohne dass auf die oft komplexen mathematischen Hintergründe eingegangen wird.

5.2 Verlustlose Kompressionsmethoden

Verlustlos komprimierte Daten sind nach dem Expandieren mit dem Original wieder absolut identisch. Jedes Bit ist wieder an seinem Ort. Darum sind diese Methoden zum Komprimieren von Texten, Tabellen, Datenbanken und dergleichen geeignet.

In diesem Kapitel werden drei verschiedene Kompressionsverfahren betrachtet. Die Beispiele sind bewusst einfach und ohne jede Raffinesse gehalten, damit der Grundgedanke möglichst klar sichtbar wird.

5.2.1 Lauflängencodierung

Ein einfacher Fall von Redundanz ist eine lange Folge gleicher Zeichen, die als Läufe bezeichnet werden. Typische Fälle sind Abschnitte einer Bildzeile mit Punkten gleicher Farbe oder Text in denen oft mit Hilfe von mehreren Leerzeichen eingerückt wird.

Betrachten wir zum Beispiel die folgende Zeichenfolge:

```
AAAABBBAABBBBBCCCCCCCCDABCBAAABBBBBBBBBBBBCCCD
```

Diese Zeichenfolge kann in einer kompakteren Form codiert werden, indem jede Serie sich wiederholender Zeichen durch eine einmalige Ausgabe dieses Zeichens und einer Angabe der Anzahl Wiederholungen ersetzt wird. Das sieht dann so aus:

```
4A3BAA5B8CDABCB3A13B3CD
```

Das Komprimieren einer Zeichenfolge in dieser Weise nennt man **Lauflängencodierung** (**Run Length Coding**). Wenn lange Läufe auftreten, sind die Einsparungen ganz erheblich. Wir bemerken auch, dass es sich nicht lohnt, Läufe der Länge 1 oder 2 zu codieren, weil da keine Einsparung erzielt wird.

Der Nachteil der obigen Methode ist, dass Zeichen, die zur Längencodierung verwendet werden (hier `1...9`), nicht im Zeichenvorrat der Datei vorkommen dürfen.

Typischerweise wird eine andere Lösung gewählt, indem ein Zeichen als Spezialzeichen bestimmt wird, das zur Umschaltung zwischen Längen- und Inhaltsinformationen verwendet wird. Dieses Spezialzeichen wird meist als **Escape-Code** bezeichnet. Für den Escape-Code kann prinzipiell ein beliebiger Wert verwendet werden. Typischerweise wählt man einen Code, der selten (oder gar nicht) in den Daten vorkommt.

Eine **Escape-Sequenz** ist eine Zeichenfolge, die durch das Escape-Zeichen eingeleitet wird und einen definierten Aufbau besitzt. Im folgenden Beispiel verwenden wir eine drei Byte grosse Escape-Sequenz, bei der auf den Escape-Code (1. Byte) zuerst eine Längenangabe (2. Byte) und anschliessend das zu codierende Zeichen (3. Byte) folgt.

An Stelle von nichtdruckbaren Zeichen werden im folgenden Beispiel der Buchstaben Q als Escape-Code und für die Längenangaben die Zeichen 0...9 verwendet:

Q4ABBBAAQ5BQ8CDABCBAAAQ9BQ4BCCCD

Man bemerkt, dass es sich nicht lohnt, Läufe mit weniger als vier Zeichen zu codieren, da für die Codierung eines beliebigen Laufs drei Zeichen erforderlich sind und somit keine Einsparung erzielt würde.

Sehr lange Läufe (im obigen Verfahren mehr als 9 Zeichen) müssen mit mehreren Escape-Sequenzen (z.B. Q9BQ4B) dargestellt werden.

Falls der Escape-Code selbst in den Eingabedaten auftritt kann, er als eine Escape-Sequenz codiert werden. Der Buchstabe Q würde also als Q1Q codiert. Man sieht leicht, dass eine wiederholte Kompression die Datei jedesmal etwas verlängern würde.

Für Codefolgen wie Texte ist die Lauflängencodierung nicht besonders effizient. Für grafische Bilder ist diese Methode aber gut geeignet, da in diesen häufig Flächen gleicher Farbe vorkommen. Eine Fläche wird durch benachbarte Punkte gebildet, die als Grafik codiert nebeneinander abgespeichert werden.

Wenn die Datei mehrheitlich aus langen Läufen gleicher Bits besteht, was bei z.B. bei zweifarbigen Grafiken oft der Fall ist, kann eine verfeinerte Variante dieser Methode benutzt werden. Die Idee besteht darin, nur die Lauflängen zu speichern und dabei die Tatsache auszunutzen, dass sich Läufe zwischen Nullen und Einsen immer abwechseln. Dabei muss zusätzlich definiert werden, ob die erste Längenangabe für Nullen oder Einsen gilt. Läufe der Länge null sind auch zulässig. So lassen sich Läufe codieren, deren Länge den darstellbaren Zahlenbereich übersteigen würde.

Als Beispiel zeigt Abbildung 5.1 eine Rasterdarstellung des Schwyzer Kantonswappens (Negativdarstellung) als Schwarzweiss-Bitmap. Zur Verdeutlichung sind die Bits (Bildpunkte, Pixel) zeilenweise dargestellt. Im Speicher stehen sie natürlich als „Bitwurm" gewissermassen in derselben Zeile.

Rechts in der Abbildung 5.1 stehen die Zahlen, womit das links dargestellte Bitmuster codiert wird. Diese 16 Zahlen enthalten genügend Information, um das Bild exakt zu rekonstruieren.

$$20 \text{ Zeilen zu } 40 \text{ Bit } = 20*5 \text{ Byte } = 100 \text{ Byte } \longrightarrow \text{ komprimiert } 16 \text{ Byte}$$

Wenn acht Bits für die Darstellung jeder Zahl benutzt werden, kann dieses Bild mit 128 statt mit 800 Bit dargestellt werden, was einer Einsparung von ca. 84% entspricht.

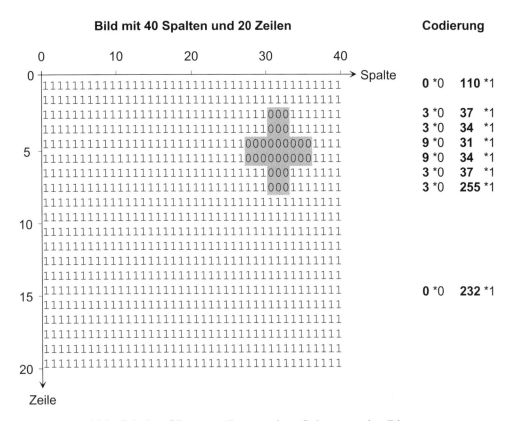

Abb. 5.1: Lauflängencodierung einer Schwarzweiss-Bitmap

5.2.2 Codierung mit Zeichen variabler Länge

Bei den **statistischen Kompressionstechniken**, geht man von der Annahme aus, dass die Häufigkeit (Auftretenswahrscheinlichkeit) der Zeichen nicht gleich verteilt ist (siehe auch Kapitel 1).

Die Idee besteht darin, Zeichen, die häufiger vorkommen, mit weniger Bits zu codieren als solche, die seltener vorkommen.

Beispiel: Die Zeichenfolge ABRACADABRA sieht im ASCII-Code wie folgt aus:

```
41h 42h 52h 41h 43h 41h 44h 41h 42h 52h 41h
```

In diesem Standardcode benötigt das nur einmal vorkommende D gleich viel Platz wie das fünf Mal vorkommende A, nämlich 8 Bit. Bei Verwendung eines Codes mit variabler Länge können wir eine Platzeinsparung erzielen, indem wir häufig verwendete Zeichen mit möglichst wenigen Bits codieren. So wird die Gesamtzahl der für die Zeichenfolge benötigten Bits minimiert.

Wir weisen dem am häufigsten vorkommenden Buchstaben die kürzeste Bitfolge zu und codieren die in der Datei vorkommenden Buchstaben wie folgt:

A = 0, B = 1, R = 01, C = 10 und D = 11

ABRACADABRA wird so als 0 1 01 0 10 0 11 0 1 01 0 codiert.

Hier werden nur 15 statt 88 Bits zur Codierung dieses Wortes benötigt. Doch es ist noch kein wirklicher Code, da er von den Leerzeichen zwischen den einzelnen Zeichen abhängt. Ohne die Leerzeichen kann die Zeichenfolge 010101001101010 nicht eindeutig decodiert werden. Trotzdem ist die Zahl von 15 Bits plus 10 Begrenzern viel kompakter als der Standardcode. Der Gewinn liegt darin, dass nur Buchstaben codiert werden, die in der Zeichenfolge auch tatsächlich vorkommen.

Störend sind die Begrenzer, weil sie auch irgendwie codiert werden müssen, und so müssen wir eine Möglichkeit finden, diese zu eliminieren.

Wenn kein Code mit dem Anfang eines anderen übereinstimmt, sind auch keine Begrenzer nötig.

a) Modellierung

Alle statistischen Komprimierungstechniken beruhen auf einem Modell, das den Informationsgehalt der Symbole (Entropie, siehe Kapitel 1) möglichst gut bestimmt. Es ist hilfreich, diese Modellierung von der Codierung zu trennen.

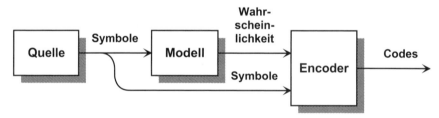

Abb. 5.2: Modellierung und Codierung im Sender

Das einfachste Modell ist das statische. Dabei kann im Sender und im Empfänger eine feste Tabelle der Zeichenhäufigkeiten verwendet werden, die z.B. der jeweiligen Sprache entspricht. Falls ein englischer Text mit einer deutschen Häufigkeitstabelle codiert wird, so erhält man natürlich keine gute Kompression.

Falls die Daten vollständig vorliegen, können die Häufigkeiten vorausbestimmt werden. Es solches adaptives, statisches Modell wäre flexibler, bedingt aber, dass die Häufigkeitstabelle mit übertragen wird.

Eine wesentliche Verbesserung wird durch die dynamische Anpassung der Wahrscheinlichkeitstabelle erreicht. Solche dynamischen Modelle passen sich *während* der Kompression an die Daten an.

Die besten Modelle berücksichtigen zusätzlich auch noch die Wahrscheinlichkeiten in Abhängigkeit von Vorgängersymbolen. Ein „u" ist beispielsweise ein relativ seltenes Zeichen. Ist das aktuelle Zeichen jedoch ein „q", so besteht eine sehr grosse Wahrscheinlichkeit, dass als nächstes Zeichen ein „u" folgt.

Man spricht von Modellen der n. Ordnung, wenn n Vorgängersymbole berücksichtigt werden. Ein Modell der 0. Ordnung betrachtet also nur das Symbol selber.

Mit diesem Ansatz werden heute hervorragende Resultate erzielt. Die **Dynamic-Markov-Codierung** beginnt mit einem Modell der 0. Ordnung und geht schrittweise zu höheren Modellen über.

b) Codebäume

Eine übliche Methode zur Darstellung eines Codes ist die Verwendung eines binären Baumes. Die einzelnen Symbole werden den Blättern des Baumes zugeordnet. Den Code eines Symbols erhält man, indem man die Ziffern auf dem Weg von der Wurzel zum Symbol aneinander reiht. Diese Darstellung garantiert, dass kein Code für ein Symbol mit dem Anfang eines anderen Symbols übereinstimmt, so dass sich die Symbolfolge eindeutig decodieren lässt.

Doch nach welcher Methode soll man den Baum aufbauen, um den effizientesten Code zu erhalten? Symbole, die selten vorkommen, sollen im Baum möglichst weit unten und solche, die sehr häufig vorkommen, weit oben angesiedelt werden. Es gibt zwei übliche Verfahren, wie man einen solchen Codebaum bestimmen kann:

- Huffmann-Codierung
- Shannon-Fano-Codierung

c) Codes nach Huffmann

Das bekannteste Verfahren wurde 1952 von D. Huffmann entdeckt:

1. Die Symbole werden entsprechend ihrer Auftretenswahrscheinlichkeit sortiert.
2. Die beiden Symbole mit der jeweils *tiefsten* Auftretenswahrscheinlichkeit werden zu einem neuen „Symbol" verbunden.
3. Diese Schritte werden wiederholt, bis nur noch ein Symbol vorhanden ist.

Beispiel: Abbildung 5.3 zeigt, wie mit Hilfe der Huffmann-Methode für die Zeichenfolge ABRACADABRA ein optimierter Codebaum erstellt wird.

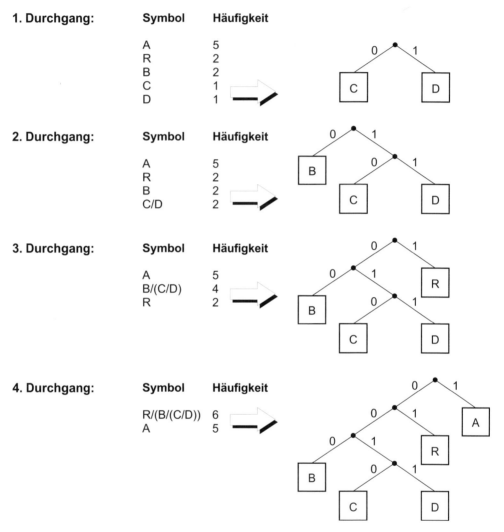

Abb. 5.3: Bilden eines Huffmann-Codes

Anhand des resultierenden Baumes findet man die nebenstehende Codetabelle. Damit wird die Meldung ABRACADABRA codiert als:

1 000 01 1 0010 1 0011 1 000 01 1

Die Zwischenräume dienen dabei nur der besseren Lesbarkeit und werden nicht codiert.

Zeichen	Häufigkeit	Code
A	5	1
R	2	01
B	2	000
C	1	0010
D	1	0011

d) Codes nach Shannon-Fano

Der Huffmann-Algorithmus bildet den Baum also Bottom-up. Im Gegensatz dazu arbeitet der Shannon-Fano-Algorithmus Top-down:

1. Die Symbole werden entsprechend ihrer Auftretenswahrscheinlichkeit sortiert.
2. Die Menge der Symbole wird in der „Mitte" geteilt, so dass die Summe der Auftretenswahrscheinlichkeiten aller Elemente in beiden Teilmengen (möglichst) gleich gross ist.
3. Der ersten Teilmenge wird der Wert 0, der zweiten der Wert 1 zugewiesen.
4. Die letzten beiden Schritte werden (rekursiv) für alle Teilmengen wiederholt, bis alle Teilmengen nur noch ein Symbol enthalten.

Abbildung 5.4 zeigt, wie mit Hilfe der Shannon-Fano-Methode für die (von früher bekannte) Zeichenfolge ABRACADABRA ein optimierter Codebaum erstellt wird.

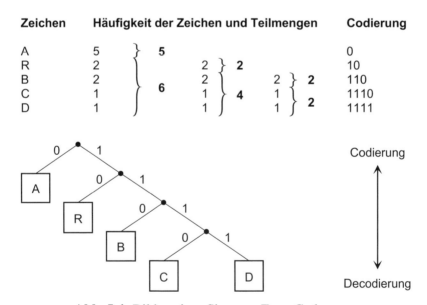

Abb. 5.4: Bilden eines Shannon-Fano-Codes

Die obige Meldung wird als 0 110 10 0 1110 0 1111 0 110 10 0 codiert. Die Zwischenräume dienen nur der besseren Lesbarkeit und werden nicht codiert. Es wird die gleiche Anzahl Bits benötigt wie bei der Huffmann-Codierung. Die Huffmann-Codierung liefert immer den optimalen Code, wogegen die Shannon-Fano-Methode in einigen Fällen etwas mehr Bits benötigt.

Systeme mit Codes variabler Länge sind für Archive sehr effizient, da der Datenbestand exakt definiert ist. Für kleine Datenmengen fällt aber ein Nachteil ins Gewicht: der verwendete Codebaum muss zusammen mit den komprimierten Daten für die Expandierung abgespeichert werden, wenn nicht eine vordefinierte bzw. normierte Codiertabelle verwendet wird. Der Vorteil bei Benutzung vordefinierter Codetabellen liegt eindeutig darin, dass die Daten nicht zuerst untersucht werden müssen. Der Nachteil bei vordefinierten Codetabellen ist, das alle Zeichen im Zeichenvorrat codiert werden müssen und somit wahrscheinlich das Optimum nicht ganz erreicht wird.

Auf den ersten Blick scheinen die Codes, die man mit dem Huffmann- oder Shannon-Fano-Verfahren findet, bezüglich Datenkompression optimal zu sein. Aber der Schein trügt. Beträgt z.B. die Wahrscheinlichkeit von drei Zeichen A, B, C je 1/3, so ist der Informationsgehalt jedes Zeichens $ld(3) = 1.58$ Bit. Die Hoffmann-Codierung benötigt aber pro Zeichen $(1+2+2)/3$ Bit $= 1.66$ Bit.

Der Effekt zeigt sich besonders deutlich bei Zeichen mit sehr hoher Wahrscheinlichkeit. Hat ein Zeichen z.B. eine Auftretenswahrscheinlichkeit von 90%, so sollten für seine Codierung nur ca. 0.15 Bit verwendet werden. Bei der Huffmann-Codierung benötigt man aber mindestens ein Bit.

Tatsächlich ist eine Huffmann-Codierung nur dann optimal, wenn die Auftretenswahrscheinlichkeiten der Zeichen ganzzahlige Zweierpotenzen sind.

e) Arithmetische Codierung

Die arithmetische Codierung löst dieses Problem, indem sie nicht einzelne Zeichen codiert, sondern die Meldung als Ganzes.

Die arithmetische Codierung stellt nun jede Meldung durch ein Intervall im Bereich von 0...1 dar. Mit zunehmender Länge einer Meldung wird das Intervall stetig enger. Es ergibt sich dadurch aber keine Einschränkung der Länge einer Meldung, da sich mathematisch betrachtet, in jedem beliebig kleinen Intervall immer wieder unendlich viele reelle Zahlen befinden.

Jedes in der Meldung folgende Symbol schränkt das Intervall entsprechend seiner Auftretenswahrscheinlichkeiten ein. Häufige Symbol engen das Intervall weniger ein und benötigen damit weniger Bits für die Codierung.

Die Anordnung der Symbol-Intervalle spielt keine Rolle, solange beim Codieren und Decodieren dieselbe Reihenfolge verwendet wird. Sind z.B. 9 Symbole vorhanden, 8 mit je einer Wahrscheinlichkeit von 0.1 und ein Symbol X mit einer Wahrscheinlichkeit von 0.2, so kann X auch einem Bereich in der „Mitte", also z.B. 0.6...0.8, zugeordnet werden.

Abbildung 5.5 zeigt die arithmetische Codierung einer drei Zeichen langen Meldung, wobei der Zeichensatz nur A und B umfasst, mit den Auftretenswahrscheinlichkeiten 2/3 und 1/3.

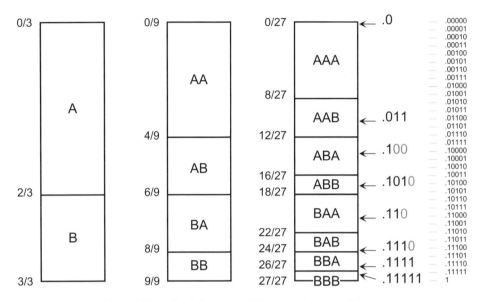

Abb. 5.5: Beispiel einer arithmetischen Codierung

Um eine Meldung zu codieren, startet man mit einem Interval von 0...1 und betrachtet zunächst das erste Symbol. Ist es ein A, so wird das Intervall auf die ersten zwei Drittel des bisherigen Intervalls eingeschränkt. Ist das Zeichen B, so wird das Intervall auf das letzte Drittel des bisherigen Intervalls eingeschränkt. Dies wird für alle Symbole der Meldung wiederholt. Die Codierung der Meldung erfolgt mit dem „kürzesten" Binärcode, der in diesem Intervall liegt. Bei der obigen kurzen Meldung ist die Codierung nicht optimal. Bei längeren Meldungen liegt die Effizienz nahe bei der theoretische Limite.

Zur Bestimmung der Meldungslänge muss entweder ein Zähler oder ein spezielles Ende-Zeichen mitgeführt werden.

Die Realisierung der arithmetischen Codierung erscheint auf den ersten Blick sehr aufwendig. Man erwartet hohe Anforderungen bezüglich Rechengenauigkeit bei der Floating-Point-Arithmetik. In der Praxis genügen jedoch einfache Integer- und Schiebeoperationen sowohl für die Codierung als auch für die Decodierung.

5.2.3 Kompression mittels Substitution

Einen grundsätzlich anderen Ansatz verwenden Kompressionsalgorithmen, die auf Substitution beruhen.

Die Idee besteht darin, eine wiederholte Folge von Symbolen (oder Zeichen) in einem Datenblock durch eine Referenz (Querverweis) zu ersetzen.

Es gibt zwei Untergruppen (LZ77 und LZ78) dieser Kompressionsalgorithmen, die nach ihren „Vätern" Abraham Lempel und Jakob Ziv benannt werden, welche diese 1977 und 1978 erstmals vorgeschlagen haben.

a) LZ78-Kompressionsalgorithmen

LZ78-Kompressionsalgorithmen basieren auf einem raffiniert verwalteten „Wörterbuch" (Directory). Es gibt eine ganze Reihe von Varianten, die sich in Details der Wörterbuchverwaltung unterscheiden. Die bekannteste stammt von Terry Welch, der das sogenannte LZW-Verfahren (nach Lempel, Ziv und Welch) 1984 für die Hardware-Kompression in Disk-Controllern entwickelt hat. Eine Weiterentwicklung von LZW, das LZC-Verfahren, wird heute im bekannten Unix-Kompressionswerkzeug compress eingesetzt.

b) LZ77-Kompressionsalgorithmen

LZ77-Kompressionsalgorithmen ersetzen wiederholte Folgen von Symbolen (oder Bytes) in einem Datenblock durch eine Referenz auf das „Original", also die Stelle, wo die Folge zum erstenmal auftrat.

In Textdateien könnte eine solche Folge die Wiederholung eines Wortes oder auch eines ganzen Satzteils sein. Die Referenz ist ein Token, das aus einer Distanzangabe und einer Länge besteht. Die Distanz enthält die Anzahl der Zeichen zwischen der Wiederholung und ihrem „Original", und die Länge enthält die Anzahl der zu wiederholenden Zeichen.

Beispiel:

```
Denke nie gedacht zu haben; denn das Denken der
Gedanken ist gedankenloses Denken.
```

Der obige Text sieht LZW-codiert wie folgt aus:

```
Denke nie gedacht zu haben; denn das [37,05]n der
Geda[13,05]ist[51,05][26,04]lose[38,08].
```

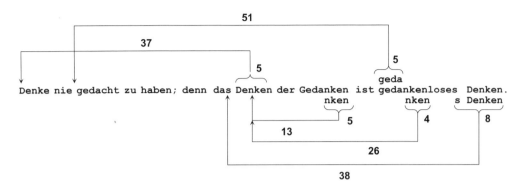

Abb. 5.6: Beispiel eines LZ77-komprimierten Satzes

Wie in Abbildung 5.6 ersichtlich, gibt die erste Zahl die *Distanz* zum Anfang einer Sequenz an, die wiederholt wird. Die zweite Zahl zeigt die Länge der zu wiederholenden Sequenz an.

Die relative Einsparung ist bei kleinen Dateien sehr minim, nimmt aber mit steigender Dateigrösse zu. Dieses Verfahren eignet sich auch zur Kompression eines kontinuierlichen Datenstroms, wie er zum Beispiel in Modems auftritt. Man muss nicht wie bei der Huffmann-Codierung zuerst die ganze Datei analysieren.

c) **Realisierungskonzept des Algorithmus**

Der Kompressionsalgorithmus unterhält zwei Buffer: einen Gedächtnis-Buffer, der die letzten verarbeiteten (ausgegebenen) Zeichen enthält, und einen Vorschau-Buffer, der die nächsten noch zu verarbeitenden Zeichen anzeigt (siehe Abbildung 5.7).

Abb. 5.7: Buffer des LZ77-Algorithmus

Zur Erläuterung des Algorithmus nehmen wir an, wir seien mitten im Kompressionsvorgang. Der Vorschau-Buffer ist mit 32 neuen, unverarbeiteten Zeichen gefüllt. Die letzten 2048 verarbeiteten Zeichen sind im Gedächtnis-Buffer.

1. Es wird nach der längsten Übereinstimmung des Vorschau-Buffers im Gedächtnis-Buffer gesucht.

Wenn keine genügend lange Übereinstimmung (von z.B. 4 Zeichen) gefunden wurde:

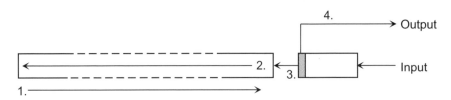

Abb. 5.8: Buffer des LZ77-Algorithmus

2. Den Gedächtnis-Buffer um eine Stelle nach links schieben.
3. Ein Zeichen aus dem Vorschau-Buffer in den Gedächtnis-Buffer schreiben.
4. Das Zeichen aus dem Vorschau-Buffer ausgeben.

Wenn eine Übereinstimmung gefunden wurde:

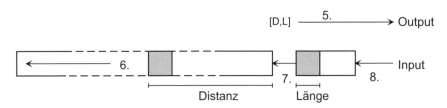

Abb. 5.9: Buffer des LZ77-Algorithmus

5. Token mit Länge n der Übereinstimmung und Distanz zum Original in den Ausgabekanal schreiben.
6. Gedächtnis-Buffer um n Stellen nach links schieben.
7. n Zeichen aus dem Vorschau-Buffer in den Gedächtnis-Buffer schreiben.

Falls noch weitere Zeichen verarbeitet werden müssen:

8. Vorschau-Buffer neu füllen und bei 1. weiterfahren.

Dieses Verfahren nennt man „Gleitendes Wörterbuch", weil die komprimierten Daten selbst das Muster-Wörterbuch enthalten, das später zur Expandierung benötigt wird.

Für die genauere Betrachtung dieses Algorithmus treffen wir die Annahme, das Token habe den in Abbildung 5.10 dargestellten Aufbau.

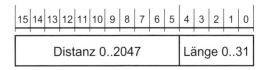

Abb. 5.10: Aufbau eines Tokens

11 Bits sind für die Distanz zum „Original" und die restlichen 5 Bits für die Länge des „Originals" reserviert. Das bedeutet, dass das „Original" maximal 32 Byte lang und maximal 2 KByte weiter vorne sein kann. Die Kompressionsprozedur muss also von den bereits komprimierten Daten die letzten 2 KByte auch unkomprimiert zur Verfügung haben, damit sie überhaupt nach einem „Original" suchen kann.

Rein numerisch betrachtet geht der Distanzbereich von 0...2047 und der Längenbereich von 0...31. Da aber die 0 in keinem Fall, also weder bei der Distanz noch bei der Länge, Sinn macht, werden die Zahlenwerte entsprechend umgerechnet. Im Zuge einer Optimierung der Kompressionsrate könnte zum Beispiel die Länge in den Bereich 4...35 und die Distanz in den Bereich 4...2051 verschoben werden. So liessen sich bei gleich grossem Token die Länge der Wiederholung und die Distanz zum Original erweitern.

Jetzt fehlt noch ein Kennzeichen für das Token; denn die Expandierprozedur muss ja erkennen können, ob sie uncodierte Zeichen oder ein Token einliest. In unserem Beispiel soll dem Token das Zeichen NUL (00) vorangestellt werden. Zusammen mit dem Token besteht diese Sequenz aus 3 Byte. Die zu ersetzende Wiederholung muss also grösser als 3 Byte sein, wenn der Kompressionsgrad positiv sein soll.

Zur Vermeidung von Fehlinterpretationen beim Expandieren muss das NUL-Zeichen immer mit einem Pseudo-Token codiert werden. Das Pseudo-Token hat die Eigenschaft, dass es genau und unverwechselbar ein NUL-Zeichen und keine Wiederholung codiert. Nur so ist sichergestellt, dass im komprimierten Datenstrom auf ein NUL immer ein Token folgt und dass ein Pseudo-Token nicht als Querverweis interpretiert wird.

Diese Methode ist im Prinzip sehr universell. Die zu verarbeitenden Daten müssen nicht in ihrem Umfang vollständig analysiert werden, und lange Läufe gleicher Zeichen sind auch nicht notwendig. Das Verfahren wird in Modems, Fax-Geräten, Disk-Komprimierern und einer ganzen Reihe von Kompressionsprogrammen, wie arj, zoo, lha und pkzip, verwendet.

5.3 Verlustbehaftete Komprimierung

Verlustbehaftete Kompressionsmethoden werden überall dort angewendet, wo die Datenmengen sehr gross und geringe Informationsverluste tolerierbar sind. Dies ist bei Daten analogen Ursprungs wie Bildern grundsätzlich der Fall; denn die ersten Informationen gehen schon beim Digitalisieren durch den Quantisierungseffekt verloren. Eine gute verlustbehaftete Komprimierung vermindert die Qualität derart, dass die Verluste von unseren Sinnen nicht wahrnehmbar sind oder zumindest nicht stört.

5.3.1 Einfache Reduktion der Qualität

Ein Farbbild im Format A4, mit einer Auflösung von 300 dpi eingelesen, wird ca. 25 MByte gross. Die einfachste Methode, ein Bild im Speicher abzubilden, ist, das Bild in ein Raster aufzuteilen und jeden Bildpunkt mit Farbe und Helligkeit zu codieren. So wird pro Bildpunkt nur die Helligkeit jeder der drei Grundfarben gespeichert, was drei Helligkeitswerte pro Bildpunkt ergibt.

Je feiner die Helligkeit jeder Grundfarbe abgestuft wird, desto grösser ist auch der Speicherbedarf pro Bildpunkt. Der Speicherbedarf eines ganzen Bildes hängt dann auch noch von der Anzahl der Bildpunkte ab.

a) Bildkompression durch Reduzieren der Bildpunkte

Ein einfacher Weg, den Speicherbedarf eines Bildes zu reduzieren, besteht darin, die Anzahl der Bildpunkte zu reduzieren. So wird bei gleich bleibender Grösse der Bildpunkte das Bild verkleinert, oder bei gleichbleibender Grösse des Bildes werden die Bildpunkte vergrössert.

Abb. 5.11: Kompression durch Reduzieren der Auflösung

Abbildung 5.11 zeigt links ein fein und rechts ein grob gerastertes Bild des Buchstabens „Z". Beide Bilder sind optisch gleich gross – darum ist das Raster beim rechten Bild sehr deutlich zu erkennen. Im allgemeinen ist der Qualitätsverlust, der durch die einfache Reduktion der Bildpunkte entsteht, gut sichtbar und wird als störend empfunden. Die Reduktion der Bildpunkte ist unproblematisch, wenn beispielsweise eine hohe Bildauflösung an die geringere Auflösung eines Ausgabegeräts angepasst wird.

b) Bildkompression durch Reduzieren der Farb- und Helligkeitsinformation

Eine gute Möglichkeit, den Speicherbedarf eines Bildes zu reduzieren, besteht darin, die Anzahl der für das Bild verwendeten Farben zu reduzieren. Wird die Anzahl der Farben auf 256 Werte eingeschränkt, genügt ein Byte zur Darstellung eines Bildpunkts. Zusätzlich muss die Farbpalette bekannt sein. Das heisst, es müssen z.B. 256 Farbwerte mit je 48 Bit (drei 16-Bit-RGB-Werte) gespeichert oder übertragen werden. Die ursprüngliche Farbenvielfalt lässt sich natürlich nicht mehr restaurieren.

Auf diese Art kann eine Reduktion um den Faktor 3 bis 6 erreicht werden. Qualitätseinbussen sind vor allem bei gleichmässigen Farbübergängen zu sehen. Das menschliche Auge nimmt aber Helligkeitsdifferenzen genauer wahr als Farbdifferenzen. Die heute üblichen Bildkompressionsmethoden wählen darum einen anderen Ansatz.

5.3.2 Bildkompression nach JPEG

Die Kompressionstechnik nach JPEG (Joint Photographic Experts Group) basiert auf der Redundanz oder Korrelation benachbarter Bildpunkte. Unter Redundanz versteht man die Ähnlichkeit der Bildpunkte in einer Umgebung. Die eigentliche Information besteht aus dem Unterschied zum Nachbarbildpunkt. Speichert oder überträgt man alles Redundante nur einmal und verarbeitet für jedes Bildelement nur die reine Information, kommt man auf Kompressionsraten bis zu 50:1.

Eine ISO/ITU-Expertengruppe entwickelte den sogenannten JPEG-Kompressionsstandard mit dem Ziel, verlustfreie und verlustbehaftete Kompression von Grauton- und Farbtonbildern zu optimieren. Es entstand ein Verfahren mit vielen Variationsmöglichkeiten, das optimal an die jeweiligen Bedürfnisse der Anwender angepasst werden kann. Hauptbestandteil ist die Transformation der Bilddaten in den Frequenzraum mittels Cosinus-Transformation. Die so gewonnenen Koeffizienten lassen sich mit geringem Informationsverlust quantisieren und korrelieren in den meisten Fällen besser als die ursprünglichen Bildpunkte. So sind mit herkömmlichen Verfahren (wie der Huffmann-Codierung) sehr gute Kompressionsraten zu erzielen.

In den folgenden Abschnitten wird das JPEG-Verfahren in den vier Schritten erläutert und dargestellt:
- Umwandlung vom RGB- ins YUV-Format
- Diskrete Cosinus-Transformation für Y, U und V
- Quantisierung
- Huffmann-Codierung der Resultate

a) Umwandlung vom RGB- ins YUV-Format

Das Auge hat für hell/dunkel eine höhere Auflösung und Empfindlichkeit als für Farbe. Die Farbwerte werden darum zunächst vom üblichen RGB-Format ins YUV-Format transformiert, um die Helligkeitsinformation Y getrennt von den Farbinformationen U und V verarbeiten zu können. Die in Abbildung 5.12 gezeigten Faktoren berücksichtigen die Farbempfindlichkeit des Auges und wurden durch Versuche empirisch ermittelt.

Abb. 5.12: Umwandlung vom RGB- ins YUV-Format

Signal   Bedeutung:
R, G, B   Signale für die Farben Rot, Grün und Blau
Y   Helligkeit, Leuchtdichte, Luminanz: Dieses Signal entspricht dem Videosignal eines Schwarzweissfernsehers.
U, V   Farbart, Chrominanz: Farbton und Farbsättigung

Der Farbkreis in Abbildung 5.13 zeigt, wie mit beiden Differenzsignalen U und V die Farben darstellbar sind.

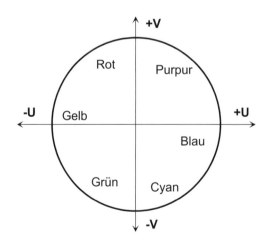

Abb. 5.13: Farbkreis mit UV-Differenzsignalen

An Stelle der absoluten Farbwerte RGB werden jetzt pro Bildpunkt die Helligkeits- und relativen Farbwerte YUV festgehalten. Da das Auge für Farbwerte eine kleinere Auflösung besitzt als für Helligkeitswerte, lassen sich die relativen Farbsignale U und V ohne sichtbare Qualitätsverluste gröber auflösen. Üblicherweise kommt nur ein Farbwert auf vier Helligkeitswerte. Die Abbildung 5.14 illustriert diesen Sachverhalt.

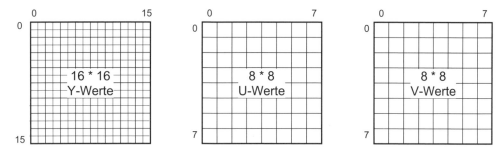

Abb. 5.14: Vergleich der Luminanz- und Chrominanz-Auflösungen

Durch die Reduktion der Chrominanz-Auflösungen kann die Datenmenge auf die Hälfte reduziert werden (siehe Abbildung 5.15). Anstelle von $3*n$ bei $R:G:B = 1:1:1$ ergibt sich:

$$Y:U:V = 4:1:1$$

$$n + \frac{1}{4}n + \frac{1}{4}n = 1\frac{1}{2}n$$

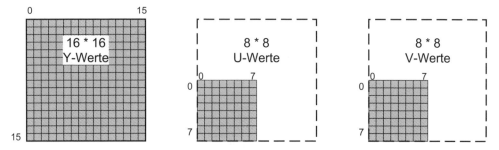

Abb. 5.15: Datenmenge mit reduzierter Chrominanz-Auflösung

b) Diskrete Cosinus-Transformation

Für die diskrete Cosinus-Transformation (DCT), welche die Bilddaten in den Frequenzraum überführt, wird die Bildinformation durch Anpassen von Länge und Breite auf ein $N * N$-Raster gebracht. Das Bild wird ab jetzt nur noch als Sequenz von Blöcken dieser Grösse aufgefasst. Ein grösseres N ergibt tendenziell eine bessere Kompression. Leider steigt der Rechenaufwand proportional zu N^2. Im JPEG-Standard wurden darum relativ kleine Felder mit $N = 8$ festgelegt.

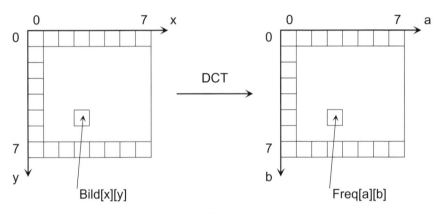

Abb. 5.16: Diskrete Cosinus-Transformation eines $8 * 8$-Feldes

Folgende Formel beschreibt die Überführung vom Bildraum *Bild* in den Frequenzraum *Freq* mit Hilfe der diskreten Cosinus-Transformation:

$$Freq[a,b] = \frac{C(a)C(b)}{\sqrt{2N}} \sum_{x=0}^{N-1} \sum_{y=0}^{N-1} Bild[x][y] \cos\left(\frac{(2x+1)a\,\Pi}{2N}\right) \cos\left(\frac{(2y+1)b\,\Pi}{2N}\right)$$

Wobei für die Funktion $C(p)$ gilt: $p = 0 \longrightarrow C(p) = \frac{1}{\sqrt{2}}$

$$p \neq 0 \longrightarrow C(p) = 1$$

Für $a = b = 0$ ergibt sich:

$$Freq[0][0] = \frac{1}{8} * \sum_{x=0}^{7} \sum_{y=0}^{7} Bild[x][y]$$

Dies entspricht dem (achtfachen) Mittelwert aller Bildpunkte.

Die folgende Codesequenz zeigt eine mögliche Realisierung der diskreten Cosinus-Transformation in C++ :

```
inline double C(int p) {
  if (p) return 1 ; else return (1/sqrt(2));
}
 . . .

// DCT
for (int b=0; b<N; b++) {
  for (int a=0; a<N; a++) {
    double Summe = 0.0;
    for (int x=0; x<N; x++) {
      for (int y=0; y<N; y++) {
        Summe = Summe + Bild[x][y] *
             cos( (2*x+1) * a * PI / (2*N) ) *
             cos( (2*y+1) * b * PI / (2*N) );
      }
    }
    Freq[a][b] = int(C(a) * C(b) * Summe/sqrt(2*N));
  }
}
```

Ein Bildblock mit 64 Pixels enthält nach der Transformation einen Mittelwert und 63 Frequenzkoeffizienten. Je weniger Kontrast ein Bildblock aufweist, desto näher sind diese Werte bei 0, da sie ja kaum mehr vom Mittelwert des Bildblocks abweichen. Anhand der Abbildung 5.17 soll der Effekt der DCT verdeutlicht werden.

	0	1	2	3	4	5	6	7
0	22	21	18	30	48	24	18	22
1	22	23	34	64	66	0	35	18
2	12	20	35	54	98	72	18	19
3	0	38	37	43	60	67	22	20
4	12	37	36	65	54	78	36	21
5	13	29	30	42	48	54	18	22
6	14	27	29	30	37	36	22	22
7	15	22	26	22	18	22	22	23

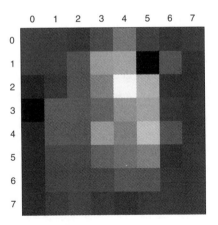

Abb. 5.17: Bild im Ausgangszustand

Die linke Seite der Abbildung 5.18 zeigt das Resultat der oben beschriebenen diskreten Cosinus-Transformation. Die rechte Seite illustriert nur die Werteverteilung der Frequenzkoeffizienten, wobei die Helligkeit deren *relativen* Werten entspricht.

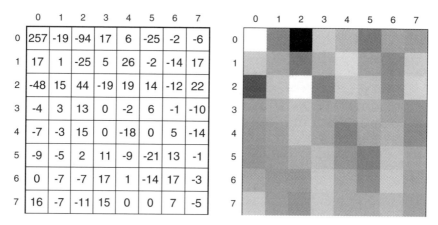

Abb. 5.18: Frequenzmatrix von Abbildung 5.17

c) Quantisierung

Der Zweck der Quantisierung ist das Entfernen nicht signifikanter Daten aus dem Bild. Dabei wird jedes Element der Frequenzmatrix mit dem korrespondierenden Element der vorgegebenen Quantisierungsmatrix quantisiert. Das sieht mathematisch so aus:

$$Freq_Q[a][b] = trunc\left(\frac{Freq[a][b]}{Q(a,b)}\right) * Q(a,b)$$

wobei $Q(a,b)$ eine geeignete Quantisierungsfunktion ist.

Der JPEG-Standard [6] sieht vor, dass die Quantisierungsfunktion von der benutzten Applikation oder vom Benutzer nach wahrnehmungsspezifischen Kriterien definiert wird. In unserem Beispiel wurde sie so gewählt, dass primär die „hohen Frequenzen" unterdückt werden. Das heisst, die Koeffizienten werden stärker quantisiert, je weiter sie von der (0,0)-Position entfernt sind:

$$Q(a,b) = 1 + (1 + x + y) * Kompression$$

Mit der Quantisierung wird der Bildkontrast eines Blockes verflacht. Einzig das subjektive Empfinden setzt die Grenze, wieviel Kontrastverlust für ein bestimmtes Bild tolerierbar ist. Die Stärke ist mit dem Faktor *Kompression* einstellbar. Für die Abbildung 5.19 wurde *Kompression* = 1.5 gewählt. Viele Werte sind jetzt zu 0 geworden.

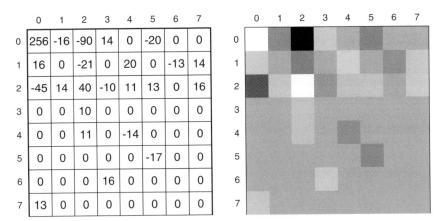

Abb. 5.19: Quantisierte Frequenzmatrix von Abbildung 5.18

d) Huffmann-Codierung

Das Resultat dieser Quantifizierung wird jetzt mit einer Huffmann-Codierung komprimiert. Abbildung 5.20 zeigt, wie aus der quantisierten Frequenzmatrix ein linearer Datenstrom gebildet wird. Die Koeffizienten werden zickzackförmig ausgelesen, nach Huffmann komprimiert und in die Ausgabedatei geschrieben.

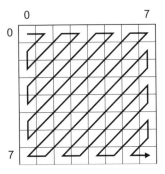

Abb. 5.20: Zickzackförmiges Auslesen der Koeffizienten

e) Rücktransformation

Für die Rückgewinnung des Bildes braucht man den ganzen Vorgang nur umzukehren. Einzig die Quantisierungsverluste lassen sich nicht mehr rückgängig machen, weil dabei Information vernichtet wurde. Die inverse Cosinus-Transformation bedeutet mathematisch formuliert:

$$Bild[x][y] = \frac{1}{\sqrt{2N}} \sum_{x=0}^{N-1} \sum_{y=0}^{N-1} C(a)C(b)Freq[a,b] \cos\left(\frac{(2x+1)a\,\Pi}{2N}\right) \cos\left(\frac{(2y+1)b\,\Pi}{2N}\right)$$

Die folgende Codesequenz zeigt eine mögliche Realisierung der inversen Cosinus-Transformation in C++ :

```
for (int x=0; x<N; x++) {
    for (int y=0; y<N; y++) {
        double Summe = 0.0;
        for (int a=0; a<N; a++) {
            for (int b=0; b<N; b++) {
                Summe = Summe + C(a) * C(b) * Freq[a][b] *
                        cos( (2*x+1) * a * PI / (2*N) ) *
                        cos( (2*y+1) * b * PI / (2*N) );
            }
        }
        Bild[x][y] = int(Summe/sqrt(2*N));
    }
}
```

	0	1	2	3	4	5	6
0	24	23	28	29	50	20	25	21
1	15	14	34	52	55	23	24	18
2	14	27	34	57	77	54	26	17
3	1	37	38	50	67	60	25	20
4	12	36	43	54	56	64	37	23
5	15	25	27	40	49	53	23	17
6	12	28	33	31	37	35	16	27
7	20	19	27	18	17	29	23	14

Abb. 5.21: Rücktransformiertes Bild mit *Kompression* = 1.5

Das restaurierte Bild ist in Abbildung 5.21 dargestellt. Man erkennt einen deutlichen Kontrastverlust gegenüber dem in Abbildung 5.17 dargestellten Originalbild.

5.3.3 Kompression bewegter Bilder

Die Kompressionsmethode MPEG (Motion Photographic Experts Group) ist teilweise eine Weiterentwicklung des JPEG-Standards. Es sei hier nur eine zusätzliche Anforderung gegenüber der JPEG-Methode erwähnt, welche die MPEG-Methode erfüllen muss: Die gesamte Laufzeit muss durch alle Stationen der Übertragung konstant sein, da der Film sonst stottern würde. Das schliesst die Laufzeit der Komprimier- und Dekomprimieralgorithmen ein. Diese Anforderung an die Laufzeitkonstanz gilt auch bei Audiosignalen.

5.3.4 Abschliessende Hinweise

Dieses Kapitel bietet eine grundlegende Einführung in das Thema der Datenkompression und keine erschöpfende Sammlung aller bekannten Methoden. In kommerziellen Programmen werden zudem optimierte Methoden und auch kombinierte Verfahren verwendet, weshalb sie natürlich in jeder Hinsicht effizienter sind. Weitere Ausführungen zu diesem Thema finden Sie unter anderem in folgenden ITU- und ISO-Normen.

- T.4 FAX Gruppe 3
- T.80 Common components for image compression and communication – Basic principles
- T.81 Digital compression and coding of continous-tone still images – requirements and guidelines
- T.82 Coded representation of picture and audio information – progressive bi-level image compression
- V.42bis Data compression procedures for data circuit terminating equipment (DCE) using error correction procedures
- ISO/IEC 11558 Data compression for information interchange – Adaptive coding with embedded dictionary – DCLZ Algorithm
- ISO/IEC 11576 Procedure for the registration of algorithms for the lossless compression of data
- ISO/IEC 12042 Data compression for information interchange – Binary arithmetic coding algorithm 1

5.4 Übungen

5.4.1 Lauflängencodierung

Bilddaten werden oft im TIFF-Format (Tag Image File Format von Aldus Corp.) abgespeichert. Das TIFF-Format erlaubt verschiedene Kompressionsverfahren. Eines davon ist das vom Apple Macintosh bekannte PackBits-Verfahren.

Der folgende Pascal-Pseudocode beschreibt den Decodierungsalgorithmus. Er betrachtet die codierten Bytes als vorzeichenbehaftete Integer-Zahlen ($-128\ldots+127$) und verwendet eine vorzeichenbehaftete Integer-Variable N.

```
WHILE NOT (alle Bytes verarbeitet) DO BEGIN
    Lies das nächste Byte in die Variable N;
    IF (N > 0) THEN           /* Bereich 0 bis 127 */
      Lies und kopiere N+1 Bytes unverändert;
    ELSE IF (N > -127) THEN   /* Bereich -127 bis -1 */
      Lies das nächste Byte und kopiere es -N+1
    ELSE                      /* Wert -128 */
      Mache nichts;
    END /* IF */
END /* WHILE */
```

a) Man codiere die vom Abschnitt 5.2.1 bekannte Zeichenfolge:

AAAABBBAABBBBBCCCCCCCCDABCBAAABBBBBBBBBBBBBCCCD

b) Man vergleiche das „Worst-Case-Verhalten" dieses Algorithmus mit dem im Abschnitt 5.2.1 beschriebenen. Das heisst, es soll untersucht werden, was geschieht, wenn z.B. 1024 Byte mit rein zufälligen Werten ($0\ldots255$) mittels dieser Algorithmen „komprimiert" werden.

5.4.2 Huffmann- und Shannon-Fano-Codierung

Zeichen	Häufigkeit
A	9
B	5
C	4
D	4
E	3

Mit den in der nebenstehenden Häufigkeitstabelle gezeigten Symbole sollen:

a) ein Huffmann-Baum gezeichnet und die Codes bestimmt werden;

b) ein Shannon-Fano-Baum gezeichnet und die Codes bestimmt werden.

6

Einführung in Mikrocomputersysteme

Im folgenden betrachten wir hauptsächlich Steuerrechner, wie sie z.B. in einer Waschmaschinensteuerung vorkommen und nur am Rande bei Rechnern, die ihre Betriebs-Software von einer Platte laden, wie dies z.B. die Personal Computer typischerweise machen.

6.1 Was ist ein Mikrocomputer?

Der Begriff **Computer** war bis zum zweiten Weltkrieg im englischen Sprachraum die Berufsbezeichnung für Personen, die Zahlenwerte nach vorgegebenen Rechenformeln, eventuell mit Hilfe von Rechenstäben (sogenannten **Calculators**), ermittelten. Gegen Ende der 40er Jahre wurde zögernd der Begriff Computer als Bezeichnung für mechanische und elektrische Rechenautomaten verwendet.

Erst mit der Entstehung von integrierten Schaltungen wurde zu Beginn der 70er Jahre für Computer, deren Kernstück aus sehr wenigen spezialisierten Bausteinen besteht, der Begriff des **Mikrocomputers** für eine Maschine mit Steuer- und/oder Recheneigenschaften eingeführt.

In den folgenden Abschnitten sehen wir uns das Gebilde Mikrocomputer in Schritten detaillierter an.

6.2 Mikrocomputersystem

Ein Mikrocomputersystem ist meist der steuernde Teil eines technischen Prozesses. Die Aufgabe des Mikrocomputersystems ist es, Veränderungen oder Zustände des zu steuernden Prozesses festzustellen, daraus die notwendigen Reaktionen zu ermitteln und durch diese Reaktionen den Prozess entsprechend zu beeinflussen.

Ein Mikrocomputersystem setzt sich aus zwei Teilen, der **Hardware** und der **Software**, zusammen. Eine universell gebaute Hardware kann, mit unterschiedlicher Software versehen, in verschiedenen Prozessen oder Umgebungen eingesetzt werden. Mögliche Umgebungen sind beispielsweise eine Waschmaschinensteuerung, eine Billetautomatensteuerung oder eine Parkhausschrankensteuerung.

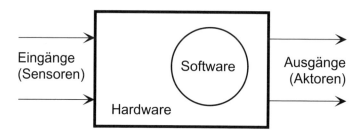

Abb. 6.1: Mikrocomputersystem als Steuerung

Die Software ist abhängig von den an den Eingängen und Ausgängen angeschlossenen Geräten, da durch die Software die Veränderungen und Zustände an den Eingängen festgestellt und daraus die notwendigen Reaktionen ermittelt werden. Diese Reaktionen werden an den Ausgängen wieder an die Aktoren weitergegeben.

Um die Begriffe **Sensoren** und **Aktoren** zu erläutern, nehmen wir als Beispiel eine Waschmaschine als Umgebung eines Mikrocomputersystems an:

- Als Eingänge (Sensoren) finden wir: Türschliessfühler, Temperaturfühler, Drehzahlmesser, Wasserstandsfühler, Programmwahlknöpfe usw.
- Als Ausgänge (Aktoren) finden wir: Türverriegelung, Heizung, Wassereinlassventil, Laugenpumpe, Hauptmotor, Anzeige im Bedientableau usw.

An dieser Stelle wenden wir uns der Hardware zu, die Software wird in späteren Kapiteln folgen.

6.3 Mikrocomputer

Der Ausdruck Mikrocomputer steht für die Zusammenfassung eines **Mikroprozessors (Microprocessor, μP), auch CPU (Central Processing Unit)** genannt, eines **Speichers (Memory)** und einer **Ein-/Ausgabe-Einheit (Input/Output, I/O),** die über ein **Bussystem** miteinander verbunden sind.

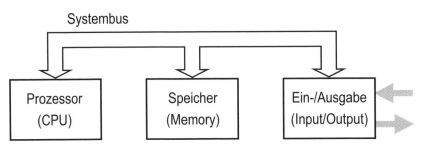

Abb. 6.2: Komponenten eines Mikrocomputer

Das Kernstück dieser Konfiguration bildet der Mikroprozessor, der aus einem oder mehreren Bausteinen aufgebaut sein kann. Als Kurzschreibweise wird häufig μP verwendet, als Synonym CPU. Der Mikroprozessor ist die Funktionseinheit, die ein vorgegebenes Programm abarbeitet (to process). Ein Mikroprozessor ist intern als eine programmabhängige Folgesteuerung aufgebaut. Daher muss für die Vorgabe des Arbeitstaktes ein Taktgenerator an den Prozessor angeschlossen werden.

Der Speicher (englisch Memory; seltener Storage) wird für die Aufbewahrung von Programmcode und Daten verwendet.

Die Ein-/Ausgabe (englisch Input/Output; I/O) dient dem Datenaustausch mit der Umgebung.

Der interne Informationsfluss zwischen diesen Teilen erfolgt über das sogenannte Bussystem.

6.4 Aufbau des Bussystems

Das Bussystem setzt sich aus den funktionalen Einheiten **Adressbus**, **Datenbus** und **Steuerbus** zusammen. Jede dieser funktionalen Einheiten besteht aus einer Anzahl von parallel geführten Signalleitungen. Die Anzahl der Leitungen eines Busses wird als **Busbreite** bezeichnet. Die Busbreiten von Adressbus, Datenbus und Steuerbus sind abhängig vom verwendeten Mikroprozessor (siehe Kapitel 7).

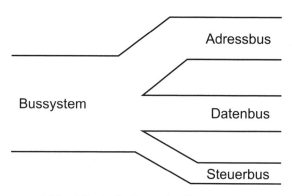

Abb. 6.3: Aufteilung des Bussystems

Der Adressbus ermöglicht die Auswahl von adressierbaren Einheiten (in der Regel 1...n Byte) innerhalb der Speicher- oder Ein-/Ausgabe-Einheit. Der Prozessor gibt die Werte auf diesem Bus vor. Die Breite dieses Busses definiert die Grösse des direkt adressierbaren Speichers:

$$\text{Anzahl Adressen} = 2^{\text{Anzahl Drähte}}$$

Auf den Leitungen des Datenbusses werden die Daten übertragen. Die Daten können entweder aus dem Prozessor in den Speicher oder in die Ein-/Ausgabe geschrieben werden, oder sie werden aus dem Speicher oder von der Ein-/Ausgabe in den Prozessor eingelesen.

Mittels der Signale auf dem Steuerbus werden allen angeschlossenen Funktionseinheiten die Zugriffsart (lesen oder schreiben), die Auswahl von entweder Speicher oder Ein-/Ausgabe sowie der zeitliche Ablauf des Zugriffes signalisiert.

6.5 Speicher (Memory)

Als Speicher werden im Umfeld der Datenverarbeitung Medien bezeichnet, die eine Information über eine gewisse Zeit aufbewahren können. Als Beispiel sei hier angefügt, dass Sie beim Lesen dieser Zeilen Informationen vom Speichermedium Papier ablesen.

Die Speicher werden grundsätzlich in zwei Arten eingeteilt: die **peripheren Speicher** und die **zentralen Speicher**.

Die zentralen Speicher sind an das Bussystem des Mikrocomputers angeschlossen, die peripheren Speicher sind über die Ein-/Ausgabe an einen Mikrocomputer angeschlossen. Die zentralen Speicher werden auch als Hauptspeicher bezeichnet.

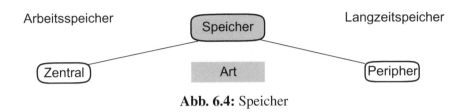

Abb. 6.4: Speicher

Durch die Art und Dauerhaftigkeit der Datenspeicherung sowie durch die mögliche Geschwindigkeit des Zugriffes werden die zentralen Speicher auch als Arbeitsspeicher und die peripheren Speicher als Langzeitspeicher bezeichnet.

6.5.1 Die zentralen Speicher

a) Magnetische Speicher

Die früher am weitesten verbreitete, heute weitgehend verdrängte Art der Realisierung des zentralen Speichers war der Kernspeicher oder Magnetkernspeicher. Durch die Art der Speicherung bleiben die Daten in einem Kernspeicher auch bei abgeschalteter Versorgungsspannung erhalten.

b) Halbleiterspeicher

Die Halbleiterspeicher werden aufgrund der Zugriffsmöglichkeit in ROM und RAM eingeteilt.

ROM (Read Only Memory) Wie der Name andeutet, können aus ROM-Bausteinen Daten im allgemeinen nur gelesen werden. Die gespeicherten Daten bleiben erhalten, wenn die Versorgungsspannung abgeschaltet wird. ROM wird für Programme und konstante Daten verwendet.

RAM (random access memory) In ein RAM können wahlfrei (engl. random) Daten geschrieben oder daraus gelesen werden. Ein RAM-Baustein verliert die eingeschriebenen Daten durch die Abschaltung der Versorgungsspannung. RAM wird für die Ablage von variablen Daten (z.B. Zwischenresultaten) verwendet. In einer Hardware, die für die Steuerung einer Waschmaschine verwendet wird, gilt eine strikte Trennung zwischen Programm und konstanten Daten einerseits und variablen Daten andererseits. Nur in Umgebungen, die das Laden von Programmen in den Speicher erlauben (z.B. PC), werden auch Programme und konstante Daten ins RAM geschrieben.

6.5.2 Die peripheren Speicher

Die meisten peripheren Speicherelemente müssen für den Schreib- oder Lesezugriff mechanisch bewegt werden. Die Information ist je nach verwendetem Medium unterschiedlich gespeichert.

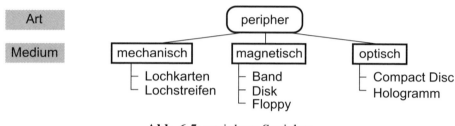

Abb. 6.5: periphere Speicher

Im Falle des mechanischen Mediums wird die Information in Form von gestanzten oder nicht gestanzten Löchern gespeichert. Eine binäre „1" wird als Loch dargestellt, die „0" als kein Loch.

In magnetischen Materialien werden die Informationen durch Polarisierungen der magnetisch beeinflussbaren Oberfläche dargestellt.

Die optischen Speicher weisen im Falle der CD eine verschieden stark reflektierende Schicht auf. Bei Hologrammen wird die Information durch unterschiedliche Lichtbrechung dargestellt.

Die peripheren Speicher werden häufig auch als **serielle Speicher** bezeichnet. Damit ist gemeint, dass nicht zu einem beliebigen Zeitpunkt auf eine beliebige Information zugegriffen werden kann. Dies soll durch folgendes Beispiel veranschaulicht werden:

Nehmen wir an, wir haben ein Magnetband in derselben äusseren Form, wie wir sie im Audiobereich für die Musikspeicherung und -wiedergabe verwenden. Auf diesem wurden von einem Messsystem die Daten einer Messreihe abgelegt. Wollen wir nun den letzten gemessenen Wert erhalten, müssen wir das ganze Band untersuchen, bis wir die richtige Stelle gefunden haben.

6.6 Speicherung von Daten in zentralen Speichern

Digitale Speicher bestehen aus Speicherelementen, die in der Lage sind, abhängig von einem äusseren Signal einen von zwei möglichen Zuständen anzunehmen und so lange in ihm zu verweilen, bis er durch ein anderes Signal geändert wird. Ein Speicherelement speichert ein Bit (binary digit).

Die Lokalisierung einer gespeicherten Information erfolgt durch eine eindeutige Identifikation des Speicherelements, in dem sich die Information befindet. Diese eindeutige Identifikation nennt man Adresse. Üblicherweise wird nicht jedem einzelnen Element eine Adresse zugeordnet, sondern Gruppen von Speicherelementen. Eine solche Gruppe ist die kleinste adressierbare Einheit des Speichers. Üblicherweise wird 1 Byte (8 Bit) als Einheit gewählt.

Die Prozessoren haben meist die Fähigkeit, auf Daten mit mehr als einem Byte zuzugreifen. Dabei werden die einzelnen Bytes, abhängig vom Prozessortyp, unterschiedlich belegt.

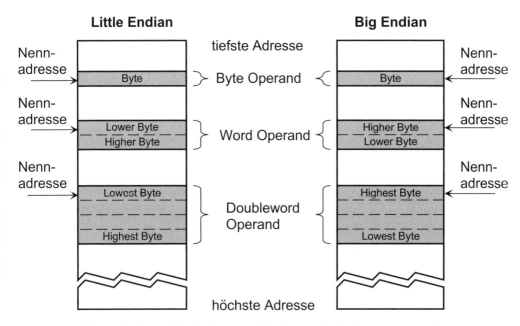

Abb. 6.6: „Little Endian"- und „Big Endian"-Speicherorganisation

Der linke Teil der Abbildung 6.6 zeigt die **„Little Endian"-Speicherorganisation**, die z.B. von INTEL-Prozessoren (80x86) verwendet wird. Als Grundsatz gilt hier: An der Basisadresse (niederste Adresse) steht das *niederwertigste* Byte des Operanden.

Der rechte Teil der Abbildung 6.6 zeigt die **„Big Endian"-Speicherorganisation**, die z.B. von MOTOROLA-Prozessoren (68xxx) verwendet wird. Als Grundsatz gilt hier, dass an der Basisadresse (niederste Adresse) immer das *höchstwertige* Byte des Operanden steht.

6.7 Ein-/Ausgabe (I/O-Ports)

Am Eingang eines Mikrocomputers werden Sensoren für die Informationsaufnahme benötigt. Am Ausgang werden Anzeigeelemente für die Informationsausgabe und Aktoren für die Einwirkung auf den zu steuernden Prozess verwendet.

Sensoren führen die Umformung der physikalischen Zustandsgrössen in digitale Signale durch und dienen zum Teil gleichzeitig als galvanische Trennung.

Aktoren haben häufig folgende Funktionen:

- Wandlung digitaler Informationen in analoge Signale, eventuell mit variablen Parametern
- Galvanische Trennung

6.8 Grundsätzliche Funktion eines Computers

Um die Funktion eines Computers zu beschreiben, stellen wir uns einen Modellcomputer vor. Dieser besteht aus einem Prozessor, dem Programm- und Datenspeicher und drei 8-Bit-Ein-/Ausgabe-Ports (Parallel Ports).

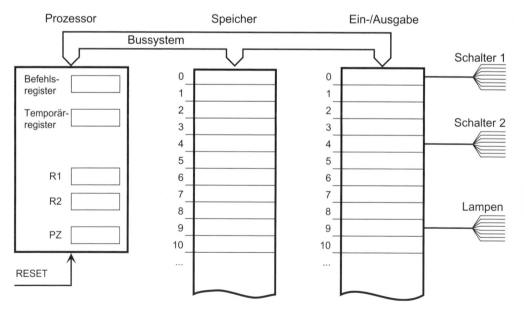

Abb. 6.7: Hardware des Modellcomputers

Der Prozessor arbeitet Befehle ab. Jeder dieser Befehle ist als eine ganz bestimmte Bitkombination definiert, die ein Byte gross ist. Dieses Byte, das den Befehl definiert, wird als **Befehlscode** oder **Operationscode** bezeichnet. Jeder Befehl besteht also aus mindestens einem Byte. Falls ein Befehl zusätzliche Angaben (Operanden) benötigt, können zusätzliche Bytes zu diesem Befehl hin notwendig sein.

Damit der Prozessor immer die aktuelle Stelle im Programm kennt, verfügt er über einen sogenannten **Programmzähler** PZ (engl. program counter). Dieser Programmzähler PZ ist ein 1 Byte grosses Register im Prozessor. Zusätzlich zum Programmzähler enthält der Prozessor zwei Register, die den Namen R1 und R2 haben. Jedes dieser Register ist ein Byte gross. Ein Register ist ein Zwischenspeicher für Informationen.

Für den Modellprozessor haben die Prozessorentwickler folgende Befehle definiert:

`R2_R1`	Der Wert, der im Register R1 steht, wird in das Register R2 kopiert. Anschliessend enthalten also beide Register denselben Wert.
`LIES_R1 ioadr`	Der Wert, der am Port mit der Nummer ioadr von aussen angelegt ist, wird in das Register R1 eingelesen. Die Nummer ioadr ist ein Operand, der ein Byte gross ist. Der Befehlscode von `LIES_R1` wird in einem Byte abgelegt, die Nummer ioadr in einem zweiten.
`SCHREIB_R1 ioadr`	Der Wert, der im Register R1 steht, wird zum Port mit der Nummer ioadr kopiert. Der Befehlscode von `SCHREIB_R1` wird in einem Byte abgelegt, die Nummer ioadr in einem zweiten.
`ADDIER_R1_R2`	Die Inhalte von R1 und R2 werden im Prozessor addiert, das Resultat der Addition wird in das Register R1 zurückgeschrieben. Der ursprünglich in R1 stehende Wert wird also überschrieben.
`SPRUNG padr`	Der Wert padr wird in den Programmzähler PZ eingeschrieben. Der Befehlscode von SPRUNG wird in einem Byte abgelegt, der Wert padr in einem zweiten Byte.

Wie zuvor erwähnt, wurde jedem dieser Befehle eine Bitkombination zugeordnet. Die Definitionen lauten:

Befehl	Operationscode
`R2_R1`	00000001b
`LIES_R1`	00000010b
`SCHREIB_R1`	00000011b
`ADDIER_R1_R2`	00000100b
`SPRUNG`	11111111b

6.8.1 Ablauf der Abarbeitung des Programmes

Mit einem Programm soll folgende Aufgabe gelöst werden:

- Einlesen der Werte von zwei Schalterports
- Addieren dieser Werte
- Ausgabe des Resultates an einem Lampenport.

Dieses Programm lautet in der für Menschen einigermassen lesbaren Schreibweise:

Adresse	Befehl und Operand		Beschreibung
0 und 1	LIES_R1	0	Einlesen vom Port Nummer 0 (Schalter 1)
2	R2_R1		Kopieren des eingelesenen Wertes ins Register 2
3 und 4	LIES_R1	4	Einlesen vom Port Nummer 4 (Schalter 2)
5	ADDIER_R1_R2		Addieren der Register R1 und R2, Resultat in R1
6 und 7	SCHREIB_R1	9	Ausgeben des Resultates an Port Nummer 9
8 und 9	SPRUNG	0	PZ auf 0 stellen

In Abbildung 6.8 ist das obige Beispielprogramm im Speicher (ROM) enthalten. Die Befehlscodes sind im Gegensatz zu den Operanden **fett** eingetragen.

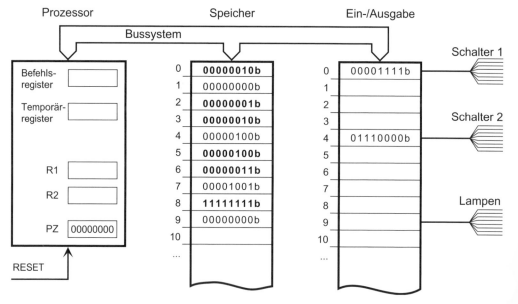

Abb. 6.8: Modellcomputer mit Programm

Durch Einschalten der Versorgungsspannung wird der RESET-Eingang des Computers aktiviert. Der Prozessor ist so gebaut, dass der PZ durch das RESET-Signal auf 0 gesetzt wird.

Anschliessend führt der Prozessor endlos (bis zur Stromabschaltung oder bis zu einem neuerlichen RESET) Programmbefehle aus. Die Prozessor-Hardware arbeitet dabei gemäss dem in Abbildung 6.9 gezeigten Schema. Der Zyklus wird für jeden Befehl genau einmal durchlaufen.

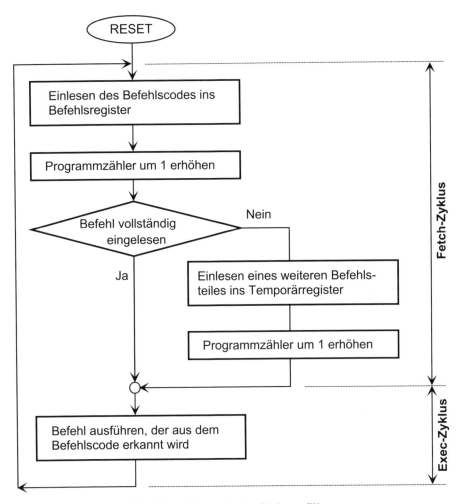

Abb. 6.9: Ablauf der Befehlsausführung

Im folgenden sind die ersten sechs Befehle des Programms nach dem Einschalten erläutert. Die Schalter an Port Nummer 0 sollen beim Einlesen den Wert 00001111b liefern, diejenigen am Port Nummer 4 den Wert 01110000b.

Z	PZ	Tätigkeit	Befehlsreg.	Temporär	R1	R2
0	0	Befehl einlesen; PZ um eins erhöhen	00000010b	?	?	?
1	1	Befehl unvollständig → Operanden einlesen; PZ um eins erhöhen		00000000b		
2	2	Befehl ausführen: Wert vom Port Nummer 0 einlesen (die 0 steht im Temporärregister)			00001111b	
3		Befehl einlesen; PZ um eins erhöhen	00000001b			
4	3	Befehl vollständig → ausführen: Inhalt R1 nach R2 kopieren				00001111b
5		Befehl einlesen; PZ um eins erhöhen	00000010b			
6	4	Befehl unvollständig → Operanden einlesen; PZ um eins erhöhen		00000100b		
7	5	Befehl ausführen: Wert vom Port Nummer 4 einlesen (die 4 steht im Temporärregister)			01110000b	
8		Befehl einlesen; PZ um eins erhöhen	00000100b			
9	6	Befehl vollständig → ausführen: R2 wird zu R1 addiert, Resultat in R1			01111111b	
10		Befehl einlesen; PZ um eins erhöhen	00000011b			
11	7	Befehl unvollständig → Operanden einlesen; PZ um eins erhöhen		00001001b		
12	8	Befehl ausführen: Inhalt R1 am Port Nummer 9 ausgeben (die 9 steht im Temporärregister)				
13		Befehl einlesen; PZ um eins erhöhen	11111111b			
14	9	Befehl unvollständig → Operanden einlesen; PZ um eins erhöhen		00000000b		
15	10	Befehl vollständig → ausführen: Temporärregister wird in PZ kopiert				

Damit ist der Kreislauf geschlossen, und die Abarbeitung des Programmes beginnt wieder bei der Adresse 0. Abbildung 6.10 zeigt nochmals für die ersten sechs Befehle des Beispielprogramms den Prozessorzustand nach deren Ausführung. Dabei sind die in diesem Zyklus geänderten Register **fett** dargestellt; Zieloperanden sind zusätzlich grau hinterlegt.

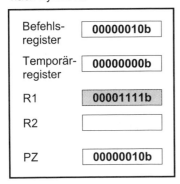

Abb. 6.10: Zwischenstatus in der Abarbeitung des Beispielprogramms

6.8.2 Ablauf des Lesens und Schreibens über das Bussystem

Das Bussystem des Modellcomputers umfasst einen 8-Bit-Datenbus, einen 8-Bit-Adressbus und einen Steuerbus. Der Steuerbus hat folgende Signalleitungen:

- CLK: Gibt den Grundtakt für die Synchronisierung der Komponenten CPU/Memory, CPU/IO vor.
- MEMR: Durch die Aktivierung dieser Leitung zeigt der Busmaster allen Komponenten an, dass ein Byte aus dem Speicher gelesen werden soll.
- MEMW: Durch die Aktivierung dieser Leitung zeigt der Busmaster allen Komponenten an, dass ein Byte in den Speicher geschrieben werden soll.
- IOR: Durch die Aktivierung dieser Leitung zeigt der Busmaster allen Komponenten an, dass ein Byte aus dem Input-/Output-Bereich gelesen werden soll.
- IOW: Durch die Aktivierung dieser Leitung zeigt der Busmaster allen Komponenten an, dass ein Byte in den Input-/Output-Bereich geschrieben werden soll.
- AOK: Die Aktivierung dieser Leitung bedeutet, dass die Adressen auf dem Adressbus gültig sind.

Wie Abbildung 6.11 zeigt, darf bei einer Aktivität auf dem Bus von den vier Signalleitungen MEMR, MEMW, IOR, IOW nur eine Leitung aktiv sein.

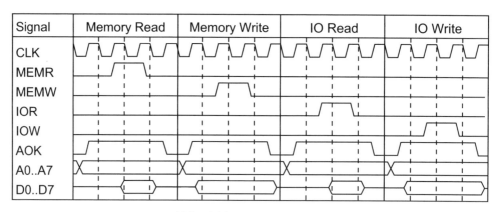

Abb. 6.11: Busoperationen

Die Bezeichnung „aus dem Speicher lesen" bedeutet: Der Prozessor gibt die Adresse, deren Inhalt gelesen werden soll, auf den Adressbus. Nun wird die Leitung AOK aktiviert, gefolgt von MEMR, das für einen Takt auf hohem Pegel gehalten wird. Der Wert wird bei der sinkenden Flanke von MEMR in den Prozessor eingelesen. Nach der Deaktivierung von MEMR werden die übrigen Signale wieder deaktiviert.

Die Operationen „in den Speicher schreiben", „einlesen" oder „aus dem I/O lesen" und „ausgeben" oder „in den I/O schreiben" lassen sich aus der Abbildung 6.11 herauslesen. In [8] wird die Funktion des Prozessor-Hardware genauer erläutert.

6.9 Adressierungsarten

Unter Adressierungsart versteht man, wie die physikalische Lage eines Datums (Einzahl von Daten) beschrieben wird. In den meisten Befehlen eines Prozessors muss die Lage der Operanden angegeben werden. Als Beispiel kann an dieser Stelle auf die Befehle `LIES_R1`, `SCHREIB_R1` und `SPRUNG` verwiesen werden, die jeweils einen Operanden für die Definition des Zugriffsortes haben.

Bei den nun folgenden erklärenden Bildern ist jeweils ein Stück Programmspeicher dargestellt, der mit Programm überschrieben ist. Innerhalb dieses Stückes Speicher ist jeweils ein Byte mit dem Inhalt Befehl angeschrieben, damit ist der Befehlscode gemeint. Bei unserem Modellcomputer stünde für den Befehl `R2_R1` anstelle von „Befehl" der Code `00000001b`.

6.9.1 Registeradressierung

Der Operand ist der Inhalt eines Registers. Der Registername oder die Registernamen sind im Befehl enthalten. Dies entspricht dem Befehl `R2_R1` unseres Prozessors.

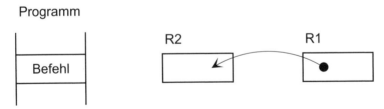

Abb. 6.12: Lade Register R2 mit Inhalt von Register R1

6.9.2 Immediate-Adressierung

Bei der Immediate-Adressierung (Konstantenadressierung) ist der Operand `wert` Teil des Befehls und folgt *unmittelbar* auf den Befehlscode. Ein solcher Befehl würde beim Modellprozessor wie folgt aussehen:

```
SET_R1    wert
```

Der Wert des Operanden (`wert`) wird in das Register R1 eingetragen.

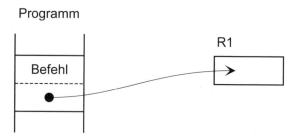

Abb. 6.13: Setze Wert von Register R1

6.9.3 Direkte Adressierung

Der Operand liegt im Speicher. Die Adresse des Operanden ist im Befehl enthalten. Ein solcher Befehl würde beim Modellprozessor wie folgt aussehen:

```
LOAD_R1    madr
```

Der Inhalt an der Speicherstelle `madr` wird in den Prozessor, in das Register R1, geladen.

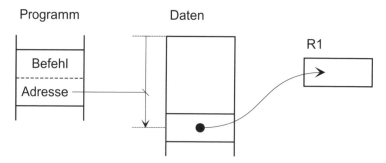

Abb. 6.14: Lade Register R1 mit Wert von fester Adresse

6.9.4 Indirekte Adressierung

Der Operand liegt im Speicher. Die Adresse des Operanden ist in einem Register enthalten. Ein solcher Befehl würde beim Modellprozessor wie folgt aussehen:

```
LOAD_R1VR2
```

Lade R1 via R2. R2 zeigt auf den Speicherplatz, dessen Inhalt in das Register R1 geladen werden soll.

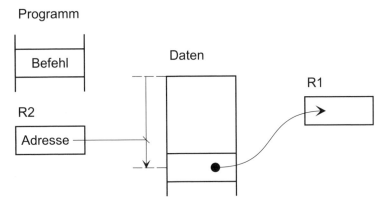

Abb. 6.15: Lade Register R1 mit Speicheroperanden, dessen Adresse in R2 steht

6.10 Übungen

a) Was unterscheidet ein Mikrocomputersystem von einem Mikrocomputer?

b) Aus welchen Teilen besteht ein Mikrocomputer?

c) Wozu wird der Taktgeber benötigt?

d) Welchem Zweck dient das Bussystem? Geben Sie zu jedem Teil des Bussystems den Zweck an!

e) Was ist die genaue Bedeutung der Bezeichnung RAM?

f) Worin unterscheiden sich die Speicherarten RAM und ROM?

g) Wie sind die peripheren Speicher am Mikrocomputer angeschlossen?

h) Wie viele Bytes können mit 8 Adressleitungen adressiert werden?

i) Welche Adressierungsarten sind in diesem Kapitel vorgestellt worden? Beschreiben Sie die einzelnen Adressierungsarten klar.

j) Schreiben Sie zwei verschiedene Befehle oder Befehlsfolgen für den Prozessor des Modellcomputers, die einen lesenden Speicherzugriff auf die Adresse 20h ergeben.

k) Schreiben Sie für die drei Befehlsfolgen der Aufgabe 10 die Befehlscodes, die im Speicher des Modellcomputers stehen würden.

7

Architektur des Prozessors 8086

Die Firma Intel (Integrated Electronics) wurde 1968 durch die zuvor bei Fairchild angestellten R. Noyce und G. Moore zusammen mit A. Grove gegründet. Als erstes entwickelten sie bis 1970 einen Baustein mit der Bezeichnung „1103", der 3000 Transistoren auf einer Fläche von 10 mm^2 enthielt und 1 KBit Speicher enthielt, dessen Inhalt beliebig oft geändert werden konnte. Dies war der erste elektronische RAM-Baustein in der Geschichte der Mikroelektronik. Bis zu diesem Zeitpunkt wurden nur Ringkernspeicher für die Speicherung von variablen Daten verwendet. Gegenüber den Ringkernspeichern war dieser Baustein verhältnismässig schnell und wies ausserdem einen geringeren Energieverbrauch auf.

Aufgrund dieses Bausteins erhielt die Firma vom japanischen Unternehmen Busicom den Auftrag, einen programmierbaren Chip zu entwickeln. Die Entwicklungsleitung hatte T. Hoff, Professor an der Stanford University. Der daraus resultierende Chip (4004) war der Ursprung des Mikrocomputers.

7.1 Entwicklungsgeschichte der Intel-Prozessoren

Jahr	Baustein-nummer	Busbreite Data	Adr.	Verarb. intern	Besonderheiten
1971	4004	4	12	4	Der Welt erster Mikroprozessor, 2300 Transistoren
1972	8008	8	14	8	Zykluszeit ca. 20 μs, PMOS
1974	8080	8	16	8	Zykluszeit ca. 2 μs, NMOS, Speisung: 5 V, -5 V, 12 V, 5500 Transistoren; 3 Bausteine
1977	8085	8	16	8	Zu 8080 kompatibel, 5 V, 1 Baustein
1978	8086	16	20	16	Erster 16-Bit-Prozessor von Intel
1979	8088	8	20	16	Zu 8086 voll softwarekompatibel
1982	80286	16	24	16	Wie 8086, zusätzlich „Protected Mode"-Funktionen
1985	80386	32	32	32	Zu 8086/80286 aufwärtskompatibel, 275'000 Transistoren
1989	80486	32	32	32	Numerikprozessor, Cache, 1.2 Mio. Transistoren
1993	Pentium	64	32	32	RISC, zweifach superskalar, 3.1 Mio. Transistoren
1995	PentiumPro	64	36	32	RISC, dreifach superskalar, 5.5 Mio. Transistoren
1997	Pentium II	64	36	32	Wie PentiumPro, mit MMX, bis 450 MHz Taktrate
1999	Pentium III	64	36	32	Wie Pentium II, mit ISSE (MMX2), > 450 MHz Taktrate

Neben den in dieser Tabelle aufgeführten universellen Prozessoren wurde eine Reihe von sogenannten **Embedded Processors**[1] entwickelt. Diese benötigen dank der noch höheren Integration weniger zusätzliche externe Komponenten.

---

[1] „to embed" steht für einschliessen oder einbetten.

Jahr	Baustein	Besonderheiten
1982	80186	8086-CPU 16-Bit-Datenbus Clock Generator 2 unabhängige DMA-Kanäle 3 programmierbare Timer Programmierbare Interrupt-Steuerung Programmierbare Chip-Select-Logik für I/O und Memory Wait State Generator Lokale Bussteuerungslogik
1983	80188	intern weitgehend identisch mit 80186, aber 8-Bit-Datenbus

7.1.1 Preis/Leistungs-Verhältnis

Abbildung 7.1 zeigt grob die relative Leistungsfähigkeit (z.B. die Rechengeschwindigkeit) für die Lösung eines bestimmten Problems (sinnvolle Befehlsmischung!) bezogen auf den Preis an:

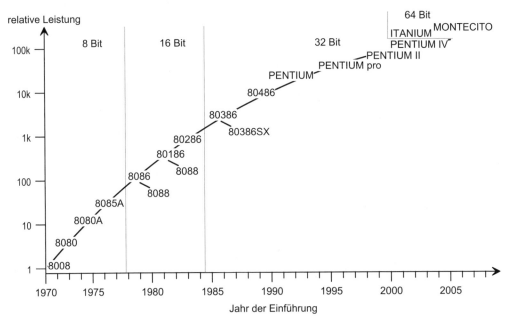

Abb. 7.1: Entwicklung der Prozessoren

Wird bei einem „Embedded Processor" zusätzlich Speicher (RAM und ROM) integriert, entstehen die sogenannten **Mikrocontroller**. Diese können, wie in untenstehendem Bild aufgezeigt, zusätzlich über Analog-Digital-Wandler und Zähler-Einheiten (Timer/Counter) verfügen.

Bez.	Bit	On chip							Maximal extern	
		RAM (Byte)	ROM (Byte)	I/O (Lin.)	A/D (Lin.)	Timer/ Counter	Interr./ Prior.	Serielle (Kanal)	Data (Byte)	Program (Byte)
8048	8	64	1 K	27	–	1	2	–	256	4K
8049	8	128	2 K	27	–	1	2	–	256	4K
8051	8	128	4 K	32	–	2	5/2	1	64K	64K
80517	8	256	8 K	48	12	3	12/4	1	64K	64K
8096	16	232	8 K	40	–	2	20	1	64K	64K
8097	16	232	8 K	32	8	2	20	1	64K	64K

7.2 Blockschaltbild des Prozessors 8086

Der Prozessor 8086 besteht aus zwei parallel arbeitenden Einheiten, der **Bus Interface Unit** (BIU, Bussteuereinheit) und der **Execution Unit** (EU, Ausführungseinheit). Das parallele Arbeiten der zwei Einheiten erhöht den Durchsatz, ohne dass sich der Software-Entwickler um diese Zweiteilung kümmern muss. Für ihn erscheint der Prozessor wie eine Einheit.

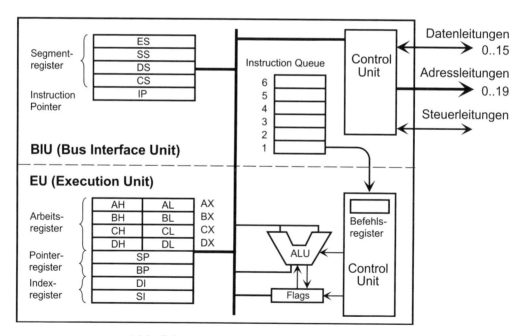

Abb. 7.2: Blockschaltbild des Prozessors 8086

Die Bus Interface Unit liest Befehle auf Vorrat und reiht diese in die Befehlswarteschlange (**Instruction Queue**) ein. Die Execution Unit liest die Befehle aus der Instruction Queue und führt sie aus. Die internen Abläufe der Folgesteuerungen werden durch die **Control Unit** der jeweiligen Einheit kontrolliert und gesteuert.

Jede dieser Einheiten enthält **Register** (engl. register). Ein Register besteht aus 8 oder 16 1-Bit-Speichern (Flip-Flop), die unter einem Namen angesprochen werden (siehe Digitaltechnik).

7.2.1 Die BIU (Bus Interface Unit)

In der Bus Interface Unit (BIU) sind die Segmentregister und der Instruction-Pointer angeordnet. Die Segmentregister werden, wie wir anschliessend näher sehen werden, für die Adressbildung beim Zugriff auf den Speicher verwendet. Alle Register der Bus Interface Unit sind 16 Bit breit.

Der Inhalt des Instruction-Pointer definiert, an welcher Adresse der nächste Teil eines Befehls eingelesen wird.

7.2.2 Die EU (Execution Unit)

Die Execution Unit (EU) enthält die universellen 16-Bit-Arbeitsregister AX, BX, CX und DX. Jedes dieser Register setzt sich aus zwei 8-Bit-Registern zusammen, die einzeln angesprochen werden können. Dies soll am Beispiel des universellen Registers AX erläutert werden: AX wird aus den Registern AH und AL gebildet, wobei AH den höherwertigen Teil von AX darstellt und AL den niederwertigen Teil von AX (AHigh und ALow).

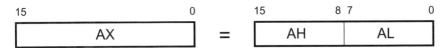

Abb. 7.3: Das Word-Register AX besteht aus den Byte-Registern AH und AL.

Im Gegensatz zu den allgemeinen Arbeitsregistern können die **Indexregister** DI und SI sowie die **Pointer-Register** BP und SP nur als 16-Bit-Register angesprochen werden.

Innerhalb der EU befindet sich auch die **Arithmetic and Logical Unit** (ALU, arithmetische und logische Einheit). Dieser Teil führt die arithmetischen und logischen Instruktionen aus und hinterlegt zusätzlich zum ermittelten Resultat der Operation spezielle Hinweise über das Resultat und dessen Entstehung. Diese zusätzlichen Informationen werden im **Flag-Register** abgelegt. Das Flag-Register ist in der Abbildung 7.4 dargestellt.

15	14	13	12	11	10	9	8	7	6	5	4	3	2	1	0
				OF	DF	IF	TF	SF	ZF		ACF		PF		CF

Abb. 7.4: Flag-Register des Prozessors 8086

Das Flag-Register wird auch als **Processor Status Word** (**PSW**) bezeichnet, da die Flags (wie wir gesehen haben) die Informationen über den Zustand (Status) des Prozessors darstellen. Die nicht benannten Flags im PSW sind undefiniert.

Arithmetische Flags		Steuerungs-Flags	
Abkürzung	Bezeichnung des Flag	Abkürzung	Bezeichnung des Flag
CF	Carry Flag	TF	Trap Flag
PF	Parity Flag	IF	Interrupt Flag
ACF	Auxiliary Carry Flag	DF	Direction Flag
ZF	Zero Flag		
SF	Sign Flag		
OF	Overflow Flag		

Die *genaue* Bedeutung der einzelnen Flags wird im Zusammenhang mit den Instruktionen erläutert, die diese Flags beeinflussen oder auswerten (z.B. arithmetische Flags, siehe Abschnitt 10.2).

Zum Beispiel wird bei Berechnungen die Information benötigt, ob während der gerade ausgeführten arithmetischen Operation ein Überlauf stattgefunden hat (siehe auch Kapitel 2). Überlauf heisst in diesem Fall, dass die resultierende Zahl nicht vollständig dargestellt werden kann, da die Zwischenspeicher und das Rechenwerk (**ALU**) die Zahl nicht mehr aufnehmen konnten. Diese Information wird bei vorzeichenlosen Berechnungen durch das Carry-Flag angezeigt.

Eine weitere wichtige Information ist, ob das Resultat der Operation 0 war oder nicht. Dies wird im ZF (Zero-Flag) hinterlegt.

7.2.3 Registersatz des Prozessors 8086

Die Zahlen über den Registern stellen die Bitnummern dar und geben damit die jeweilige Grösse des einzelnen Registers an. Die gestrichelt umrandeten Zahlen gelten, wie mit dem Pfeil angedeutet, für die Bezeichnungen am linken Rand des Arbeitsregistersatzes.

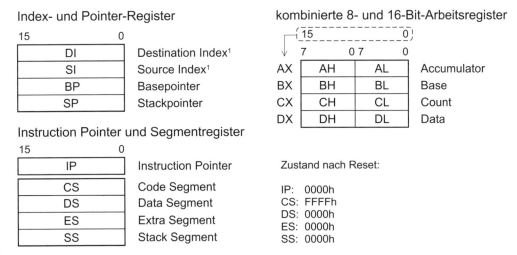

Abb. 7.5: Registersatz des Prozessors 8086

Rechts unten in der Abbildung 7.5 ist der Zustand dargestellt, der unmittelbar nach dem Reset definiert ist. Alle nicht aufgeführten Register haben einen zufälligen Inhalt.

7.3 Die Adressbildung des 8086

Durch die Diskrepanz zwischen der Verarbeitungsbreite, die durch die 16-Bit-Arbeitsregister gegeben ist, und den 20 Adressleitungen an der Busschnittstelle des 8086 musste ein Weg gefunden werden, um trotzdem den gesamten Speicher, wenn auch in Tranchen, ansprechen zu können.

Als Formel für den Zugriff auf eine Speicherstelle wurde festgelegt:

$$\text{Segmentregister} * 10\text{h} + \text{Offset} = \text{physikalische Adresse}$$

Diesen Zusammenhang soll Abbildung 7.6 noch einmal veranschaulichen.

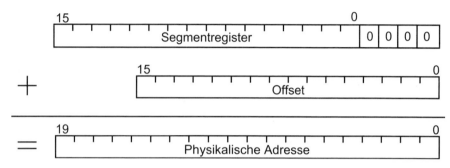

Abb. 7.6: Bildung der physikalischen Adresse

Der Inhalt eines **Segmentregisters** heisst auch **Paragraphennummer**. Die durch Paragraphennummer ∗ 10h definierte physikalische Speicheradresse wird Segmentbasis genannt.

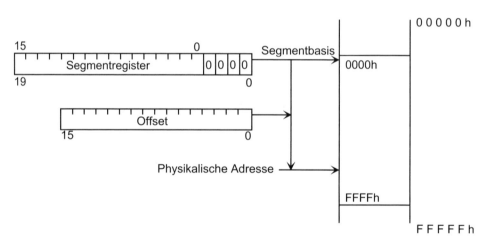

Abb. 7.7: Bildung der physikalischen Adresse

Da vier Segmentregister vorhanden sind, können vier Anfangsadressen (oder Paragraphennummern) gespeichert werden, und damit können auch, ohne weitere Veränderung des Inhalts der Segmentregister, maximal 4 verschiedene Speicherbereiche zu je 64 KB adressiert werden (wie in Abbildung 7.8 dargestellt).

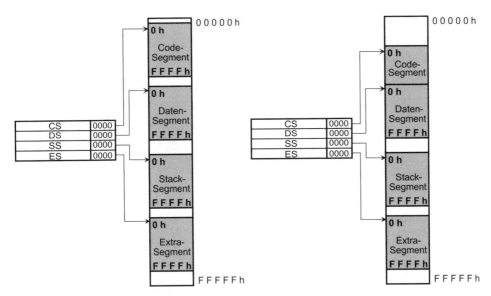

Abb. 7.8: Die Segmentregister können beliebige Speicherbereiche adressieren

Enthalten alle vier Segmentregister denselben Wert, erhalten wir einen 64 KB grossen Speicherbereich (siehe Abbildung 7.9).

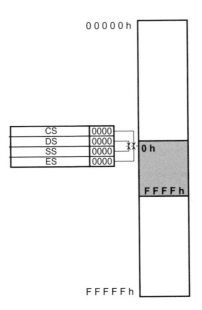

Abb. 7.9: Segmentregister mit gleichem Wert

7.4 Adressräume

Der Prozessor 8086 kennt zwei Adressräume: einen **Speicher-Adressraum** und einen **Ein-/Ausgabe-Adressraum** (siehe Abbildung 7.10).

Der Ein-/Ausgabe-Adressraum wird mit speziellen Befehlen angesprochen. Mit den Signalen MEMR/MEMW und IOR/IOW wird den entsprechenden Komponenten angezeigt, ob gelesen oder geschrieben werden soll und in welchem Adressraum dies geschehen soll. Von diesen Signalen kann nur eines zur gleichen Zeit aktiv sein!

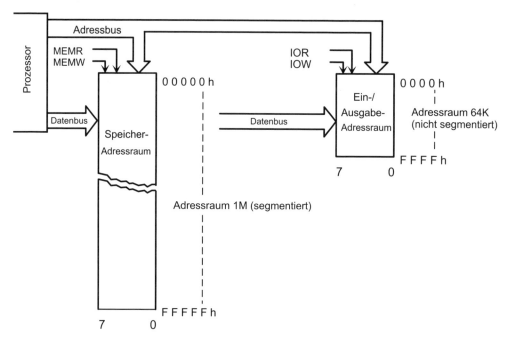

Abb. 7.10: Speicher- und Ein-/Ausgabe-Adressraum

7.5 Übungen

a) Das Flag-Register wird auch PSW genannt. Warum?

b) Welche Arten von Register gibt es beim 8086?

c) Zeichnen Sie einen vollständigen Registersatz einer 8086 CPU.

d) Wie viele Segment-Positionen und damit Segmente sind mit der Adressbildung des 8086 in einem 20-Bit-Adressraum theoretisch möglich?

e) Die physikalische Adresse 20223h wird aktuell mit einem Segmentregister mit dem Inhalt 2022h angesprochen, das Offset-Register enthält also den Wert 0003h. Nun muss aus anderen Gründen der Segmentregisterinhalt auf 2020h geändert werden.

Welchen Wert muss das Offset-Register beinhalten, damit wieder die physische Adresse 20223h angesprochen werden kann?

f) Welche physikalische Adresse wird angesprochen, wenn das Segmentregister den Wert 0FFFFh und das Offset-Register den Wert 10h enthält?

g) Begründen Sie die Notwendigkeit der Verwendung von Segmentregistern in der 8086-Architektur.

h) Welche Adressräume kennt der Prozessor 8086, und welche Eigenschaften weisen diese Adressräume auf?

i) Wodurch kann ein Programmierer bestimmen, auf welchen Adressraum zugegriffen werden soll?

8

Datentransfer-Befehle

Die Assembler-Sprache wird im Kapitel 12 ausführlich besprochen. Hier werden vorerst einige wichtige Elemente vorweggenommen, um die Assembler-Schreibweise für die Einführung der Datentransfer-Befehle benutzen zu können.

8.1 Assembler-Befehle

8.1.1 Assembler-Schreibweise und -Syntax

Die durch die CPU ausführbaren Befehle werden als Maschinenbefehle bezeichnet und können durch die CPU nur in binärer Form (Opcode) interpretiert werden. Der Programmierer möchte aber diese Befehle nicht als undurchschaubare Zahl hinschreiben, sondern in einer textlich leicht lesbaren Form. Diese Schreibweise bezeichnet man als Assembler-Befehl, weil das Assembler-Programm in der Lage ist, diese in die maschinenlesbare Form des Opcodes zu übersetzen (assemblieren).

Ein Assembler-Befehl besteht aus einer einprägsamen Abkürzung (**mnemonic**) und den zum Befehl passenden Operanden: z.B. JMP loop für „springe zum Label loop" (jump) oder MOV AX, BX für „verschiebe BX nach AX (move)". Einzelne Befehle haben auch keine expliziten Operanden, sondern der Befehl legt implizit den Operanden fest: z.B. XLAT bedeutet „übersetze AL (translate)".

Ein Befehl in Assembler wird im Quellenprogramm auf *eine* Zeile geschrieben und besteht aus den folgenden vier Feldern. Das folgende Beispiel einer einfachen Schlaufe zeigt den Aufbau und die Schreibweise der Assembler-Befehle:

```
Label:      Befehl:  Operanden:   Kommentar:
endless:    IN       AL,DX        ;von Port DX in AL einlesen
            MOV      [BX],AL      ;AL unter Adresse BX abspeichern
            INC      BX           ;Adresse in BX um eins erhöhen
            JMP      endless      ;springe nach "endless"
```

8.1.2 Symbolische Speicheradressen

In diesem Kapitel nehmen wir an, dass alle symbolischen Bezeichnungen (Namen) Speichervariablen darstellen. Alle Konstanten werden als Zahlen geschrieben. Die Deklarationen (von Speichervariablen, symbolischen Konstanten etc.) werden erst im Kapitel 12 besprochen.

```
MOV    CX,1234           Konstanten werden als Zahlen 1234 geschrieben
MOV    AX,zaehler        Variablen werden mit Namen zaehler bezeichnet
```

Variablen müssen in Assembler (analog zu Pascal) **deklariert** werden. Dies erfolgt z.B. mit der Anweisungen DW (**Define Word**) oder DB (**Define Byte**):

```
zaehler   DW  ?          entspricht in Pascal:   VAR zaehler: WORD ;
alter     DB  ?          entspricht in Pascal:   VAR alter   : BYTE ;
```

8.2 Adressierung von Datenoperanden

8.2.1 Adressierungsarten

Die Intel-Prozessoren besitzen fünf Adressierungsarten für Datenoperanden:

1. Immediate:	Der Operand (Konstante) ist unmittelbar hinter dem Opcode im Codesegment abgelegt: `MOV CL,37`
2. Implizit:	Der Befehl enthält implizit die fixe Operandenwahl (meist ein Register oder der Stack): Die CPU führt die Befehle `PUSH` und `POP` immer mit dem `SP`-Register aus (implizit von/nach Stack).
3. Register:	Der Operand befindet sich in einem wählbaren CPU-Arbeitsregister: `INC CH`
4. Direkt:	Die Adresse des Speicheroperanden befindet sich *direkt* hinter dem Opcode: `MOV CX,zaehler`
5. Register-indirekt:	Der Speicheroperand wird *indirekt* über ein Register (oder der Kombination von zweien) adressiert: `MOV [BX+DI],CH`

Für die Speicheradressierung stehen also die **Immediate-** (unmittelbare), die **direkte** und die **indirekte** Adressierung zur Verfügung.

8.2.2 Bildung der Offset-Adresse

Bei der indirekten Adressierung sind verschiedene Kombinationsmöglichkeiten von bis zu drei Adressanteilen vorhanden, damit auf effiziente Art und Weise strukturierte Daten, wie Tabellen, Records usw., adressiert werden können. Die Operandenadresse innerhalb eines Segmentes (**Offset**) setzt sich aus maximal drei Teilen zusammen:

$$\text{Offset} := \begin{Bmatrix} - \\ \text{BX} \\ \text{BP} \end{Bmatrix} + \begin{Bmatrix} - \\ \text{SI} \\ \text{DI} \end{Bmatrix} + \begin{Bmatrix} - \\ \text{displ\_8} \\ \text{displ\_16} \end{Bmatrix}$$

Der Strich – bedeutet, dass diese Komponente wahlweise nicht verwendet wird.

Die drei möglichen Adressanteile sind also:

Basisregister (BX oder BP) Das Basisregister enthält z.b. die Anfangsadresse einer Datenstruktur.

Indexregister (SI oder DI) Das Indexregister enthält z.b. einen Index (16-Bit-unsigned-Zahl: 0...65'535), der durch das Programm berechnet und verändert werden kann.

Displacement (8 oder 16 Bit) Der Programmierer kann eine konstante Zahl als vorzeichenbehaftete 8- oder 16-Bit-Konstante in die Adressberechnung einbeziehen.

Beispiele von Speicheradressierungen:

```
MOV    AX,zaehler          direkte Adressierung der Variablen zaehler
MOV    DX,[BX]             indirekte Adressierung via BX
MOV    AL,[BX+4]           indirekte Adressierung via BX+4
MOV    CX,[BX+SI]          indirekte Adressierung via BX+SI
MOV    ES,[BX+DI+2]        indirekte Adressierung via BX+DI+2
```

Abbildung 8.1 zeigt schematisch die möglichen Kombinationen zur Bildung der **effektiven Adresse (EA, Offset)** aus ein bis drei Komponenten.

Von diesen 27 Möglichkeiten sind 24 Kombinationen möglich. Die folgenden drei sind hingegen nicht möglich (und auch nicht sehr sinnvoll):

- Kein Adressanteil vorhanden: Ohne einen Adressanteil ist keine Adressierung möglich.
- Nur 8-Bit-Displacement: Damit könnte nur der Speicherbereich bis 255 adressiert werden.
- Nur BP: Da mit dem BP normalerweise der Stack adressiert wird (siehe Kapitel 16) und dieser vor und nach der Rücksprungadresse (BP := SP) die interessierenden Werte enthält, hätte dieser Fall keine praktische Bedeutung.

Ein 8-Bit-Displacement d8 wird vorzeichenbehaftet auf 16 Bit erweitert. Im Kapitel 9 werden diese 24 Fälle der Speicheradressierung aufgrund der Befehlscodierung verständlich.

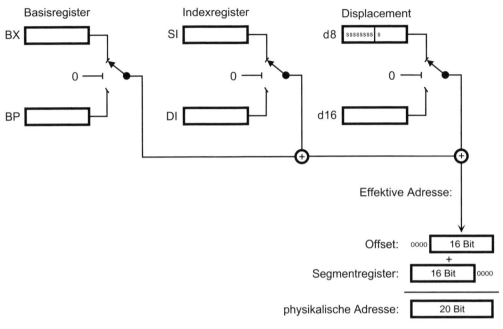

Abb. 8.1: Schema zur Bildung der Speicheradresse

8.3 Datentransfer-Befehle

Mit Transferbefehlen werden Daten zwischen den Registern, dem Speicher oder der Peripherie „verschoben". Normalerweise sind dies 8- oder 16-Bit-Werte (Byte oder Word).

Abbildung 8.2 zeigt die grundsätzlich möglichen Transfers mit den dazugehörigen Befehlen. Die darin verwendeten Abkürzungen haben folgende Bedeutungen:

`reg`	Register, 8/16 Bit	`mem`	Speicherplatz, 8/16 Bit
`reg16`	Register, 16 Bit	`mem16`	Speicherplatz, 16 Bit
`sreg`	Segmentregister	`const`	Konstante, 8/16 Bit (aus Code-Segment)
`accu`	Akkumulator (Register AL / AX)	`portadr`	Portadresse, 8 Bit (direkte Adressierung)

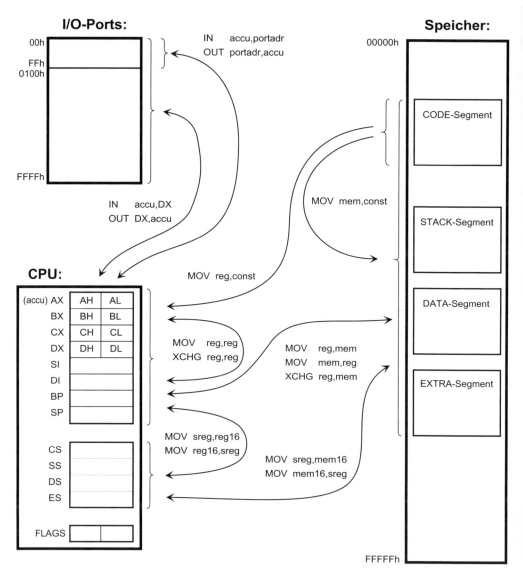

Abb. 8.2: Mögliche Datentransfers zwischen CPU, Speicher und I/O

Wie man aus der Abbildung 8.2 leicht ersieht, ist bei Datentransfers immer der Prozessor beteiligt. Die einfachen Befehle können also Daten von der Ein-/Ausgabe (IO-Ports) oder von Speicher *nur* über den Prozessor (CPU) transferieren. Eine Ausnahme bildet der Befehl, der eine immediate-adressierte Konstante (const) vom Programmspeicher in den Datenspeicher kopiert. Für die effiziente Behandlung von Speicherbereichen gibt es zudem spezielle String-Befehle (siehe Kapitel 17).

8.3.1 Move-Befehl: Kopieren von Datenwerten

Der Move-Befehl (verschieben) hat eigentlich eine Kopierfunktion, da der Inhalt eines Registers oder Speicherplatzes an einen anderen Ort kopiert wird und am alten Ort nicht etwa „weggenommen" (gelöscht) wird.

Syntax:

MOV dst,src   move word or byte from source to destination

wobei: src = source-operand   (Quelle: woher)
        dst = destination-operand (Ziel: wohin)

Wichtig:

- Bei allen Befehlen mit zwei Operanden (z.B. auch bei arithmetischen und logischen Befehlen) wird immer der *linke* Operand als Ziel-Operand (destination) und der rechte als Quelle (source) verwendet.
- Als Ziel-Operanden sind Speichervariablen[1] oder Register wählbar (ausser die Register CS und IP).
- Als Quellen-Operanden können Speichervariablen, Register oder Konstanten verwendet werden.
- Aufgrund der Befehlscodierung (siehe Kapitel 9) kann grundsätzlich immer nur *ein* Speicheroperand[2] benutzt werden: Der andere Operand *muss* dann ein Register oder eine Konstante sein.

a) Register Adressierung

MOV   BL,CL   BL ← CL: Register ← Register (8 Bit)
MOV   AX,DX   AX ← DX: Register ← Register (16 Bit)

Die Register IP und CS können (wegen ihrer speziellen Funktion) mit dem MOV-Befehl nicht verändert werden.

---

[1]In den folgenden Beispielen bezeichnet zaehler immer eine Speichervariable (siehe Kapitel 12).
[2]Gemeint ist ein Speicheroperand mit einer Adresse gemäss dem im Abschnitt 8.2.2 erläuterten Schema.

b) Immediate-Adressierung (Konstantenadressierung)

MOV	CL,15	CL ⟵ 15: Register ⟵ Konstante (8 Bit)
MOV	BX,1234h	BX ⟵ 1234 hex: Register ⟵ Konstante (16 Bit)
MOV	zaehler,15	Die Konstante 15 wird in der Variablen `zaehler` abgelegt, je nach Deklaration der Variablen als Byte oder Word.

Achtung: Die Segmentregister DS, ES und SS können nicht direkt mit dieser Immediate-Adressierung geladen werden – dies muss über ein anderes 16-Bit-Register erfolgen:

MOV	AX,1234h	Laden der Konstanten 1234h in ein Hilfsregister.
MOV	DS,AX	Nun kann DS via AX geladen werden.

c) Direkte Speicheradressierung

MOV	BX,tab	Register ⟵ Speicher direkt
MOV	zaehler,CX	Speicher direkt ⟵ Register

d) Indirekte Speicheradressierung

MOV	BX,tab[SI]	Register ⟵ Speicher indirekt mit displ16 (`tab`)
MOV	[BX],AL	Speicher indirekt ⟵ Register
MOV	CX,[BX+5]	Register ⟵ Speicher indirekt mit displ8 (= 5)
MOV	[BX+SI],DI	Speicher indirekt indexiert ⟵ Register
MOV	AH,[DI]	Register ⟵ Speicher indirekt

Nicht möglich sind allgemeine Transfers Speicher → Speicher, da jeder Befehl nur *eine* universelle Speicheradresse haben kann. (Die Begründung folgt im Kapitel 9.)

MOV	zaehler,[SI]	Speicherinhalt an Adresse [SI] nach Speichervariable zaehler ⟹ falsch
MOV	[DI],[SI]	Falscher Befehl, da zwei Speicheroperanden nicht möglich sind.

Der String-Befehl MOVS (siehe Kapitel 17) erlaubt einen Speicher-Speicher-Transfer analog zum letzten Beispiel.

8.3.2 Exchange-Befehl: Austauschen von Datenwerten

Zwei Datenwerte (Operanden op1 und op2) werden miteinander vertauscht:

Syntax:

XCHG op1,op2   exchange op1 with op2

Vertauschen von op1 mit op2 (8- oder 16-Bit-Werte). Die Adressierung Register/Speicher ist gleich wie beim MOV-Befehl: Segmentregister und Immediate-Werte sind als Operanden nicht möglich.

Beispiele:

XCHG	AX,BX	vertauschen Register ⟷ Register (16 Bit)
XCHG	CL,CH	vertauschen Register ⟷ Register (8 Bit)
XCHG	[SI],AL	vertauschen Speicher ⟷ Register (8 Bit)
XCHG	DX,[BX+10]	vertauschen Register ⟷ Speicher (16 Bit)
XCHG	ES,DS	nicht möglich ⟹ falscher Befehl!

8.3.3 Input-/Output-Befehle: Ein-/Ausgabe von/zu Ports

Für das Einlesen von Daten von einem Peripheriegerät (durch Portadresse identifiziert) und das Ausgeben an ein Peripheriegerät sind die zwei Befehle IN und OUT vorhanden.

Die Ein-/Ausgabe kann *nur* über den Akkumulator (Register AL bzw. AX) erfolgen. Der Byte-Transfer erfolgt immer über das Register AL, der Wort-Transfer immer über das Register AX.

Die 16-Bit-Portadresse des Peripheriegerätes muss jeweils vor dem IN-/OUT-Befehl in das DX-Register geladen werden. Als Spezialfall kann auch eine direkte 8-Bit-Adresse im IN-/OUT-Befehl angegeben werden.

Syntax:

IN	accu,DX	8-/16-Bit-Ein-/Ausgabe via Akkumulator (AL oder AX)
OUT	DX,accu	mit 16-Bit-Portadresse in DX
IN	accu,port	8-/16-Bit-Ein-/Ausgabe via Akkumulator (AL oder AX)
OUT	port,accu	mit 8-Bit-Portadresse (direkte Port-Adressierung)

Die Schreibweise ist eigentlich nicht korrekt, da das DX-Register eine Adresse enthält, und demzufolge der Befehl richtig mit eckigen Klammern um DX geschrieben werden müsste:

IN	accu, [DX]	Ungültige, aber logisch korrekte Schreibweise!

Beispiele:

IN-/OUT-Befehle mit Register-indirekter Adressierung via DX. Die 16-Bit-Portadresse ist vorher in das DX-Register geladen worden (z.B. mit MOV DX,2400h):

IN	AL,DX	8-Bit-Eingabe von Port[DX] nach Akkumulator AL
IN	AX,DX	16-Bit-Eingabe von Port[DX] nach Akkumulator AX
OUT	DX,AX	16-Bit-Ausgabe von Akkumulator AX nach Port[DX]
OUT	DX,AL	8-Bit-Ausgabe von Akkumulator AL nach Port[DX]

Die 8-Bit-Portadresse ist im Befehl enthalten (direkte Adressierung):

IN	AX,14h	16-Bit-Eingabe von Port 14h in Akkumulator AX
IN	AL,37h	8-Bit-Eingabe von Port 37h in Akkumulator AL
OUT	46h,AL	8-Bit-Ausgabe von Akkumulator AL an Port 46h
OUT	6Ah,AX	16-Bit-Ausgabe von Akkumulator AX an Port 6Ah

Die 8-Bit-Portadresse 46h bzw. 6Ah steht hinter dem Opcode als direkte Adresse (reduzierter Adressraum von 256 Ports im Bereich 0 bis 0FFh). Diese zweite Variante wurde vor allem wegen der Aufwärtskompatibilität zum 8080/85 realisiert.

Nicht möglich sind Datentransporte vom Speicher direkt zu IO-Ports und umgekehrt. Dazu ist eine spezielle Hardware (Direct Memory Access, siehe [8]) notwendig.

8.3.4 Ergänzungen zur Schreibweise von Speicheroperanden

Speicheroperanden können eine „Vorsilbe" (Präfix) zur Bestimmung des Segmentregisters und Angaben zur Festlegung der Datengrösse (8- oder 16-Bit-Wert) haben. (Für genauere Ausführungen und weitere Syntaxregeln siehe Kapitel 12 und Anhang A.)

Die Angabe der Operandengrösse erfolgt mit Hilfe der Assembler-Anweisungen WORD PTR und BYTE PTR. Diese können weggelassen werden, wenn die Grösse eines Operanden definiert ist. Dies ist gegeben, wenn ein Variablenname verwendet wird oder wenn ein Operand ein Register ist (AL, BH ... → 8 Bit, AX, SI ... → 16 Bit).

Beispiele:

MOV WORD PTR [BX],12h	Richtig: Es wird ein Word-Wert (0012h) gespeichert.
MOV DS:BYTE PTR 4711h,0	Richtig: Setzt das Byte im Datensegment an der Offsetadresse 4711h auf 0.
MOV [SI],12h	Falsch: Byte oder Word?
MOV [SI],AL	Richtig: AL definiert eine Byte-Operation.

Die Segmentpräfixe CS:, DS:, ES: und SS: legen das zur Adressierung verwendete Segmentregister fest. Dies ist normalerweise das Register DS (Datensegment), ausser wenn die Adressierung das Basisregister BP enthält. Dann wird standardmässig das Register SS (Stacksegment) verwendet. Das Segmentpräfix kann immer dann weggelassen werden, wenn durch die Verwendung eines symbolischen Variablennamens oder eines Adressregisters (BX, BP, SI oder DI) das zu verwendende Segmentregister bestimmt ist. Bei der direkten Adressierung ist die Angabe des Segmentregisters erforderlich.

Beispiele:

MOV ES:WORD PTR[BX],1234h	Richtig: anstelle des Segmentregisters DS wird ES verwendet.
MOV AL,DS:[BP+SI]	Richtig: anstelle des Segmentregisters SS wird DS verwendet.
MOV BYTE PTR 11h,0	Falsch: direkte Adressierung erfordert die Angabe des Segmentregisters.
MOV ES:BYTE PTR 11h,0	Richtig: direkte Adressierung mittels Segmentregister ES.
MOV BYTE PTR [SI],0	Richtig: SI bestimmt Segmentregister DS.

8.4 Übungen

8.4.1 Wirkung von Transferbefehlen bestimmen

Im ersten Bild ist die Ausgangslage von Register- und Speicherinhalten dargestellt. Die symbolischen Speicherplätze mit den Adressen 0, 1 und 2 sind bereits wie folgt zugeordnet: sb0 = 0   sb1 = 1   sw1 = 2

Ergänzen Sie im zweiten Bild nur die geänderten Werte nach Ablauf der folgenden Befehle:

```
MOV AX,0302h
MOV BX,4
MOV SI,8
MOV DI,10h
MOV DH,1
MOV DL,2
MOV sb0,DL
MOV sb1,DH
MOV sw1,AX
MOV WORD PTR[BX],0504h
MOV BYTE PTR[BX+2],6
MOV BYTE PTR[BX+3],7
MOV BYTE PTR[SI],8
MOV BYTE PTR[SI+BX],0Ch
MOV BYTE PTR[SI+BX+2],0Eh
MOV WORD PTR[DI],10h
MOV BYTE PTR[DI+BX],14H
MOV BYTE PTR[DI+BX+2],16h
```

CPU-Register:

Register	H		L
AX AH	00	00	AL
BX BH	00	00	BL
CX CH	00	00	CL
DX DH	00	00	DL
SI	0000		
DI	0000		

Datenspeicher:

	sb0	sb1	sw1					
DS:0000	00	00	00	00	00	00	00	00
DS:0008	00	00	00	00	00	00	00	00
DS:0010	00	00	00	00	00	00	00	00
DS:0018	00	00	00	00	00	00	00	00

CPU-Register:

Register	H		L
AX AH			AL
BX BH			BL
CX CH			CL
DX DH			DL
SI			
DI			

Datenspeicher:

	sb0	sb1	sw1					
DS:0000								
DS:0008								
DS:0010								
DS:0018								

8.4.2 Transferbefehle codieren

Schreiben Sie die Befehle in richtiger 8086-Mnemonic für die folgenden Operationen:

a) Laden Sie das Register DL mit dem Inhalt von AH.

b) Laden Sie das Register AX mit dem Wert 1024.

c) Tauschen Sie die Registerinhalte von CL und CH.

d) Lesen Sie den Wert, der am Port 48h anliegt, in das Register BL.

e) Laden Sie das Segmentregister ES mit dem Wert B800h.

f) Speichern Sie den Byte-Wert unter der Adresse in SI an die durch DI adressierte Speicherstelle.

g) Geben Sie die Befehle an, um den Wert an der physikalische Adresse 37541h in das Register AL zu laden.

h) Geben Sie die Befehlsfolge an, um den durch ES und DI adressierten **Byte-Wert** (ES:DI) in das Register SI zu laden.

i) Geben Sie den Wert 25 an den 8-Bit-I/O-Port an der Adresse 600h aus.

8.4.3 Elementare Pascal-Befehle in Assembler

Codieren Sie die folgenden Pascal-ähnlichen Statements mit 8086-Befehlen unter Berücksichtigung der im Bild angegebenen Speichervariablen (tab ist eine Byte-Tabelle, das erste Byte hat den Index 0!).

```
BL := 15

DX := j

x := 22h

tab[1] := 17h

AH := tab[i]

tab[i+j] := tab[i+1]

wert := tab[j+5]
```

Datenspeicher:

x:	0	0	DS:0000
wert:	0	0	DS:0001
i:	0	4	DS:0002
	0	0	DS:0003
j:	0	3	DS:0004
	0	0	DS:0005
tab:	1	1	DS:0006
	2	2	DS:0007
	3	3	DS:0008
	4	4	DS:0009
	5	5	DS:000A
	6	6	DS:000B
	7	7	DS:000C
	8	8	DS:000D
	9	9	DS:000E

9

Maschinencode der 8086-Prozessoren

Die Kenntnis des Opcode-Aufbaus hilft beim Arbeiten mit dem Debugger und ist für das Verständnis der Adressierungsarten sehr wertvoll. Dieses Kapitel soll einen Einblick in den Aufbau des Maschinencodes geben – es sollte aber keinesfalls der Eindruck aufkommen, dass all die vielen Details auswendig gelernt werden müssten!

9.1   Aufbau des 8086-Opcodes

Zur Codierung der 8086-Maschinenbefehle werden jeweils ein bis sechs Byte benötigt. Einfache Befehle (wie z.B. IN oder OUT) sind nur ein oder zwei Byte lang. Je nach Befehlsart und Operandenadressierung werden aber bis zu sechs Byte benötigt, wie z.B. beim MOV-Befehl mit seinen universellen Adressierungsmöglichkeiten. Zusätzlich können vor dem Opcode noch ein oder mehrere Präfix-Bytes für Segmentauswahl oder Befehlswiederholungen stehen.

9.1.1 Prinzipieller Aufbau

Die folgende Tabelle zeigt den Aufbau des Maschinenbefehls, wie er für die meisten Befehle zutrifft.

1. Byte	2. Byte	3. Byte	4. Byte	5. Byte	6. Byte
opcode	addr-mode	displacement / address		immediate-data	
xxxxxxdw	mod reg r/m	addr-low	addr-high	data-low	data-high

Die einzelnen Bytes haben folgende Funktionen:

- Das erste Byte codiert den Befehl. Es wird deshalb als Opcode (Operationscode) bezeichnet.
- Im zweiten Byte werden Register oder Speicheroperanden codiert. Für das Verständnis der folgenden Erläuterungen („mod-reg-r/m"-Byte) ist die Kenntnis der Adressierungsarten von zentraler Bedeutung (siehe Kapitel 8).
- Das folgende bzw. die folgenden zwei Bytes bilden den konstanten Adressanteil (Byte- oder Word-Displacement), wobei dieser auch fehlen kann.
- Die letzten ein bis zwei Byte sind Immediate-Data-Anteile (Byte- oder Word-Konstante), wobei diese auch fehlen können.

Einige spezielle Befehle mit erweiterten Opcodes bilden eine Ausnahme, die im Abschnitt 9.5.1 behandelt werden.

Vor dem Befehlscode können noch sogenannte Befehls-Präfixe stehen, welche die Funktion des folgenden Befehls beeinflussen:

- Segment-Override-Präfix zur Auswahl des zur Adressierung verwendeten Segmentregisters.
- Repeat-Präfix zur Hardware-mässigen Wiederholung von String-Befehlen (siehe Kapitel 17).
- Lock-Präfix zur Hardware-mässigen Sperrung des Busses in Mehrrechnersystemen.

9.1.2 Bedeutung der Bitgruppen

a) Erstes Byte, „opcode"

D7	D6	D5	D4	D3	D2	D1	D0
x	x	x	x	x	x	d	w

Die drei Bitgruppen haben im allgemeinen[1] folgende Bedeutung:

xxxxxx (opcode)   6 Bit → 64 Befehlscodes

d (destination)   0 → Register reg ist Source (r/m ← reg)
                   1 → Register reg ist Destination (reg ← r/m)

w (word)   0 → Byte: 8-Bit-Operation
                   1 → Word: 16-Bit-Operation

b) Zweites Byte, „addr-mode" (address-mode)

D7	D6	D5	D4	D3	D2	D1	D0
mod		reg			r/m		

Die drei Bitgruppen haben folgende Bedeutung:

reg   Die mittleren drei Bit (D5 D4 D3) codieren den Registeroperanden.

mod-r/m   Die fünf Bits (D7 D6 – D2 D1 D0) codieren den Speicheroperanden (24 verschiedene Adressierungsarten gemäss den nachfolgenden Tabellen) oder den zweiten Registeroperanden (8 Möglichkeiten) bei den Register←→Register-Befehlen (total 32 Kombinationen).

reg: Registerauswahl Die folgende Tabelle zeigt die Auswahl des Source- oder Destination-Registers (gemäss Bit „d" im Opcode).

reg	000	001	010	011	100	101	110	111
w = 0	AL	CL	DL	BL	AH	CH	DH	BH
w = 1	AX	CX	DX	BX	SP	BP	SI	DI

---

[1] Bei Befehlen ohne Adressoperanden (oder bei impliziter Adressierung) werden die beiden Bits „d" und „w" (und auch das zweite Byte „addr-mode") nicht benötigt. Dies ergibt dann weitere Opcode-Möglichkeiten. Diese Spezialfälle können in der Opcode-Tabelle im Abschnitt 9.5 eingesehen werden.

mod (addressing mode) und r/m (Register/Memory): Bitgruppe zur Auswahl der Speicher- oder Registeradressierungsart und zur Auswahl der Register- oder Speicheradressierung.

mod = 00 01 10 → r/m = Speicheroperand (direkte oder indirekte Adressierung)

mod = 11 → r/m = Registeroperand gemäss Tabelle

r/m → Register/Speicher-Adressierungsart 000 bis 111

Die folgende Tabelle zeigt die Aufschlüsselung der 5 Bits „mod-r/m":

r/m	mod = 00	mod = 01	mod = 10	mod = 11 w = 0	mod = 11 w = 1
000	[BX+SI]	[BX+SI+disp8]	[BX+SI+disp16]	AL	AX
001	[BX+DI]	[BX+DI+disp8]	[BX+DI+disp16]	CL	CX
010	**[BP+SI]**	**[BP+SI+disp8]**	**[BP+SI+disp16]**	DL	DX
011	**[BP+DI]**	**[BP+DI+disp8]**	**[BP+DI+disp16]**	BL	BX
100	[SI]	[SI+disp8]	[SI+disp16]	AH	SP
101	[DI]	[DI+disp8]	[DI+disp16]	CH	BP
110	direkt	**[BP+disp8]**	**[BP+disp16]**	DH	SI
111	[BX]	[BX+disp8]	[BX+disp16]	BH	DI

c) **Default-Segmentregister und Segment-Override-Präfix:**

Falls bei der Operandenadressierung kein Segmentregister angegeben wird, verwendet die CPU für Datenzugriffe mit einer Ausnahme immer das DS-Segmentregister:

Falls in der Adressierung das BP-Register (in obiger Tabelle **fett**) vorkommt, wird das Stack-Segment via Segmentregister SS adressiert. Der Programmierer (oder der Compiler) kann nun diese Standardzuordnung mit Hilfe von sogenannten Segment-Override-Präfixen überschreiben (zur Schreibweise siehe Abschnitt 8.3.4). Es existieren vier Segment-Override-Präfixe CS:, DS:, ES: und SS:, die dem Opcode vorangestellt werden (siehe auch Opcode-Tabelle im Abschnitt 9.5).

9.2 Opcode-Aufbau der Move-Befehle

Es existieren vier verschiedene Arten von Move-Befehlen, die jeweils einen unterschiedlichen Opcode-Aufbau besitzen.

Allgemeiner Move-Befehl: Register ⟷ Register/Speicher

Dieses Befehlsformat erlaubt Transfers zwischen einem der acht gewöhnlichen Register (reg) und einem Operanden mit allgemeiner Adressierungsart (mod-r/m). Eine allgemein adressierter Operand kann ein Speicheroperand oder nochmals ein Register sein, aber **keine** Konstante.

Immediate-Move-Befehl: Register/Speicher ⟵ Konstante (adressiert mit CS:IP)

Das Immediate-Move-Befehlsformat wird verwendet, um einem Operanden mit allgemeiner Adressierungsart (Speicheroperand oder Register, mod-r/m) mit einer Konstanten (Immediate-Adressierung) zu laden. Für die Segmentregister gibt es *keinen* Immediate-Move-Befehl.

Move-Befehl mit Akkumulator: AX oder AL ⟷ Speicher (direkte Adressierung)

Dies ist ein optimiertes Befehlsformat zum Laden und Speichern des Akkumulators mit einem direkt adressierten Speicheroperanden. Da der Akkumulator **implizit adressiert** ist (es sind keine Bits zur Registeradressierung vorhanden) und der Speicheroperand immer direkt adressiert ist, werden nur ein Opcode-Byte sowie das Displacement (direkte Adresse) benötigt. Der Befehl ist also ein Byte kürzer als der allgemeine Move-Befehl.

Move-Befehl mit Segmentregistern: DS, ES, SS oder CS ⟷ Register/Speicher

Dieses Befehlsformat erlaubt Transfers zwischen einem Segmentregister (sreg) und einem Operanden mit allgemeiner Adressierungsart (mod-r/m), d.h. einem Speicheroperanden oder einem der acht gewöhnlichen Registern. Es kann also nur *ein* Operand ein Segmentregister sein. Zudem kann das Segmentregister CS nicht mit einem MOV-Befehl geladen werden.

9.2.1 Move-Befehl mit allgemeiner Adressierung

Dieser allgemeine Move-Befehl ist bei Register- oder Register-indirekter-Adressierung zwei Byte lang, bei direkter Adressierung (mod-r/m = 00-110) drei bis vier Byte lang (mit einem 8- oder 16-Bit-Displacement).

Der Maschinenbefehl hat folgendes Format:

Es kann immer nur einen Operanden mit allgemeiner Adressierung geben. Folgende Fälle sind z.B. möglich (Word oder Byte):

Beispiele:

MOV AX,BX	Register ← Register (16 Bit)	89D8h oder 8BC3h
MOV AL,BL	Register ← Register (8 Bit)	88D8h oder 8AC3h
MOV SI,BX	Register ← Register (16 Bit)	89DEh oder 8BF3h
MOV CL,[BX+SI]	Register ← Speicher (8 Bit)	8A08h
MOV [DI+8],DX	Speicher ← Register (16 Bit)	895508h

9.2.2 Move-Befehl mit Immediate-Adressierung

Die Konstante (8 oder 16 Bit) wird vom Codebereich (via Instruction-Pointer) gelesen, sie befindet sich unmittelbar hinter dem Opcode: `CS:IP+1` und `CS:IP+2`.

a) Register ⟵ Konstante:

MOV   reg,data   Register ← Konstante (Immediate-Operand)

Der Maschinenbefehl hat folgendes Format (zwei oder drei Byte lang):

Beispiele:

MOV DX,127	Register ← Konstante (16 Bit)	BA7F00h
MOV CL,127	Register ← Konstante (8 Bit)	B17Fh
MOV BX,4101	Register ← Konstante (16 Bit)	BB0510h

b) Speicher ⟵ Konstante

MOV mem,data   Speicher ← Konstante (Immediate-Operand)

Der Maschinenbefehl hat folgendes Format (drei bis sechs Byte lang):

1	1	0	0	0	1	1	w	mod	0	0	0	r/m	Offset / immediate-data
Opcode								Adressierungsart					displacement / source-data

Beispiele:

MOV BYTE PTR[DI],-18	Speicher ← Konst. (8 Bit)	C605EEh
MOV WORD PTR[DI],-18	Speicher ← Konst. (16 Bit)	C705EEFFh
MOV BYTE PTR[BX+SI],128	Speicher ← Konst. (8 Bit)	C60080h
MOV WORD PTR[BX+SI+20],128	Speicher ← Konst. (16 Bit)	C740148000h

9.2.3 Akkumulator-Move-Befehle mit direkter Adressierung

Da der Akkumulator sehr häufig verwendet wird, existieren für die direkte Speicheradressierung zwei spezielle Opcodes zum Laden und Speichern des Akkumulators (AL oder AX).

a) Laden des Akkumulators AX oder AL:

MOV AX,word-var	AX ← 16-Bit-Speicheroperand (direkt adressiert)
MOV AL,byte-var	AL ← 8-Bit-Speicheroperand (direkt adressiert)

Der Maschinenbefehl hat folgendes Format (drei Byte lang):

1	0	1	0	0	0	0	w	address-low	address-high
Opcode								direkte Adresse	

Hinweis zu den folgenden Beispielen: Mit DS:nnnn anstelle einer Speichervariablen können direkt absolute Adressen angegeben werden.

Beispiele:

```
MOV   AL,DS:BYTE PTR 1234h      AL ← Speicher-direkt    A03412h
MOV   AX,DS:WORD PTR 1236h      AX ← Speicher-direkt    A13612h
```

b)   Speichern des Akkumulators AX oder AL

```
MOV   word-var,AX       16-Bit-Speicheroperand (direkt adressiert) ← AX
MOV   byte-var,AL       8-Bit-Speicheroperand (direkt adressiert) ← AL
```

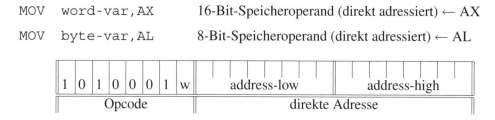

1 0 1 0 0 0 1 w	address-low	address-high
Opcode	direkte Adresse	

Beispiele:

```
MOV DS:BYTE PTR 12h,AL    Speicher-direkt ← AL    A21200h
MOV DS:WORD PTR 14h,AX    Speicher-direkt ← AX    A31400h
```

Achtung: Das Register AH kann mit diesem Befehl nicht verwendet werden (ebenso alle anderen Register – dafür existiert ja der universelle MOV-Befehl (Abschnitt 9.2.1). Aus den beiden Opcodes ist ersichtlich, dass der eine Operand (Akkumulator) nicht explizit als Adresse erscheint, daher wird diese Adressierung **implizit** genannt, d.h. diese Move-Befehle mit zwei Operanden besitzen nur eine direkte Adresse für den Speicher, die zweite Adresse ist im Opcode enthalten (Akkumulator AL oder AX).

9.2.4   Move-Befehle für Segmentregister

Mit den bisher vorgestellten Varianten des Move-Befehls konnten Segmentregister nicht bearbeitet werden. Dazu wird ein spezieller Opcode benutzt, bei dem (genau) ein Operand immer ein Segmentregister (sreg = CS, DS, ES, SS) ist.

Die Segmentregister (sreg) werden wie folgt codiert:

sreg:	ES = 00	CS = 01	SS = 10	DS = 11

a) Segmentregister laden

```
MOV    sreg,reg              Segmentregister ← Register
MOV    sreg,mem              Segmentregister ← Speicher
```

Der Maschinenbefehl hat folgendes Format (zwei bis vier Byte):

1 0 0 0 1 1 1 0	mod 0 sreg r/m	Offset
Opcode	Adressierungsart	displacement

Beispiele:

```
MOV    DS,AX                 Segmentregister ← Register      8ED8h
MOV    ES,[BX+6]             Segmentregister ← Speicher      8E4706h
```

Ausnahme: Das Codesegmentregister CS kann nicht geladen werden, d.h. Befehle vom Typ MOV CS,reg oder MOV CS,mem existieren nicht: Dazu werden spezielle Sprungbefehle (sogenannte FAR-Jumps, siehe Kapitel 13) verwendet.

b) Segmentregister speichern

```
MOV    reg,sreg              Register ← Segmentregister
MOV    mem,sreg              Speicher ← Segmentregister
```

Der Maschinenbefehl hat folgendes Format (zwei bis vier Byte):

1 0 0 0 1 1 0 0	mod 0 sreg r/m	Offset
Opcode	Adressierungsart	displacement

Beispiele:

```
MOV    BX,SS                 Register ← Segmentregister      8CD3h
MOV    DS:0100h,CS           Speicher ← Segmentregister      8C0E0001h
```

Hinweis: Es existieren keine Move-Befehle, um Daten zwischen zwei Segmentregistern zu transferieren: MOV SS,DS oder XCHG DS,ES sind also nicht möglich (siehe Kapitel 8).

9.3 Opcode-Aufbau des Exchange-Befehles

Der Exchange-Befehl vertauscht die Dateninhalte von zwei Registern oder von einem Register und einem Speicherplatz (Byte oder Word). Es existieren zwei Arten von Exchange-Befehlen.

9.3.1 Exchange-Befehl mit allgemeiner Adressierung

Es kann immer nur einen Operanden mit allgemeiner Adressierung geben. Die folgenden Fälle sind möglich.

XCHG reg,reg	Register ↔ Register:	Byte- oder Word-Exchange
XCHG reg,mem	Register ↔ Speicher:	Byte- oder Word-Exchange
XCHG mem,reg	Speicher ↔ Register:	Byte- oder Word-Exchange

Die Anordnung der Operanden XCHG reg,mem oder XCHG mem,reg spielt keine Rolle: beide Schreibweisen ergeben denselben Opcode. Der Maschinenbefehl hat folgendes Format (zwei bis vier Byte):

1	0	0	0	0	1	1	w	mod	reg	r/m	Offset
Opcode								Adressierungsart			displacement

Beispiele:

XCHG	BX,AX	Register ↔ Register	87D8h
XCHG	CH,CL	Register ↔ Register	86E9h
XCHG	[SI],BX	Speicher ↔ Register	871Ch
XCHG	AH,[BX+DI]	Register ↔ Speicher	8621h
XCHG	BX,[BX+1000h]	Register ↔ Speicher	879F0010h

9.3.2 Exchange-Befehl für Akkumulator und 16-Bit-Register

Zum Vertauschen der Dateninhalte des Akkumulators AX und eines 16-Bit-Registers existiert ein optimierter Exchange-Befehl:

XCHG   AX,reg16   AX ↔ 16-Bit-Register: nur Word-Exchange!

XCHG   reg16,AX   AX ↔ 16-Bit-Register: nur Word-Exchange!

Der Maschinenbefehl hat folgendes Format (ein Byte):

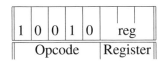

Die Adressierung von AX wird als **implizit** bezeichnet, da für AX keine Registeradresse (000) vorhanden ist. Der Zieloperand ist also implizit im Opcode 10010 enthalten.

Beispiele:

XCHG   AX,DX   Register ↔ Register   92h

XCHG   AX,SI   Register ↔ Register   96h

Anmerkung: Der Opcode des Befehls XCHG AX,AX wird auch für den Befehl NOP (No Operation) verwendet, da beide nichts bewirken.

XCHG   AX,AX   Register ↔ Register   90h

NOP   No Operation   90h

9.4 Opcode-Aufbau der IN-/OUT-Befehle

Es existieren zwei Arten von IN-/OUT-Befehlen: Üblicherweise wird die Portadresse als 16-Bit-Adresse im DX-Register angegeben. Das heisst, die maximal 64K Ports werden indirekt adressiert. Aus Gründen der Kompatibilität zum Prozessor 8080 kann auch eine 8-Bit-Adresse direkt angegeben werden (direkte Adressierung der „untersten" 256 Ports).

Alle IN-/OUT-Befehle können eine Datenwortbreite von 8 oder 16 Bit haben. Der Datenwert ist *immer* im Akkumulator (von/nach AL oder AX).

9.4.1 Indirekte Portadressierung

Die Ein- und Ausgabebefehle IN und OUT können je als Byte- oder Word-Befehle mit AL bzw. AX verwendet werden. Die 16-Bit-Portadresse muss sich immer im Register DX befinden.

Die beiden Maschinenbefehle haben folgendes Format (ein Byte):

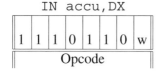 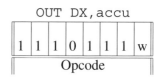

Beispiele:

IN	AL,DX	8-Bit-Eingabe von 16-Bit-Portadresse	ECh
IN	AX,DX	16-Bit-Eingabe von 16-Bit-Portadresse	EDh
OUT	DX,AL	8-Bit-Ausgabe an 16-Bit-Portadresse	EEh
OUT	DX,AX	16-Bit-Ausgabe an 16-Bit-Portadresse	EFh

9.4.2 Direkte Portadressierung

Die 8-Bit-Portadresse (port8) befindet sich direkt hinter dem Opcode:

IN	AL,port8	8-Bit-Eingabe von 8-Bit-Port (port8)
IN	AX,port8	16-Bit-Eingabe von 8-Bit-Port (port8)
OUT	port8,AL	8-Bit-Ausgabe an 8-Bit-Port (port8)
OUT	port8,AX	16-Bit-Ausgabe an 8-Bit-Port (port8)

Der Maschinenbefehl IN hat folgendes Format (zwei Byte):

1	1	1	0	0	1	0	w	portaddress
Opcode								direkte Adresse

Der Maschinenbefehl OUT hat folgendes Format (zwei Byte):

1	1	1	0	0	1	1	w	portaddress
Opcode								direkte Adresse

Beispiele:

IN	AL,75h	8-Bit-Eingabe von 8-Bit-Port 75h	E475h
IN	AX,74h	16-Bit-Eingabe von 8-Bit-Port 74h	E574h
OUT	71h,AL	8-Bit-Ausgabe an 8-Bit-Port 71h	E671h
OUT	72h,AX	16-Bit-Ausgabe an 8-Bit-Port 72h	E772h

9.5 Opcode-Tabelle der 8086/80186-Befehle

high digit ↓ / low digit →	0	1	2	3	4	5	6	7	8	9	A	B	C	D	E	F
0	ADD b,f,r/m	ADD w,f,r/m	ADD b,t,r/m	ADD w,t,r/m	ADD b,i	ADD w,i	PUSH ES	POP ES	OR b,f,r/m	OR w,f,r/m	OR b,t,r/m	OR w,t,r/m	OR b,i	OR w,i	PUSH CS	
1	ADC b,f,r/m	ADC w,f,r/m	ADC b,t,r/m	ADC w,t,r/m	ADC b,i	ADC w,i	PUSH SS	POP SS	SBB b,f,r/m	SBB w,f,r/m	SBB b,t,r/m	SBB w,t,r/m	SBB b,i	SBB w,i	PUSH DS	POP DS
2	AND b,f,r/m	AND w,f,r/m	AND b,t,r/m	AND w,t,r/m	AND b,i	AND w,i	SEG =ES	DAA	SUB b,f,r/m	SUB w,f,r/m	SUB b,t,r/m	SUB w,t,r/m	SUB b,i	SUB w,i	SEG= CS	DAS
3	XOR b,f,r/m	XOR w,f,r/m	XOR b,t,r/m	XOR w,t,r/m	XOR b,i	XOR w,i	SEG =SS	AAA	CMP b,f,r/m	CMP w,f,r/m	CMP b,t,r/m	CMP w,t,r/m	CMP b,i	CMP w,i	SEG =DS	AAS
4	INC AX	INC CX	INC DX	INC BX	INC SP	INC BP	INC SI	INC DI	DEC AX	DEC CX	DEC DX	DEC BX	DEC SP	DEC BP	DEC SI	DEC DI
5	PUSH AX	PUSH CX	PUSH DX	PUSH BX	PUSH SP	PUSH BP	PUSH SI	PUSH DI	POP AX	POP CX	POP DX	POP BX	POP SP	POP BP	POP SI	POP DI
6	PUSHA	POPA	BOUND w,f,r/m						PUSH w,i	IMUL w,i	PUSH b,i	IMUL b,i	INS b	INS w	OUTS b	OUTS w
7	JO	JNO	JC/B JNAE	JNC/B JAE	JE JZ	JNE JNZ	JBE JNA	JNBE JA	JS	JNS	JP JPE	JNP JPO	JL JNGE	JNL JGE	JLE JNG	JNLE JG
8	immed b,r/m	immed w,r/m	immed b,r/m	immed is,r/m	TEST b,r/m	TEST w,r/m	XCHG b,r/m	XCHG w,r/m	MOV b,f,r/m	MOV w,f,r/m	MOV b,t,r/m	MOV w,t,r/m	MOV sr,f,r/m	LEA m	MOV sr,t,r/m	POP r/m
9	NOP	XCHG AX,CX	XCHG AX,DX	XCHG AX,BX	XCHG AX,SP	XCHG AX,BP	XCHG AX,SI	XCHG AX,DI	CBW	CWD	CALL fr,d	WAIT	PUSHF	POPF	SAHF	LAHF
A	MOV m→AL	MOV m→AX	MOV AL→m	MOV AX→m	MOVS b	MOVS w	CMPS b	CMPS w	TEST b,ia	TEST w,ia	STOS b	STOS w	LODS b	LODS w	SCAS b	SCAS w
B	MOV i→AL	MOV i→CL	MOV i→DL	MOV i→BL	MOV i→AH	MOV i→CH	MOV i→DH	MOV i→BH	MOV i→AX	MOV i→CX	MOV i→DX	MOV i→BX	MOV i→SP	MOV i→BP	MOV i→SI	MOV i→DI
C	shift b,i	shift w,i	RET nr (i+SP)	RET nr	LES m	LDS m	MOV b,i,r/m	MOV w,i,r/m	ENTER	LEAVE	RET fr (i+SP)	RET fr	INT type 3	INT n	INTO	IRET
D	shift b	shift w	shift b,v	shift w,v	AAM	AAD		XLAT	ESC 0	ESC 1	ESC 2	ESC 3	ESC 4	ESC 5	ESC 6	ESC 7
E	LOOPNZ LOOPNE	LOOPZ LOOPE	LOOP	JCXZ	IN AL,d8	IN AX,d8	OUT d8,AL	OUT d8,AX	CALL nr,d	JMP nr,d	JMP fr,d	JMP si	IN AL,v	IN AX,v	OUT v,AL	OUT v,AX
F	LOCK		REPNE REPNZ	REP REPE/Z	HLT	CMC	grp1 b,r/m	grp1 w,r/m	CLC	STC	CLI	STI	CLD	STD	grp2 b,r/m	grp2 w,r/m

Legende: Bedeutung der Abkürzungen

b	=	Byte-Operand	i	=	immediate
w	=	Word-Operand	ia	=	immediate accu
f	=	from CPU-Register	d	=	direct addressing
t	=	to CPU-Register	id	=	indirect addressing
m	=	Memory	is	=	immediate Byte sign-extended
r/m	=	Register/Memory	v	=	variable (IO-addr. in DX or shift-count in CL)
sr	=	Segmentregister	d8	=	direkte 8-Bit-Adresse (I/O)
d	=	direct	nr	=	near (16 Bit → 64K)
si	=	short intrasegment	fr	=	far (32 Bit → 1M)

Die Tabelle auf der vorangehenden Seite zeigt die Opcodes sämtlicher Befehle. Auf der linken Seite wird das High-Nibble, am oberen Rand das Low-Nibble des Opcodes abgelesen.

Beispiel: Der Opcode `93h` wird aus der Zeile 9 und Spalte 3 als `XCHG AX,BX` herausgelesen.

In der Opcode-Tabelle sind mit Abkürzungen die Operandenbreite (b/w), die Immediate-Adressierung (i), die direkte Adressierung (d), die indirekte Adressierung (id), die Datenrichtung to/from CPU-Register (t/f) und weitere Hinweise gemäss der Legende angegeben.

9.5.1 Befehlsgruppen: Immed, Shift, Grp1 und Grp2

Die folgenden 14 Opcodes werden jeweils für eine ganze Gruppe von acht Befehlen verwendet, indem die drei Bits „reg" (D5...D3) des zweiten Bytes als Opcode-Erweiterung verwendet werden (maximal acht verschiedene Befehle). Die anderen fünf Bits werden normal zur Operandenadressierung eingesetzt:

Opcode (1. Byte)	D5 D4 D3	000	001	010	011	100	101	110	111
80 81 82 83	immed	ADD	OR	ADC	SBB	AND	SUB	XOR	CMP
C0 C1 D0 D1 D2 D3	shift	ROL	ROR	RCL	RCR	SHL/SAL	SHR	–	SAR
F6 F7	grp1	TEST	–	NOT	NEG	MUL	IMUL	DIV	IDIV
FE FF	grp2	INC	DEC	CALL nr,id	CALL fr,id	JMP nr,id	JMP fr,id	PUSH i	–

Beispiel: `DEC AL`   Opcode: `FEh + 11 001 000 b = FE C8h`

9.5.2 Opcode der 80186-Befehle

Die Opcode-Tabelle beinhaltet auch die Befehle des Prozessors 80186. Dieser besitzt gegenüber dem 8086 sieben weitere Befehle und einzelne Erweiterungen von bereits existierenden Befehlen.

Opcodes:	
6xh	PUSHA, POPA, BOUND, PUSH i, IMUL i, INS, OUTS
C0h, C1h	shift immediate
C8h, C9h	ENTER, LEAVE

9.6 Übungen

9.6.1 Bestimmung des Opcodes

Bestimmen Sie die Opcodes der folgenden Befehle (die Variablen sind an den folgenden Adressen: wert = 1234h, tab = 0178h).

a)	MOV	AL,BL	h)	MOV	CL,[BX+SI]
b)	MOV	DH,131	i)	MOV	[BX+DI],BX
c)	MOV	AH,wert	j)	MOV	AH,[BX+SI+4]
d)	MOV	DI,tab	k)	MOV	[DI+8],DX
e)	MOV	ES,DI	l)	MOV	BH,[SI+8]
f)	MOV	wert,DH	m)	MOV	[DI+8],ES
g)	MOV	wert,DS	n)	MOV	[DI+8],DX

9.6.2 Bestimmung der Assembler-Befehle

Bestimmen Sie die Assembler-Befehle der folgenden Opcodes:

a) B8 34 12

b) A1 34 12

c) 8A 48 04

d) 8B D7

e) 89 FA

f) 87 FA

g) 93

h) 00 00

10

Arithmetische Operationen

10.1 Einführung

Es gibt zwei Typen von arithmetischen Operationen. **Binäre Operationen** besitzen zwei Operanden, wie zum Beispiel die Subtraktion $A - B$. **Unäre Operationen** besitzen nur einen Operanden; wie zum Beispiel die Negation $-A$.

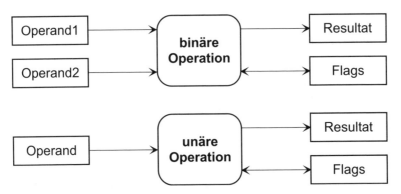

Abb. 10.1: Schematischer Ablauf der binären und der unären Operationen

Wie in der Abbildung 10.1 gezeigt, liefern Prozessoren neben dem eigentlichen Resultat einer arithmetischen Operation zusätzliche Informationen über dieses Resultat in den **Flags**. Flags sind Bits im Prozessor-Status-Wort (PSW, siehe Abschnitt 7.2.2), die eine Auswertung des Resultats erlauben. Die genaue Funktion der Flags wird im Abschnitt 10.2 behandelt.

10.1.1 Übersicht der arithmetischen Befehle

Die arithmetischen Befehle sind ein wichtiger Bestandteil des Befehlssatzes eines Prozessors. Sie dienen nicht nur der Berechnung von Ein- und Ausgangsgrössen, sondern werden z.B. auch benötigt, um die Adresse eines Array-Elements aufgrund des Indexes zu bestimmen. Solche Adressberechnung werden im Kapitel 15 ausführlich behandelt.

a) **Binäre arithmetische Operationen**

Mnemonic	Funktion
ADD	Addition zweier Operanden
ADC	Addition zweier Operanden mit Übertrag
SUB	Subtraktion zweier Operanden
SBB	Subtraktion zweier Operanden mit Borrow
MUL	Multiplikation zweier vorzeichenloser Operanden
IMUL	Multiplikation zweier vorzeichenbehafteter Operanden
DIV	Division eines vorzeichenlosen Operanden durch einen Operanden
IDIV	Division eines vorzeichenbehafteten Operanden durch einen Operanden

b) **Unäre arithmetische Operationen**

Mnemonic	Funktion
INC	Erhöhen eines Operanden um 1
DEC	Erniedrigen eines Operanden um 1
NEG	Mathematischer Vorzeichenwechsel eines Operanden
CBW	Konversion eines vorzeichenbehafteten Byte-Operanden zu einem Word-Operanden
CWD	Konversion eines vorzeichenbehafteten Word-Operanden zu einem Double-Word-Operanden

10.1.2 Datenfluss im Prozessor bei arithmetischen Befehlen

Wie schon im Kapitel 7 erwähnt, ist für die Ausführung der arithmetischen Operationen die ALU (Arithmetic and Logical Unit) zuständig.

Bei den meisten arithmetischen Befehlen gilt für den Datenfluss das in Abbildung 10.2 gezeigte Schema. Eine Ausnahme bilden die Divisions- und Multiplikationsbefehle.

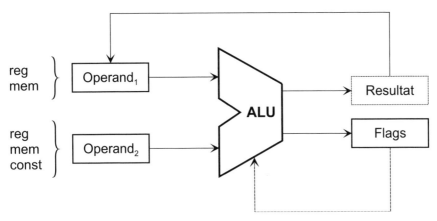

Abb. 10.2: Datenfluss bei arithmetischen Befehlen

Der erste Operand kann ein normales Register oder ein Speicheroperand sein. Der zweite Operand kann ein Register, ein Speicheroperand oder eine Konstante sein. Zusätzlich kann der im Carry-Flag gespeicherte Übertrag bei der Berechnung berücksichtigt werden.

Bei der Ausführung der arithmetischen Befehle liest die ALU die Operanden (sowie eventuell das Carry-Flag) und schreibt das Resultat in den ersten Operanden zurück. Der ursprüngliche Inhalt des ersten Operanden geht dabei verloren. Die ALU beschreibt aufgrund des Resultates auch die Flags, damit im weiteren Verlauf des Programmes das Resultat ausgewertet werden kann.

Es gelten folgende Einschränkungen:

> *Beide Operanden müssen gleich gross sein (Byte oder Word).*

> *Nur einer der beiden Operanden darf ein Speicheroperand sein.*

10.2 Die „arithmetischen" Flags des Prozessors 8086

Flags sind Bits im Prozessor-Status-Wort (PSW, siehe Abschnitt 7.2.2), die eine Auswertung des Resultats erlauben. Flags werden durch arithmetische und logische Operationen sowie durch Schiebe- und Rotationsbefehle verändert. Man sagt, das Flag wird gesetzt, wenn eine Eins gespeichert wird. Wenn eine Null gespeichert wird, so sagt man, das Flag wird gelöscht oder zurückgesetzt. Ist der im Flag gespeicherte Wert nicht definiert (Null oder Eins), so sagt man, das Flag wird beeinflusst.

Die Flags enthalten immer nur eine Aussage über das Resultat der letzten Operation, welche die Flags beeinflusst hatte. So werden die Flags beispielsweise durch die Transferbefehle *nicht* verändert. Die Werte der Flags bleiben so lange bestehen, bis sie durch eine neue Operation überschrieben werden.

Die folgende Tabelle zeigt die im Zusammenhang mit den arithmetischen Befehlen relevanten Flags des Prozessors 8086.

Flag	Bedeutung
Carry (CF)	Über- oder Unterlauf bei *vorzeichenlosen* Operanden
Overflow (OF)	Über- oder Unterlauf bei *vorzeichenbehafteten* Operanden
Sign (SF)	Vorzeichen (höchstwertigstes Bit des Resultates)
Zero (ZF)	Resultat gleich null
Parity (PF)	Parität des Resultates (*nur* für 8-Bit-Resultate)
Auxiliary Carry (ACF)	Zur Normalisierung des Resultats im Register AL (Befehl DAA) nach einer Addition oder Subtraktion von Packed-BCD-Operanden. Das ACF wird hier nicht weiter betrachtet.

10.2.1 Das Carry-Flag

Das Carry-Flag (CF) zeigt bei einer *vorzeichenlosen* Operation eine Bereichsverletzung (Über- oder Unterlauf) an (und nur für solche). Zur Erkennung von Bereichsverletzungen bei vorzeichenbehafteten Operationen muss das Overflow-Flag verwendet werden (siehe Abschnitt 10.2.2).

Bildungsregel: Bei einem n Bit breiten Resultat entspricht das Carry-Flag einen fiktiven weiteren Bit des Resultats.

Neben der Erkennung von Bereichsverletzungen bei vorzeichenlosen Operationen dient das Carry-Flag auch dazu, grosse vorzeichenlose *und* vorzeichenbehaftete Operanden „scheibenweise" zu verarbeiten. Gemäss obiger Bildungsregel enthält das Carry-Flag nach einer Addition mit (vorzeichenlosen *und* vorzeichenbehafteten) Operanden den

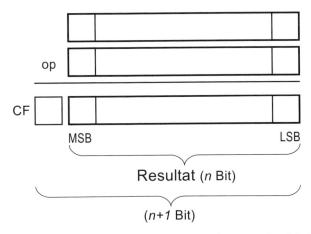

Abb. 10.3: Das Carry-Flag erweitert das Resultat um eine binäre Stelle

Übertrag. Nach einer Subtraktion steht im Carry-Flag das Borge-Bit (Borrow), das so heisst, weil bei einem Unterlauf von der höherwertigen Stelle ein Bit „ausgeliehen" wird.

Die Abbildung 10.4 zeigt, wie 48-Bit-Operanden in drei Schritten (mit je einer 16-Bit-Operation) mit Hilfe des Carry verarbeitet werden. Der bei einer Operation allenfalls entstehende Übertrag wird im Carry-Flag gespeichert und bei der nachfolgenden Operation mit verrechnet (zu- oder abgezählt). Für Beispiele zum Rechnen mit binären Zahlen siehe Kapitel 2.

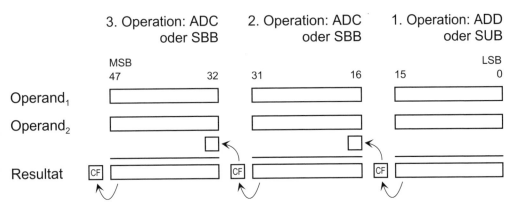

Abb. 10.4: Behandlung von 48-Bit-Operanden mit drei 16-Bit-Operationen

10.2.2 Das Overflow-Flag

Das Overflow-Flag (OF) zeigt nach einer *vorzeichenbehafteten* arithmetischen Operation einen Über- oder Unterlauf an. Dabei wird vorausgesetzt, dass die Zahlen in der Komplement-2-Darstellung vorliegen.

Bildungsregel: Das Overflow-Flag entspricht der Exklusiv-Oder-Verküpfung (XOR) des Übertrags zum höchstwertigen Bit und dem Carry-Flag (neuer Wert).

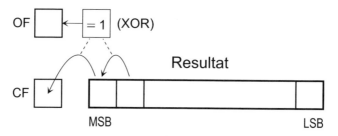

Abb. 10.5: Bildung des Overflow-Flag

Dank der Komplement-2-Darstellung ist es für die Ausführung der Additions- und Substraktionsoperationen gleichgültig, ob mit vorzeichenlosen (unsigned integer) oder mit vorzeichenbehafteten (signed integer) Operanden gerechnet wird. Der Prozessor setzt unabhängig davon immer beide Flags (Carry *und* Overflow). Es ist Aufgabe des Programmierers, das richtige Flag zur Resultatauswertung auszuwählen.

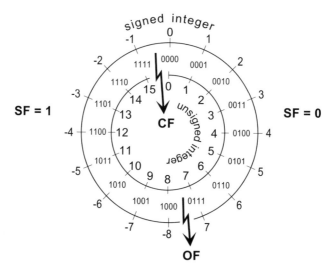

Abb. 10.6: Overflow-, Sign- und Carry-Flag im 4-Bit-Zahlenkreis

10.2.3 Das Sign-Flag

Das Sign-Flag, auch Vorzeichenbit genannt, zeigt nach einer arithmetischen Operation das Vorzeichen des Resultates an (siehe Abbildung 10.6). Die Auswertung macht nur bei vorzeichenbehafteten Operanden einen Sinn.

Bildungsregel: Das Sign-Flag entspricht nach den Regeln der Komplement-2-Darstellung dem höchstwertigen Bit (MSB) des Resultats.

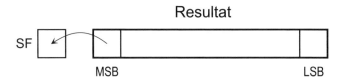

Abb. 10.7: Das Sign-Flag entspricht dem MSB des Resultats

10.2.4 Das Zero-Flag

Das Zero-Flag zeigt an, ob das Resultat einer Operation null ist. Da die Null bei Zahlen mit und ohne Vorzeichen gleich dargestellt wird, ist keine Unterscheidung nötig.

Bildungsregel: Das Zero-Flag entspricht der invertierten Oder-Verknüpfung (NOR) aller Bits des Resultats.

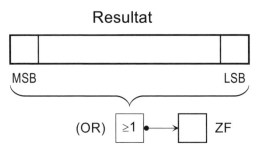

Abb. 10.8: Bildung des Zero-Flag

10.2.5 Das Parity-Flag

Das Parity-Flag zeigt eine gerade Parität des *tieferwertigen* Bytes des Resultats an. Gerade Parität heisst: Eine gerade Anzahl auf Eins gesetzter Bits bewirkt, dass das Parity-Flag gesetzt wird. Der Stellenwert der einzelnen Bits spielt keine Rolle. Dieses Flag wird kaum zur Auswertung eines Resultats einer arithmetischen Operation benutzt; vielmehr dient es zur Fehlererkennung und -korrektur (siehe Kapitel 4).

Bildungsregel: Das Parity-Flag wird gebildet durch die XOR-Verknüpfung der Bits 0...7 des Resultats mit anschliessender Inversion (XNOR-Verknüpfung).

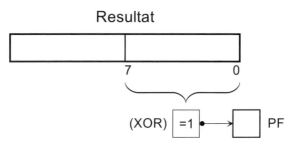

Abb. 10.9: Bildung des Parity-Flag

10.3 Die arithmetischen Befehle im Detail

10.3.1 Addition

Addiert die beiden Operanden und schreibt das Resultat in den ersten Operanden. Dabei geht dessen ursprünglicher Inhalt verloren.

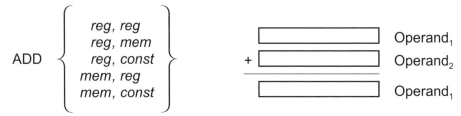

Abb. 10.10: Befehl ADD: Syntax und Funktion

Folgende Flags werden beeinflusst:

Carry	Übertrag / Überlauf bei vorzeichenlosen Operanden
Overflow	Überlauf bei vorzeichenbehafteten Operanden
Zero	gesetzt, wenn Resultat null ist
Sign	gesetzt, wenn vorzeichenbehaftetes Resultat negativ ist
Parity	gesetzt, wenn Parität gerade ist

10.3.2 Addition mit Carry

Addiert die beiden Operanden sowie den Wert des Carry-Flag (Übertrags) und schreibt das Resultat in den ersten Operanden. Dabei geht dessen ursprünglicher Inhalt verloren.

Abb. 10.11: Befehl ADC: Syntax und Funktion

172   Arithmetische Operationen

Folgende Flags werden beeinflusst:

Carry	Übertrag / Überlauf bei vorzeichenlosen Operanden
Overflow	Überlauf bei vorzeichenbehafteten Operanden
Zero	gesetzt, wenn Resultat null ist
Sign	gesetzt, wenn vorzeichenbehaftetes Resultat negativ ist
Parity	gesetzt, wenn Parität gerade ist

Hinweis: Wenn die Addition grosser vorzeichenbehafteter Operanden in mehrere Teilschritte zerlegt werden muss, wird der Übertrag mit Hilfe des Carry-Flag von den niederwertigeren zu den höherwertigen Operanden weitergegeben (siehe Abschnitt 10.2.1).

10.3.3 Erhöhen um eins (Increment)

Addiert eins zum Operanden.

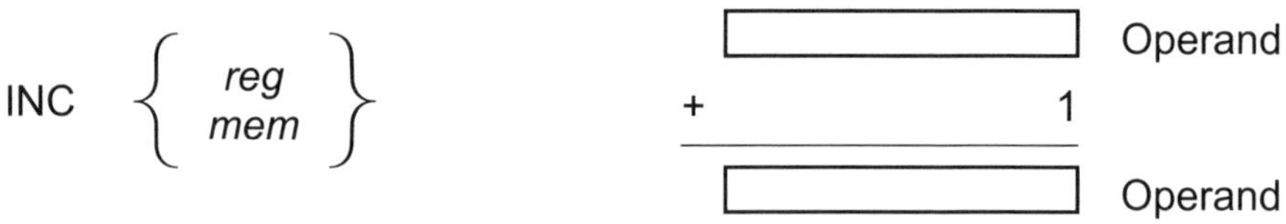

INC $\left\{ \begin{array}{c} reg \\ mem \end{array} \right\}$ Operand + 1 = Operand

Abb. 10.12: Befehl INC: Syntax und Funktion

Folgende Flags werden beeinflusst:

Overflow	Überlauf bei vorzeichenbehafteten Operanden
Zero	gesetzt, wenn Resultat null ist
Sign	gesetzt, wenn vorzeichenbehaftetes Resultat negativ ist
Parity	gesetzt, wenn Parität gerade ist

Hinweise: Das Carry-Flag wird *nicht* verändert. Ein Überlauf kann am Zero-Bit erkannt werden, da das Resultat bei Überlauf null sein muss – der (implizite) Operand ist genau eins.

Mit dem INC-Befehl kann zum Beispiel die Kontrollvariable einer Schleife erhöht werden, *ohne* das Carry-Flag zu verändern.

10.3.4 Subtraktion

Subtrahiert den zweiten Operanden vom ersten Operanden und schreibt das Resultat in den ersten Operanden. Dabei geht dessen ursprünglicher Inhalt verloren.

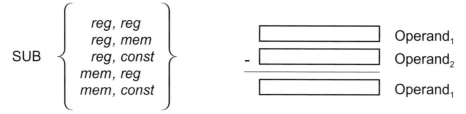

Abb. 10.13: Befehl SUB: Syntax und Funktion

Folgende Flags werden beeinflusst:

Carry	Übertrag / Unterlauf bei vorzeichenlosen Operanden
Overflow	Unterlauf bei vorzeichenbehafteten Operanden
Zero	gesetzt, wenn Resultat null ist
Sign	gesetzt, wenn vorzeichenbehaftetes Resultat negativ ist
Parity	gesetzt, wenn Parität gerade ist

10.3.5 Subtraktion mit Borrow

Subtrahiert den zweiten Operanden vom ersten Operanden sowie den Wert des Carry-Flags (Borrow[1]) und schreibt das Resultat in den ersten Operanden. Dabei geht dessen ursprünglicher Inhalt verloren.

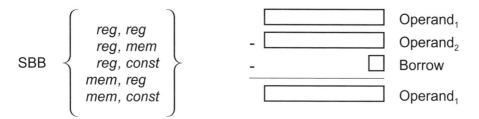

Abb. 10.14: Befehl SBB: Syntax und Funktion

---

[1] Bei der Subtraktion speichert das Carry-Flag ein allfälliges „geborgtes" Bit. Dieses wird als Borrow bezeichnet.

Folgende Flags werden beeinflusst:

Carry	Übertrag / Unterlauf bei vorzeichenlosen Operanden
Overflow	Unterlauf bei vorzeichenbehafteten Operanden
Zero	gesetzt, wenn Resultat null ist
Sign	gesetzt, wenn vorzeichenbehaftetes Resultat negativ ist
Parity	gesetzt, wenn Parität gerade ist

Hinweise: Wenn die Subtraktion grosser vorzeichenbehafteter Operanden in mehrere Teilschritte zerlegt werden muss, wird der Übertrag mit Hilfe des Carry-Flags von den niederwertigeren zu den höherwertigen Operanden weitergegeben (siehe Abschnitt 10.2.1).

10.3.6 Verminderung um eins (Decrement)

Subtrahiert eins vom Operanden.

Abb. 10.15: Befehl DEC: Syntax und Funktion

Folgende Flags werden beeinflusst:

Overflow	Überlauf bei vorzeichenbehafteten Operanden
Zero	gesetzt, wenn Resultat null ist
Sign	gesetzt, wenn vorzeichenbehaftetes Resultat negativ ist
Parity	gesetzt, wenn Parität gerade ist

Hinweise: Das Carry-Flag wird *nicht* verändert. Ein Überlauf ist nur am Resultat FFh erkennbar.

Mit dem DEC-Befehl kann zum Beispiel die Kontrollvariable einer Schleife erniedrigt werden, *ohne* das Carry-Flag zu verändern.

10.3.7 Negieren einer vorzeichenbehafteten Zahl

Beim Negieren (Komplement-2-Bildung) einer vorzeichenbehafteten Zahl wird aus einer positiven eine negative bzw. aus einer negativen eine positive Zahl.

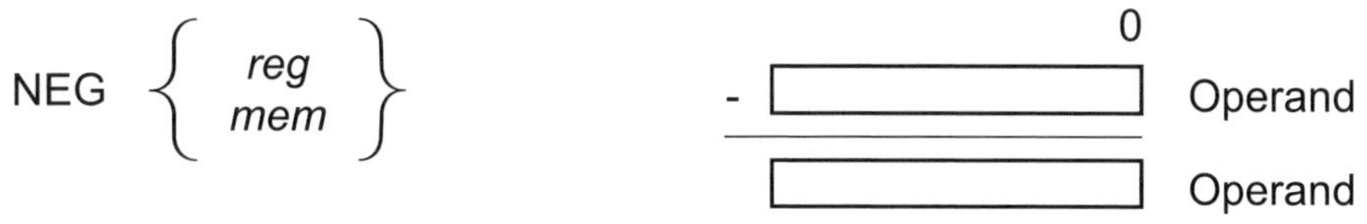

Abb. 10.16: Befehl NEG: Syntax und Funktion

Folgende Flags werden beeinflusst:

Carry	gesetzt, wenn der Operand nicht null war (Abfrage ist aber nicht sinnvoll)
Overflow	gesetzt, wenn es keine positive Darstellung der Zahl gibt (grösste negative Zahl)
Zero	gesetzt, wenn Resultat null ist
Sign	gesetzt, wenn vorzeichenbehaftetes Resultat negativ ist
Parity	gesetzt, wenn Parität gerade ist

10.3.8 Multiplikation

Bei der Multiplikation gibt es unterschiedliche Befehle für vorzeichenlose Operanden (MUL) und vorzeichenbehaftete (IMUL).

$$\text{MUL} \left\{ \begin{array}{c} reg \\ mem \end{array} \right\}$$

$$\text{IMUL} \left\{ \begin{array}{c} reg \\ mem \end{array} \right\}$$

Abb. 10.17: Syntax der Befehle MUL und IMUL

Der explizite Operand legt die Grösse (Byte oder Word) fest. Der andere Operand (implizit) ist entsprechend das Register AL oder AX. Das Resultat ist immer doppelt so gross wie die Operanden und wird in den Akkumulator (Register AX) oder den **Extended-Akkumulator** (Register DX/AX) geschrieben.

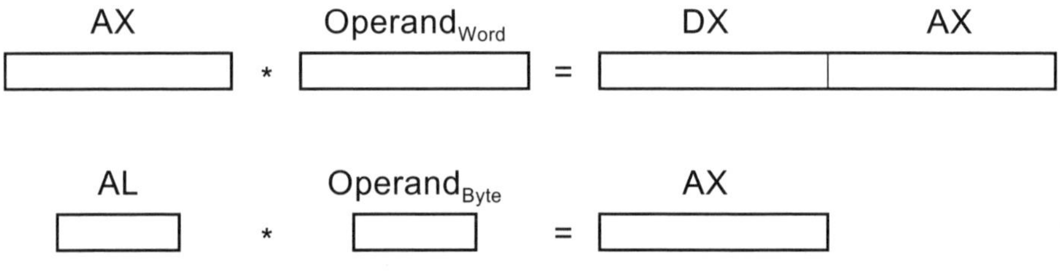

Abb. 10.18: Funktion der Befehle MUL und IMUL

Folgende Flags werden beeinflusst:

Carry gesetzt, wenn zur Darstellung des Resultats die höherwertige Hälfte des (Extended-)Akkumulators benötigt wird.
Zero   verändert (undefiniert)
Sign   verändert (undefiniert)
Parity verändert (undefiniert)

Hinweis: Beim Prozessor 8086 kann nicht mit Konstanten (Immediate-Adressierung) multipliziert werden.

10.3.9 Division

Bei der Division gibt es unterschiedliche Befehle für vorzeichenlose Operanden (DIV) und vorzeichenbehaftete (IDIV).

$$\text{DIV} \quad \left\{ \begin{array}{c} \text{reg} \\ \text{mem} \end{array} \right\}$$

$$\text{IDIV} \quad \left\{ \begin{array}{c} \text{reg} \\ \text{mem} \end{array} \right\}$$

Abb. 10.19: Syntax der Befehle DIV und IDIV

Der explizite Operand legt die Grösse (Byte oder Word) fest. Der erste (implizite) Operand ist entsprechend der Akkumulator (Register AX) oder der Extended-Akkumulator (Register DX/AX). Bei der Division wird dieser durch den angegebenen Operanden geteilt. Das Resultat der ganzzahligen Division wird in die tieferwertige Hälfte des ersten Operanden geschrieben (Register AL oder AX). Der Divisionsrest wird in der höherwertigen Hälfte des ersten Operanden gespeichert (Register AH oder DX).

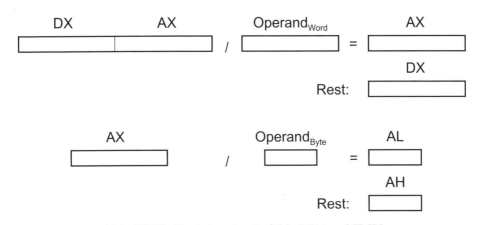

Abb. 10.20: Funktion der Befehle DIV und IDIV

Folgende Flags werden beeinflusst: Alle Flags werden (undefiniert) verändert.

Hinweis: Sollte das Resultat der Division im Register AL resp. AX keinen Platz finden (z.B. 7ED8H / 02H = 3F6CH), wird ein Interrupt ausgelöst (Division Error). Wird dieser nicht behandelt, so ist mit einem Abbruch oder Absturz des Programms zu rechnen (je nach Umgebung). Interrupts werden in [8] beschrieben.

10.3.10 Konvertierung der Operandengrösse

Die Befehle CBW (Convert Byte to Word) und CWD (Convert Word to Doubleword) wandeln eine *vorzeichenbehaftete* Zahl in eine doppelt so grosse.

CBW (Convert Byte to Word) wandelt einen Byte-Wert im Register AL in ein Word im Register AX; CWD (Convert Word to Doubleword) wandelt einen Word-Wert im Register AX in ein Double-Word im Extended-Akkumulator (Register DX/AX).

Der darstellbare Zahlenbereich soll vergrössert werden, ohne die Zahl in ihrem mathematischen Wert zu verändern. Dazu wird die höherwertige Hälfte des Resultats mit dem Vorzeichen der Eingangsgrösse (MSB) aufgefüllt; dieses Verfahren wird darum als die **Sign Extension** (wörtlich Vorzeichenerweiterung) bezeichnet.

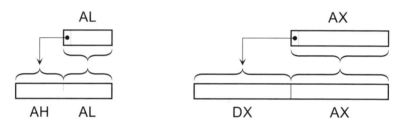

Abb. 10.21: Funktion der Befehle CBW und CWD

10.4 Übungen

10.4.1 Codierung einfacher Operationen

Realisieren Sie die folgenden Anweisungen in Assembler. Op1, Op2 und Result sind jeweils 4 Byte grosse vorzeichenbehaftete Variablen und Op3 eine 1 Byte grosse vorzeichenbehaftete Variable.

- a) AX := BX + SI
- b) AX := DH + DL
- c) CL := CL + 1
- d) Result := Op1 + Op2
- e) DL := AL - BL
- f) AX := BX - CH
- g) CX := CX - 1
- h) Result := Op1 - Op2
- i) Op3 := -Op3
- j) SI := 5 * BH
- k) DX := AL * Op3
- l) DI := DX / 4
- m) CX := Opx / AL
- n) Result := Opx

10.4.2 Wirkung von Befehlen

Geben Sie (wo möglich und sinnvoll) an, wie die folgenden Register und Flags durch die Befehle verändert werden:

Befehle	AH	AL	BH	BL	CF	OF	ZF	SF
MOV BL,00000101b / ADD BL,00000011b								
MOV BL,00000001b / ADD BL,10000000b								
MOV BL,00000001b / SUB BL,00000010b								
MOV BL,00000001b / SUB BL,10000010b								
MOV BL,00000001b / NEG BL								
MOV BL,01010001b / NEG BL								
MOV BL,00000001b / DEC BL								
DEC BL								
MOV BL,11111111b / INC BL								
MOV BX,00FFH / INC BX								
MOV AH,00000101b / MOV AL,00000101b / CBW								
MOV AH,00000000b / MOV AL,10000000b / CBW								
MOV BL,00010000b / MOV AL,00100110b / MUL BL								

10.4.3 Addition langer Operanden

Es sollen zwei *n*-Byte grosse vorzeichenbehaftete Operanden (Op1 und Op2) addiert werden und in Resultat gespeichert werden.

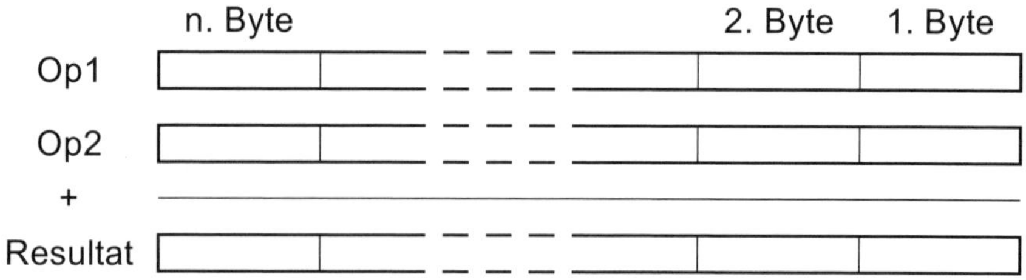

Abb. 10.22: Gesuchte Funktion: Resultat := Op1 + Op2

Die drei Operanden stehen im Datensegment[2]. Die Offset-Adresse von Op1 stehe im Register AX, die von Op2 im Register BX, die von Resultat im Register DI und die Anzahl *n* im Register CX.

Wie hier üblich, ist das tiefstwertige Byte (1. Byte) an der tiefsten Adresse (Little Endian).

Hinweis: Für diese Aufgabe wird ein bedingter Sprungbefehl (Gegenstand vom Kapitel 13) benötigt: Der Befehl LOOP label dekrementiert *zuerst* das Register CX; falls *dann* das Register CX $\neq 0$ ist, erfolgt ein Sprung zur Adresse label. Falls das Register CX = 0 ist, wird das Programm nach dem LOOP-Befehl fortgesetzt. Die Flags werden vom Befehl LOOP *nicht* verändert.

Damit lässt sich eine einfache Schleife (hier für 6 Durchläufe) bilden.

```
            MOV CX, 6
Anfang:
            Hier stehen die Befehle, die wiederholt werden sollen

            LOOP Anfang
```

---

[2]Datensegment meint hier: In dem Speicherbereich, der durch das Segmentregister DS adressiert ist.

11

Logische Befehle und Shift-/Rotate-Befehle

11.1 Das Prinzip der logischen Operationen

Logische Operationen sind AND (und), OR (oder), XOR (exklusiv-oder) und NOT (nicht). In der Abbildung 11.1 sind die Wahrheitstabellen für die vier Operationen dargestellt.

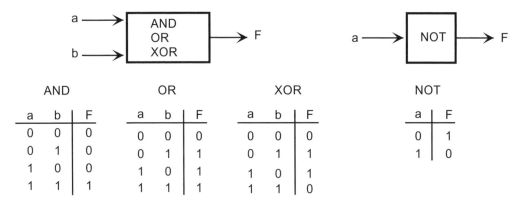

Abb. 11.1: Wahrheitstabellen der logischen Operationen

182   Logische Befehle und Shift-/Rotate-Befehle

Die gleichnamigen logischen Befehle AND, OR, XOR und NOT wirken immer auf ein Byte oder ein Wort. Wie in Abbildung 11.2 gezeigt, werden dabei 8 Bit oder 16 Bit *parallel* logisch verknüpft.

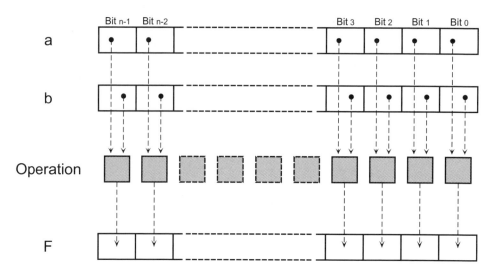

Abb. 11.2: Prinzip einer logischen Operation mit zwei n-Bit-Operanden

Aus den in Abbildung 11.1 dargestellten Wahrheitstabellen geht hervor, dass sich mit Hilfe einer logischen Operation und einer entsprechenden Konstanten (Maske) beliebige Bits eines Bitmusters löschen, setzen oder invertieren lassen.

Operation	Eingang (a)	Konstante (b)	Ausgang (F)	Zweck / Funktion
AND	x	0	0	Bit löschen
	x	1	x	
OR	x	0	x	Bit setzen
	x	1	1	
XOR	x	0	x	Bit invertieren
	x	1	NOT x	

11.2 Logische Befehle

Es stehen die Befehle AND, OR, XOR und NOT zur Verfügung. Im folgenden werden diese Befehle mit den möglichen Operanden genauer erklärt.

11.2.1 Die logischen Befehle AND, OR und XOR

Die logischen Operationen werden in der ALU (Arithmetic and Logical Unit) durchgeführt. Die logischen Befehle AND, OR und XOR benötigen zwei Operanden. Es gelten die gleichen Prinzipien wie bei den arithmetischen Befehlen: Beide Operanden müssen dieselbe Grösse haben (Byte oder Word), und im ersten Operanden wird auch das Resultat gespeichert.

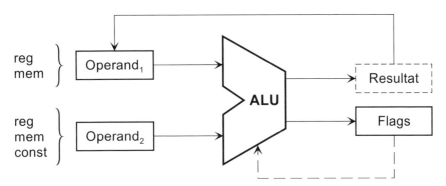

Abb. 11.3: Datenfluss bei logischen Befehlen

Die Befehle AND, OR und XOR verknüpfen den linken Operanden (Operand$_1$) mit dem rechten Operanden (Operand$_2$).

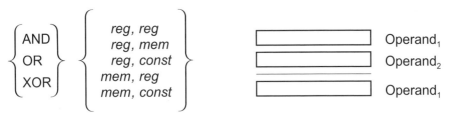

Abb. 11.4: Prinzip der logischen Befehle AND, OR und XOR

Beeinflussung der Flags: CF und OF werden immer zurückgesetzt (0).
ZF und SF werden gemäss Resultat gesetzt.

11.2.2 Der logische Befehle NOT

Der Befehl NOT benötigt nur einen Operanden. Dieser wird Bit-weise invertiert.

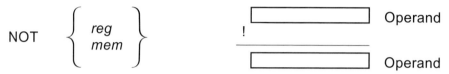

Abb. 11.5: Prinzip des logischen Befehls NOT

Beeinflussung der Flags: Es werden keine Flags verändert.

Beispiele:

```
AND    AH,00001111b
OR     BX,000Fh
OR     BYTE PTR [SI],10001000b
XOR    AX,BX
NOT    CX
AND    variable_a,AL
```

11.3 Shift- und Rotate-Befehle

11.3.1 Das Prinzip der Shift- und Rotate-Befehle

Rotations- und Shift-Befehle werden für Bit-Manipulationen verwendet.

Wie in der Abbildung 11.6 gezeigt, wird dabei ein Bitmuster um eine bestimmte Anzahl Bits nach links oder rechts bewegt. Bei Rotate-Befehlen ist der Kreislauf geschlossen, d.h. was auf der einen Seite herausgestossen wird, kommt auf der anderen Seite wieder herein. Bei Shift-Befehlen wird null nachgeschoben, was herausfällt, ist verloren.

Rotate- und Shift-Befehle wirken auf ein Register oder eine Speicherstelle. Falls eine Binärstelle rotiert oder geschoben werden soll, so kann dies direkt im Befehl angegeben werden. Soll der Wert um mehr als eine Binärstelle rotiert oder geschoben werden, so muss die Anzahl der Binärstellen im Register CL stehen, und es wird im Befehl das CL-Register angegeben.

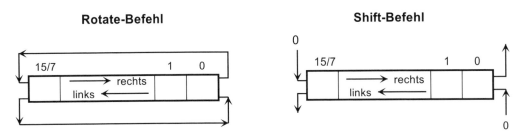

Abb. 11.6: Prinzip der Shift- und Rotate-Befehle

11.3.2 Rotate-Befehle

Es gibt zwei Arten von Rotate-Befehlen. Rotate ohne Carry-Flag rotieren *nur* den Operanden; Rotate-Befehle durch das Carry-Flag vergrössern den Operanden um ein Bit (eben das Carry-Flag).

a) Rotate durch Carry-Flag

RCL $\left\{ \begin{array}{c} reg \\ mem \end{array} \right\}, \left\{ \begin{array}{c} 1 \\ CL \end{array} \right\}$

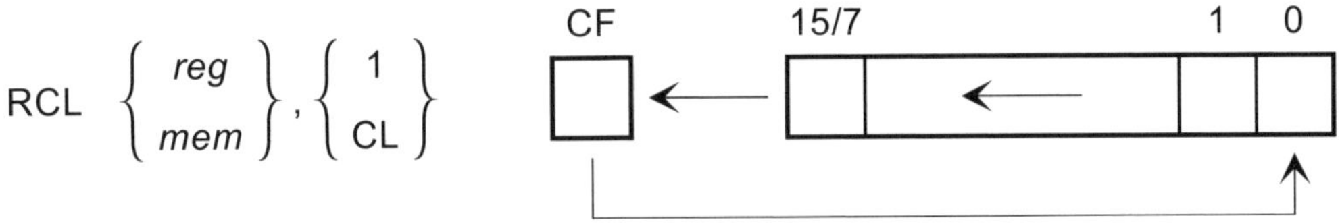

Abb. 11.7: Rotate durch Carry-Flag nach links

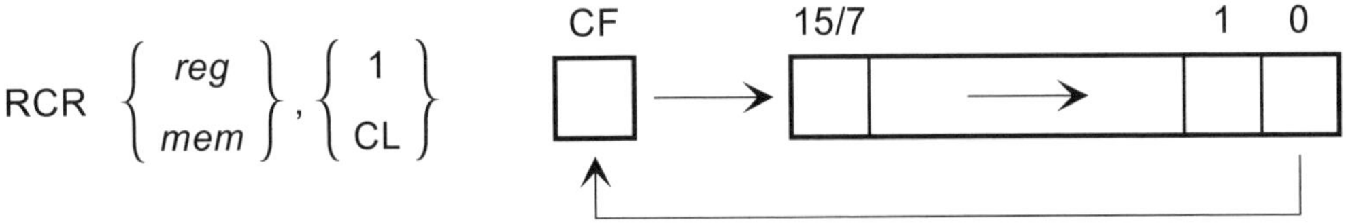

RCR $\left\{ \begin{array}{c} reg \\ mem \end{array} \right\}, \left\{ \begin{array}{c} 1 \\ CL \end{array} \right\}$

Abb. 11.8: Rotate durch Carry-Flag nach rechts

Beeinflusste Flags: CF, (OF)

Bei Einzelbit-Rotationen ist das Overflow-Flag gesetzt, falls das MSB durch die Rotation verändert wurde. Wird das MSB nicht verändert, so ist das Overflow-Flag null. Nach Mehrbit-Rotationen ist der Zustand des Overflow-Flag undefiniert.

b) Rotate ohne Carry-Flag

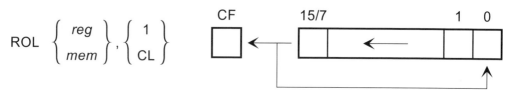

Abb. 11.9: Rotate ohne Carry-Flag nach links

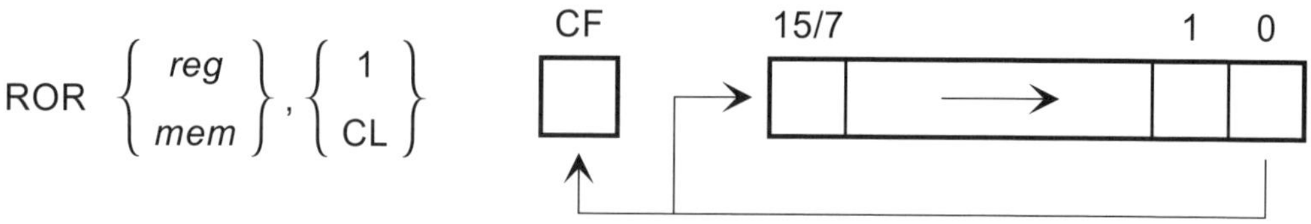

Abb. 11.10: Rotate ohne Carry-Flag nach rechts

Beeinflusste Flags: CF, (OF)

Bei Einzelbit-Rotationen ist das Overflow-Flag gesetzt, falls das MSB durch die Rotation verändert wurde. Wird das MSB nicht verändert, so ist das Overflow-Flag null. Nach Mehrbit-Rotationen ist der Zustand des Overflow-Flag undefiniert.

Beispiele:

```
RCL AX,1
ROR XY,CL
RCR BYTE PTR [SI],1
```

11.3.3 Befehle zur Veränderung des Carry-Flag

In Zusammenhang mit den Rotationsbefehlen werden drei Hilfsbefehle für das Verändern des Carry-Flag verwendet. Das Carry-Flag kann mit den folgenden Befehlen gelöscht, gesetzt und invertiert werden:

CLC	Clear Carry Flag	Zurücksetzen des Carry-Flag (CF = 0)
STC	Set Carry Flag	Setzen des Carry-Flag (CF = 1)
CMC	Complement Carry Flag	Invertieren des Carry-Flag (CF = NOT CF)

11.3.4 Shift-Befehle

Shift-Befehle können zum Multiplizieren und Dividieren eines Operanden mit einer Zweierpotenz (Faktoren 2, 4, 8, ...) verwendet werden. Man unterscheidet logische und arithmetische Shift-Befehle. Für das Multiplizieren und Dividieren von vorzeichenbehafteten Operanden müssen die *arithmetischen* Shift-Befehle eingesetzt werden. Für vorzeichenlose Operanden müssen logische Shift-Befehle benutzt werden.

a) Shift Left (SHL) und Shift Arithmetic Left (SAL)

Die Befehle Shift Left (SHL) und Shift Arithmetic Left (SAL) sind funktional identisch. Sie multiplizieren einen Wert mit zwei oder mit 2^{CL}.

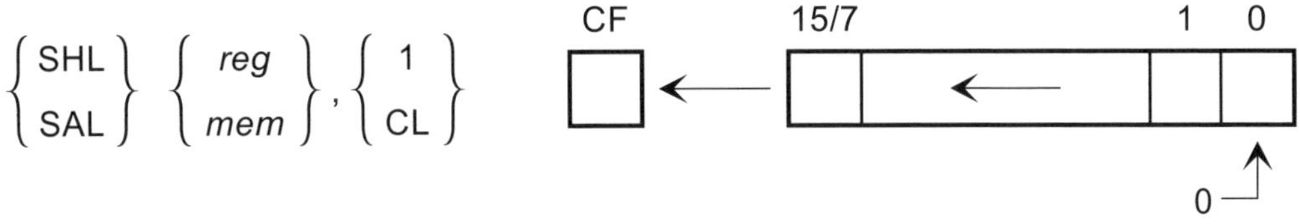

$$\begin{Bmatrix} SHL \\ SAL \end{Bmatrix} \begin{Bmatrix} reg \\ mem \end{Bmatrix}, \begin{Bmatrix} 1 \\ CL \end{Bmatrix}$$

Abb. 11.11: Schieben nach links

Beeinflusste Flags: CF, ZF, SF, OF

Bei Einzelbit-Shifts zeigt ein gesetztes Carry-Flag einen Overflow eines vorzeichenlosen Operanden an. Bei vorzeichenbehafteten Operanden bleibt das Vorzeichen im Normalfall erhalten. Falls Operationen das Vorzeichen ändert, bedeutet dies Overflow, und das Overflow-Flag ist gesetzt.

Beispiele:

```
SHL AH,1
MOV CL,4
SAR XY,CL
SAR BYTE PTR [DI],1
```

b) Shift Right

Der Befehl Shift Right (SHR) dividiert einen vorzeichenlosen Wert durch zwei oder durch 2^{CL}.

$$\text{SHR} \left\{ \begin{array}{c} reg \\ mem \end{array} \right\}, \left\{ \begin{array}{c} 1 \\ CL \end{array} \right\}$$

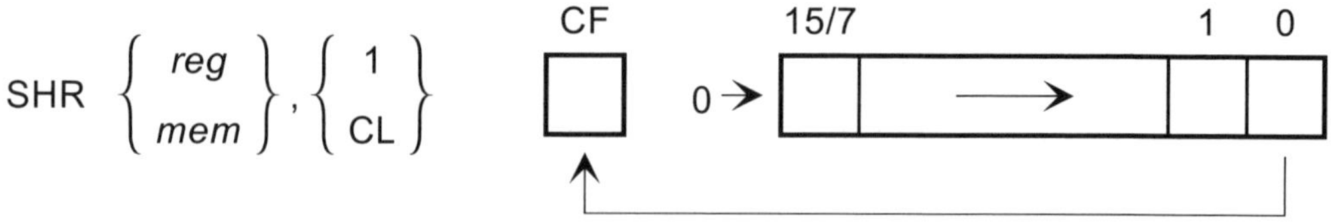

Abb. 11.12: Schieben nach rechts

Beeinflusste Flags: CF, ZF, SF, (OF)

Bei Einzelbit-Shifts beinhaltet das Carry-Flag den Divisionsrest.

c) Shift Arithmetic Right

Der Befehl Shift Arithmetic Right (SAR) dividiert einen Wert durch zwei oder durch 2^{CL}. Das Vorzeichen bleibt erhalten. Bei negativen Werten ist allerdings zu beachten, dass anders gerundet wird als bei der Instruktion IDIV, so dass z.B. das Resultat -3 (1111'1101b) entsteht, falls der Wert -5 (1111'1011b) um ein Bit arithmetisch nach rechts geschoben wird.

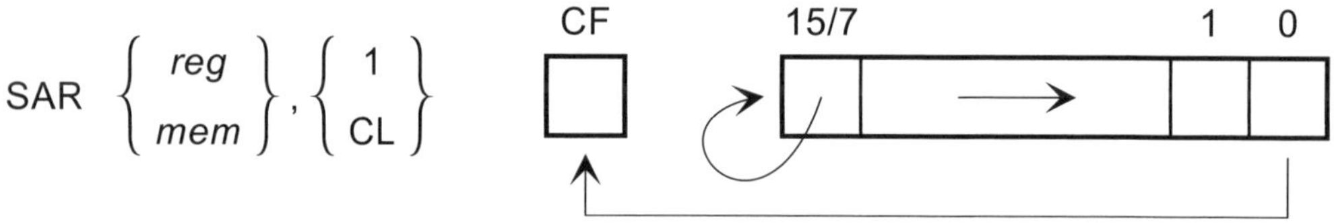

$$\text{SAR} \left\{ \begin{array}{c} reg \\ mem \end{array} \right\}, \left\{ \begin{array}{c} 1 \\ CL \end{array} \right\}$$

Abb. 11.13: Arithmetisches Schieben nach rechts

Beeinflusste Flags:

CF, ZF, SF, (OF)

Bei Einzelbit-Shifts beinhaltet das Carry-Flag den Divisionsrest.

11.4 Übungen

a) Löschen Sie das Bit 5 des Registers AL.

b) Setzen Sie das Bit 1 des Registers BX.

c) Invertieren Sie den Wert des Registers SI.

d) Verändern Sie das Register AL so, dass die Bits 0...3 unverändert, die Bits 4...7 null sind.

e) Verändern Sie das Register CL so, dass die Bits 0...3 eins, die Bits 4...7 unverändert sind.

f) Geben Sie den Zustand der Flags und den Wert des Registers AL nach dem Befehl AND AL, 0Fh an, wenn vor der Befehlsausführung das Register AL den Wert 30h enthalten hat und der Zustand der Flags wie folgt war:

CF= 0, ZF= 1, OF= 0, SF= 1

g) Geben Sie den Zustand der Flags und den Wert des Registers BL nach dem Befehl OR BL, 0F0h an, wenn vor der Befehlsausführung das Register BL den Wert 47h enthalten hat und der Zustand der Flags wie folgt war:

CF= 1, ZF= 1, OF= 1, SF= 0

h) Geben Sie die Befehlsfolge an, die notwendig ist, um im Register CL das Bit 3 zu löschen, das Bit 5 zu setzen und das Bit 7 zu invertieren.

i) Lösen Sie die vorhergehende Aufgabe mit maximal zwei Befehlen

j) Rotieren Sie AX 1 Bit nach links

k) Rotieren Sie Bit 1 von BX in das CF

l) Schieben Sie BX 3 Bit nach links

m) Multiplizieren Sie AL mit 2

n) Multiplizieren Sie AL mit 10

12

Assembler-Sprache 8086

Im diesem Kapitel werden die wichtigsten Elemente der Assembler-Sprache erläutert. Der erste Abschnitt erläutert die grundsätzlichen Konzepte der Assembler-Sprache. Anschliessend folgt die Einführung in die Assembler-Sprache „80x86". Für den Anfänger ist die Assembler-Programmierung mit den vielen Pseudobefehlen und Direktiven zunächst eher undurchsichtig. Wir werden uns in dieser Einführung auf relativ wenige beschränken, wobei in späteren Kapiteln bei Bedarf weitere wichtige Direktiven besprochen werden.

12.1 Einführung

12.1.1 Der Begriff „Assembler"

Der Begriff **Assembler** hat zwei unterschiedliche Bedeutungen:

a) Eine **maschinennahe symbolische Programmiersprache**, in welcher die Maschinenbefehle durch leicht merkbare Abkürzungen (als **Mnemonics** bezeichnet) geschrieben werden. Jede Computerfamilie hat ihre eigene spezielle Assembler-Sprache, da sie sich an der Architektur des Rechners (Register, Flags, Adressierungsarten, Maschinencode, ...) orientiert.

b) Ein **Übersetzungsprogramm**, das ein Assembler-Quellenprogramm (Source-Code) in den Maschinencode (Object-Code) übersetzt. Dieses Übersetzungsprogramm ist normalerweise für Rechner des gleichen Typs geschrieben (**nativ**), kann aber auch für einen anderen „Host"-Rechner geschrieben sein (**Cross-Assembler**).

12.1.2 Der Einsatz von Assembler

Der Assembler ist ein unentbehrliches Hilfsmittel, um auf „maschinennaher" Ebene programmieren zu können. Heute geht aber der Anteil der Assembler-Programmierung aus verschiedenen Gründen immer mehr zurück:

- Keine **Portabilität:** Die Quellenprogramme können nicht auf einen anderen Rechnertyp übernommen werden.

- Die **Programmierung ist sehr ineffizient**, da sich der Programmierer in seiner Denkweise der Maschine anpassen muss: Die Sprache ist maschinen- statt problemorientiert.

- Die **Programmiersprache C** als Alternative zur Assembler-Sprache lässt sehr viele maschinennahe Möglichkeiten zu und ist zudem weniger prozessorabhängig. Bei speziellen Programmteilen, wie zeitkritischen Interruptroutinen oder Memory-Management-Funktionen von Betriebssystemen, ist man aber auf die spezifische Assembler-Sprache angewiesen.

12.1.3 Funktionen des Assembler

Das Assembler-Übersetzungsprogramm erfüllt im wesentlichen folgende Aufgaben:

a) Übersetzung symbolischer Befehle in Maschinencode. Zum Beispiel wird der Befehl IN AX,DX in Opcode 0EDh übersetzt (siehe Kapitel 9).

b) Ersetzen frei wählbarer Namen (Identifier, Label) durch entsprechende Werte (Konstanten, Speicheradressen). Der Assembler führt dazu intern eine **Symboltabelle**.

c) Auswerten von arithmetischen und logischen Ausdrücken zu konstanten Werten und Adressen, d.h. der Assembler „rechnet".

d) Übersetzen von Daten (ASCII-Zeichen als Text, dezimale, hexadezimale oder binäre Zahlen) in die interne Darstellung: Zahlenwandlungen $\Rightarrow$ Prozessor-intern existieren nur binäre Werte.

e) Auflösen von Makros in Maschinenbefehle. Diese sind eine Art Abkürzungen für ganze Assembler-Befehlsfolgen. Für Makros sei auf [8] verwiesen.

f) Erstellen eines **Programm-Listings** (File-Erweiterung .LST), das neben dem Source-Code noch weitere wichtige Informationen enthält, wie Zeilennummern, Adressen, Object-Code, Fehlermeldungen, **Symboltabellen** und **Querverweislisten** (**Cross-Reference**, Liste aller Symbole mit den Zeilennummern, wo diese defininiert und referenziert werden).

g) Erstellen eines **Object-Files** (File-Erweiterung .OBJ), das den übersetzten Maschinencode und weitere Hilfsinformationen enthält.

Der Assembler führt zur Übersetzungszeit pro Segment einen Adresszähler (als **Location Counter** bezeichnet), der bei jedem Befehl entsprechend der Befehlslänge laufend erhöht wird. Dieser Zähler gibt den Ort an, wo später der entsprechende Befehl oder Datenwert im Speicher (bezogen auf den Segmentanfang) angeordnet ist. Er wird benötigt, um die Symboltabelle zu erstellen und Adressreferenzen zu erzeugen.

Zur Programmübersetzung muss der Assembler das Quellenprogramm zeilenweise lesen und zeichenweise analysieren: Welches sind Befehle? Sind neue Namen im Labelfeld zum erstenmal vorhanden (→ Eintrag in interne Symboltabelle) oder bereits weiter oben einmal definiert (→ Fehlermeldung)? Passen die Operanden zum Befehl? Existiert der im Befehl verwendete Name?

Der **Assembly-Vorgang** geschieht normalerweise in **zwei Durchläufen** (Passes), d.h. das Quellenprogramm wird zweimal gelesen:

Pass 1: Syntax-Prüfung, Befehlserkennung mit Opcode-Längenbestimmung, Nachführen des Location-Counter und Erstellen der Symboltabellen.

Pass 2: Übersetzung der symbolischen Befehle in Maschinencode mit Segment-relativen Adressen, Erzeugen von List- und Object-Files (und allfälligen Cross-References).

12.2 Syntax und Format der Assembler-Source

Alle im folgenden verwendeten Assembler-Schreibweisen und Beispiele sind im Programm ASMDEMO (siehe 12.6) aufgeführt: Beim Studium der nachfolgenden Syntax-Beschreibungen soll daher parallel immer das Listing ASMDEMO im Anhang betrachtet werden, speziell auch die Auswirkungen von Datendefinitionen auf das „Opcode-Feld" und die „beabsichtigten" Fehlermeldungen!

Assembler-Source-Programme werden nach den im folgenden erläuterten **Syntaxregeln** geschrieben.

12.2.1 Struktur eines Assembler-Programmes

Der Quellencode eines Assembler-Programmes besitzt den folgenden Aufbau:

```
NAME    modulname           ; zur Identifikation

[ Segmente mit Assembler-Befehlen ]

END    [ startlabel ]      ; Startlabel (nur Hauptprogramm)
```

Folgende Regeln sind zu beachen:

- Die NAME-Anweisung gibt dem Programm einen internen Namen, der z.B. durch den Linker wiedererkannt wird (kann gleich wie der Filename sein und wird intern im Object-File abgelegt).
- Pro Zeile darf nur ein Assembler-Befehl oder -Pseudobefehl stehen.
- Alle Assembler-Befehle und die meisten Pseudobefehle müssen innerhalb von Segmentanweisungen SEGMENT ... ENDS stehen. Ausnahmen sind Kommentarzeilen und EQU-Anweisungen (siehe Abschnitt 12.3.1).
- Der Source-Code muss mit einem END-Statement abgeschlossen werden. Die nachfolgenden Zeilen werden vom Assembler nicht mehr beachtet. In einem Hauptprogramm wird hinter dem END-Statement die **Startadresse** angegeben: Nach dem Laden des Programmes in den Speicher wird der Instruction-Pointer durch den Lader des Betriebssystemes auf diesen Wert gesetzt.

12.2.2 Schreibweise von Namen und Zahlen

a) Namen (Identifier)

Namen (Identifier) werden für Labels (Sprungmarken), Prozedurnamen, Daten (Speicherkonstanten und Variablen), Segmentbezeichner und symbolische Konstanten (EQU-Anweisung siehe Abschnitt 12.3.1) verwendet. Zur Schreibweise gelten folgende Regeln:

- Namen bestehen aus einer Anzahl Buchstaben und Ziffern, wobei das erste Zeichen ein Buchstabe sein muss. Die Gross-/Kleinschreibung wird nicht unterschieden (d.h. Labels sind nicht „case"-sensitiv). Zusätzlich sind meist noch einige Sonderzeichen erlaubt: Beim Turbo-Assembler sind dies z.B. die vier Sonderzeichen ? $ @ _ (Underscore).
- Die Definition eines Sprung-Labels wird mit einem Doppelpunkt abgeschlossen (an diesen Ort kann mit JMP-Befehlen gesprungen werden), alle anderen Namen werden ohne Doppelpunkt geschrieben, insbesondere auch Prozedurnamen (siehe Kapitel 16).
- Vordefinierte Symbole (reservierte Schlüsselwörter) wie Befehls-Mnemonics und Pseudobefehle dürfen nicht als eigene Namen verwendet werden.
- Symbolnamen dürfen keine Umlaute wie ä, ö und ü enthalten.
- **Konvention:** Alle reservierten Assembler-Symbole (Maschinenbefehle (Mnemonics), Pseudobefehle und Operatoren) werden in GROSSBUCHSTABEN geschrieben. Eigene Namen werden klein oder mit grossem Anfangsbuchstaben geschrieben: Zaehler oder zaehler.

Den Namen werden vom Assembler drei Attribute zugeordnet:

1. **Typ:**   BYTE, WORD oder DWORD bzw. NEAR oder FAR
2. **Offset:** 16-Bit-Adresse relativ zum Segmentanfang
3. **Segment:** Segmentzugehörigkeit durch Angabe des Segmentnamens

b) Zahlenwerte

Zahlenwerte können in verschiedenen Zahlenbasen angegeben werden. Diese werden unmittelbar hinter der Ziffernfolge mit einem Buchstaben bezeichnet: d = dezimal, b = binär, q = oktal und h = hexadezimal.

Beispiel: 251 = 251d = 11111011b = 373q = 0FBh

Ohne Basisangabe wird also die **Default-Basis dezimal** angenommen. Zahlen müssen immer mit einer Ziffer 0 bis 9 beginnen: Hex-Werte mit einem Buchstaben an der ersten Stelle benötigen darum immer eine vorangestellte Null, um dem Assembler die Unterscheidung von Namen und Zahlen zu ermöglichen:

Die Zahl FA24h muss daher als 0FA24h geschrieben werden.

Die Zeichenfolge BACH könnte sonst als Name oder als Hex-Zahl interpretiert werden!

12.2.3 Struktur der Assembler-Befehlszeile

Die Zeilen eines Assembler-Quellenprogrammes sind in **4 Felder** unterteilt, wobei die Feldbreite frei ist. Das Leerzeichen (Blank, Space) wirkt als Feldtrenner zwischen dem 1. und dem 2. Feld. Das 2. Feld wird durch das vollständige Befehls-Mnemonic begrenzt. Das dritte Feld enthält die zum Befehl passende Anzahl Operanden. Das 4. Feld wird durch einen Strichpunkt „;" als Kommentarbegrenzer eingeleitet. Eckige Klammern bedeuten [...] „optional", also wahlweise.

1. Feld	2. Feld	3. Feld	4. Feld
[Start:]	MOV	AX,Data_S	[;Initialisierung DS-Register]
Zaehler	DW	?	; Word Variable Zaehler

Labelfeld: Es enthält optional entweder bei Maschinenbefehlen einen Label (Sprungmarke z.B. `Start:`) oder bei Datendefinitionen einen Variablennamen (`Zaehler`) und repräsentiert den Adresswert des Location-Counter an dieser Zeile.

Befehlsfeld: Enthält das Befehls-Mnemonic (Maschinen-, Pseudo- oder Makrobefehl), hier also `MOV` für „move" oder `DW` für „define word".

Operandenfeld: Enthält durch Komma getrennt die zum Befehl im zweiten Feld passenden Operanden. Diese können Registernamen, Werte (Konstanten, Ausdrücke) oder Speicherreferenzen (Label, indirekte Adressierungsarten wie `[BX+SI]`) sein. Vor oder zwischen den Operanden können Operatoren wie +, -, *, /, `OFFSET`, `BYTE PTR` ... vorkommen. Bei einigen Befehlen wie `DAA`, `CLC`, `STC`, `CMC` oder `XLAT` ist dieses Feld leer.

Kommentarfeld: Dieses wird mit Strichpunkt ';' als „Kommentarbegrenzung" eingeleitet. Der Text nach dem Strichpunkt wird vom Assembler nicht interpretiert. Es sind auch reine Kommentarzeilen zulässig: Die Felder 1...3 sind dann leer, und der Strichpunkt kann beliebig nach links verschoben werden (oft in der ersten Spalte).

Die möglichen Operatoren im 3. Feld werden in Abschnitt 12.4 besprochen.

12.3 Assembler-Pseudobefehle (Assembler-Direktiven)

Die **Assembler-Pseudobefehle** dienen zur „momentanen" Steuerung der Übersetzung (z.B. im Zusammenhang mit dem Location-Counter): Datendefinitionen und Programmstrukturierung mit Segment- und Prozedurdirektiven.

Es existieren über 200 verschiedene Pseudobefehle: Dies aufgrund der verschiedenen Prozessorgenerationen 80x86, der Herkunft (Entwickler) der käuflichen Assembler (Intel, IBM, Microsoft, Borland), des Betriebssystemes und der vielfältigen Möglichkeiten der Speichersegmentierung. Viele Spezialfälle sind für uns nicht wichtig, daher werden wir in dieser Einführung nur die wichtigsten Direktiven für einfachere Programme erläutern.

12.3.1 Symbol-Wertzuweisung

Mit dem Pseudobefehl EQU (EQUal, EQUate, gleichsetzen) wird einem Symbol ein Wert zugewiesen, der später im Programm wie eine 8- oder 16-Bit-Konstante verwendet werden kann. Für EQU-Symbole werden keine Speicherplätze reserviert, sondern sie existieren nur zur Übersetzungszeit.

Syntax:

```
name       EQU   expression    ; name entspricht expression
```

Für expression kann ein Ausdruck stehen, der zur Assemblierungszeit ausgewertet wird.

Beispiele:

```
Anzahl     EQU   6        ; Symbol "Anzahl" wird 6
Port_adr   EQU   0706h    ; Symbol "Port_adr" wird 0706h
Index      EQU   2*Anzahl
```

Die folgenden Befehle verwenden diese Konstanten:

```
           MOV   CX,Anzahl    ; 0006h wird in CX geladen
           MOV   CL,Anzahl    ;   06h wird in CL geladen
           MOV   DX,Port_adr  ; 0706h wird in DX geladen
           MOV   BL,Port_adr  ; Fehler: Konstante zu gross!
```

Der Assembler passt also EQU-Konstanten (intern immer 16 Bit) entsprechend der 8- oder 16-Bit-Verwendung durch den Programmierer in den Befehlen flexibel an. Falls die Konstante für das Register zu gross ist, wird eine Fehlermeldung erzeugt.

12.3.2 Speicherplatzreservierung und Datendefinition

Die Festlegung von Speicherinhalten und die Reservation von Speicherplatz für Variablen erfolgt über die folgenden „Define-Data"-Direktiven:

Syntax:

```
[symbol]   DB   expression [,expression]   ; Define Byte
[symbol]   DW   expression [,expression]   ; Define Word
[symbol]   DD   expression [,expression]   ; Define Doubleword
```

expression kann ein beliebiger zur Assemblierungszeit auswertbarer Ausdruck mit arithmetischen und logischen Operationen sein, der natürlich zum Befehl passen muss. Durch Komma getrennt können mehrere Datenwerte desselben Typs definiert werden (Liste von Werten). Mit der **Literalisierung** (Hochkomma) werden gleich wie in Pascal Zeichen und Strings definiert.

a) Variablen

Variablen können zur Ablaufzeit verändert werden und sind immer im RAM-Bereich angeordnet. Für die **Speicherreservierung** von Variablen mit undefiniertem (nicht initialisiertem) Speicherinhalt wird das Fragezeichen verwendet (? = undefined after loadtime). Zusammen mit dem Duplizier-Operator können ganze Blöcke definiert werden:

```
B_var     DB   ?                  ;  1 Byte-Variable
W_var     DW   ?                  ;  1 Word-Variable
B_tab     DB   20 DUP (?)         ;  20 Byte-Variablen
Buffer    DW   Anzahl DUP (?)     ;  6 Word-Variablen
```

b) Konstanten

Konstanten werden während der Programmlaufzeit nicht verändert und sind bei Zielsystemen im ROM-Bereich angeordnet (ausser bei Universalrechnern mit Lademedium wie PC oder unserem TIn-Board mit Monitor/Debugger).

```
Zeichen   DB   'A'                ;  1 Byte ASCII-Wert 'A'
Text      DB   'String'           ;  6 Bytes ASCII-String
EoL       DB   0Ch,0Ah            ;  2 Bytes: ASCII-Werte CR, LF
Zahl      DW   12345,54321        ;  2 Word
A_Index   DW   2*Anzahl-2         ;  1 Word: Adress-Index
Gross     DD   12345678h          ;  1 Double-Word
```

Wenn mehr Werte definiert werden sollen, als auf einer Zeile Platz haben, so muss auf der nächsten Zeile der D*x*-Befehl (ohne Label) wiederholt werden.

```
                ; Bytetabelle mit total 16 Werten
Code_tab  DB   12,23,34,45,56,67,78,89
          DB   91,82,73,64,55,46,37,28   ; Fortsetzung
```

Mit der DUP-Anweisung (duplicate) in einer expression kann eine Datendefinition wiederholt werden. Die Werteliste muss in runde Klammern gesetzt werden (mit Komma als Elementseparator).

```
Sterne    DB   60 DUP ('*')          ; 60 Byte
Tabelle   DW   10 DUP (1000,2000)    ; 20 Word
```

12.3.3 SEGMENT-Direktive

Mit dem Direktivenpaar SEGMENT-ENDS werden logische Segmente festgelegt und mit einem Namen versehen. Die SEGMENT-ENDS-Direktive wirkt wie eine Klammer um eine Gruppe von Befehlen.

Syntax:

```
name     SEGMENT
         ...
         ...
name     ENDS      ; 'name' muss gleich wie bei SEGMENT sein
```

Im Beispiel (Abschnitt 12.6) werden die folgenden Segmentanweisungen verwendet, wobei natürlich die Segmentnamen und auch die Reihenfolge frei sind.

```
;          Datensegment (RAM)

Data_S     SEGMENT
;          Datendefinitionen (Variablen)
           ...

Data_S     ENDS


;          Konstantensegment (ROM)

Const_S    SEGMENT
;          Konstantendefinitionen
           ...

Const_S    ENDS


;          Codesegment (ROM)

Code_S     SEGMENT
;          Assembler-Befehle
           ...

Code_S     ENDS
```

12.3.4 ASSUME-Direktive

Mit der ASSUME-Direktive wird dem Assembler mitgeteilt, auf welche logischen Segmente die Segmentregister momentan zeigen. Der Assembler erkennt dadurch fehlerhafte Datenzugriffe. Er lässt nur Zugriffe auf Segmente zu, die von einem Segmentregister adressiert sind.

Syntax:

```
ASSUME seg_reg:seg_name [, seg_reg:seg_name]

       seg_reg = CS | DS | SS | ES   ; Segmentregister

       seg_name = Segmentname oder NOTHING
```

Eine ASSUME-Direktive mit NOTHING als Segmentnamen hebt die Wirkung vorheriger ASSUME-Direktiven des entsprechenden Segmentregisters wieder auf.

Beispiele:

```
ASSUME   CS:Code_S
ASSUME   DS:Data_S, ES:Const_S
ASSUME   ES:NOTHING
```

a) Programmstart und Initialisierung der Segmentregister

Durch die ASSUME-Direktive (Pseudobefehl) werden die Segmentregister *nicht* verändert. Dies muss zur Laufzeit mit den entsprechenden MOV-Befehlen erfolgen.

Bevor der Prozessor auf den Speicher zugreifen kann, müssen Segmentregister (im Minimum CS) initialisiert sein. Im Falle eines „nackten" Zielsystems (target system) wird CS:IP durch den Hardware-Reset auf 0FFFFh:0000 gesetzt. Von dort erfolgt im allgemeinen ein Sprung (FAR-Jump; siehe Kapitel 13) zum eigentlichen Programmanfang. Dieser Sprungbefehl bewirkt, dass das Segmentregister CS auf das Codesegment „zeigt" und der Instruction-Pointer IP auf den ersten Befehl des Programms. Im Falle von Programmen, die unter der Kontrolle eines Betriebssystemes gestartet werden, übernimmt der Lader diese Aufgabe.

Unabhängig davon muss dem Assembler mittels einer ASSUME-Direktive mitgeteilt werden, dass das Codesegment (hier Code_S) mit Hilfe des Segmentregisters CS adressierbar ist.

```
        JMP       weiter         ; Fehler: kein ASSUME von CS
        ASSUME    CS:Code_S
        JMP       weiter         ; Nun ist das in Ordnung.
          ...
weiter:
```

Bei Bedarf müssen noch weitere Segmentregister initialisiert und dem Assembler die Segmentzuordnung bekanntgemacht werden. Um Fehler zu vermeiden, gilt als Empfehlung, die ASSUME-Direktiven unmittelbar *nach* den Befehlen zur Initialisierung der Segmentregister zu schreiben.

```
        MOV       AX,Data_S
        MOV       DS,AX
        ASSUME    DS:Data_S      ; DS adressiert Data_S

        MOV       AX,Const_S
        MOV       ES,AX
        ASSUME    ES:Const_S     ; ES adressiert Const_S

        MOV       AX,Data_S
        MOV       ES,AX
        ASSUME    ES:Data_S      ; ES adressiert nun Data_S
```

b) ASSUME-Direktive und Segment-Override-Präfix

Beim Zugriff auf einen Operanden fügt der Assembler (falls möglich) automatisch ein allenfalls benötigtes Segment-Override-Präfix ein. Dies ist aber nur bei symbolischer Arbeitsweise möglich. Falls der Operand physikalisch adressiert wird, muss das Segment-Override-Präfix weiterhin explizit angegeben werden.

Beispiel: Das folgende Segment soll durch das Segmentregister ES adressiert werden. Da der Prozessor für Datenzugriffe standardmässig das Segmentregister DS verwendet, wird im folgenden immer das Segment-Override-Präfix ES: benötigt.

```
;---------- Konstanten-Segment ----------------------

Const_S      SEGMENT
Zeichen      DB      'A'
               ...
Const_S      ENDS
```

Nach der folgenden ASSUME-Direktive ist dem Assembler bekannt, dass das Segment von Zeichen durch ES adressierbar ist.

```
; ES-Segmentregister auf das Konstanten-Segment setzen
        MOV     AX,Const_S
        MOV     ES,AX
        ASSUME  ES:Const_S
```

Nun funktionieren die Datenzugriffe auf Zeichen. Der Assembler setzt automatisch das Segment-Override-Präfix ES: ein.

```
        MOV     BL,Zeichen   ; entspricht ES:Zeichen
```

Falls Zeichen physikalisch (z.B. indirekt via SI) adressiert wird, muss das Segment-Override-Präfix weiterhin angegeben werden.

```
        MOV     SI,OFFSET Zeichen
        MOV     BL,ES:[SI]   ; ES:Zeichen

        MOV     BL,[SI]      ; Fehler: DS:Zeichen
```

12.3.5 EVEN-Direktive

Mit der EVEN-Direktive kann erreicht werden, dass der folgende Befehl auf eine gerade Adresse gelegt wird (der Assembler fügt allenfalls einen NOP-Befehl ein). Dies kann für WORD-Datentabellen oder zeitkritische Anwendungen von Bedeutung sein.

12.3.6 END-Direktive

An der END-Direktive erkennt der Assembler das Ende des Quellenprogrammes. Sie hat auf den späteren Ablauf des Programmes keinen Einfluss (d.h. bewirkt keinen „Rücksprung" wie bei Pascal-Prozeduren). Sie dient auch zur Unterscheidung zwischen Hauptprogrammen und Modulen (mit/ohne Startlabel). Module sind für sich allein nicht ablauffähig (siehe auch [8]). Wir werden vorläufig nur Hauptprogramme (also mit Startlabel) erstellen.

Syntax:

```
        END     [start_label]
```

Beispiel:

```
        END     Start   ; Label des ersten Befehls
```

12.4 Assembler-Operatoren

Assembler-Operatoren werden in Ausdrücken (`expression`) für Daten oder Adressen eingesetzt. Es können also im Operanden-Feld neben Registern und Label auch logische (`AND OR XOR NOT`) und arithmetische (`+ - * /`) Ausdrücke vorkommen. Diese werden **zur Assemblierungszeit** ausgewertet, d.h. alle Grössen in diesen Ausdrücken müssen als fixe Werte bereits festgelegt sein (Konstanten) – es können also z.B. keine Registerinhalte in Ausdrücken verwendet werden: Der Befehl `MOV AX, [BX*CX]` ist nicht möglich, da die Inhalte von `BX` und `CX` zur Übersetzungszeit nicht bekannt sind.

12.4.1 Arithmetische Operatoren

Zum leichteren Verständnis und zur Vermeidung von Fehlern kann der Assembler Rechenausdrücke des Programmierers auswerten und als Konstanten im Code einsetzen. Der Operator `SIZE` gibt die Grösse einer Datenstruktur in Bytes zurück.

Beispiele:

```
Index    EQU  5                       ; Index: 5. Wort
Tabelle  DW   20 DUP (?)               ; 20 Word-Variablen
         ...
         MOV  DX,Tabelle[2*19]         ; 20. Wert von Tabelle
         MOV  AX,Tabelle[2*Index-2]    ; 5. Wert von Tabelle
         MOV  CL,SIZE Tabelle          ; Tabellengrösse (40)
```

12.4.2 Logische Operatoren

Zur Bildung von Bitmustern (Masken, ...) „at assembly-time" werden die logischen Operatoren `AND`, `OR`, `XOR` und `NOT` eingesetzt.

Beispiel:

```
Maske    EQU  01100111b                ; Bitmuster
         ...
         MOV  BL,Maske OR 10000000b    ; MSB von Maske auf 1
         XOR  AL,Maske AND 0F0h        ; nur higher Nibble
```

Beim letzten Beispiel ist das linke `XOR` ein Maschinenbefehl (kommt also „at runtime" zur Wirkung) und das rechte `AND` ein Assembler-Operator, d.h. der Assembler bildet zur Übersetzungszeit die `AND`-Verknüpfung der Konstanten `Maske` mit `0F0h` und setzt das Resultat `01100000b` als Konstante zum Maschinenbefehl `XOR` ein. (Als Resultat ergibt sich z.B. bei `AL = 00100101b` der Wert `01000101b`, d.h. die Bits `D6` und `D5` werden invertiert.)

12.4.3 OFFSET-Operator

Damit wird der Offset (Adresswert) zum Segmentanfang bestimmt. OFFSET wird z.B. benutzt, um Adresswerte in Register zu laden ($\Rightarrow$ als immediate data).

Beispiel:

```
;         Die Offset-Adresse von Tabelle in SI laden
          MOV    SI,OFFSET Tabelle
```

Ohne den Operator `OFFSET` wird `Tabelle` als Word-Operand (direkte Adressierung) interpretiert. Damit werden bekanntlich die Speicher-Bytes von `OFFSET Tabelle` und `OFFSET Tabelle+1` nach SI geladen. Typischerweise wird der Operator `OFFSET` also immer benötigt, wenn Adressen von Variablen (statt deren Dateninhalte) in Register (oft die Adressregister `BX`, `SI` oder `DI`) geladen werden.

Hinweis: Bei der Definition von Dateninhalten mit `DW`, die als Adressen verwendet werden, wird inkonsequenterweise oft der Operator `OFFSET` weggelassen (und der Assembler `TASM` schluckt dies ohne Warnung).

```
Tabelle  DW   100 DUP (?)      ; 100 Word-Variablen
Adressf  DW   Tabelle          ; leider übliche Schreibweise
Adresse  DW   OFFSET Tabelle   ; konsequente Schreibweise
```

Die Variable `Adresse` enthält nun den Offset der Tabelle (d.h. ihre Adresse ab Segmentanfang).

12.4.4 Segment-Operator SEG

Mit dem Segment-Operator SEG wird die Paragraphennummer (Adresswert) eines Symbols bestimmt. Der Segment-Operator `SEG` wird benutzt, um Segmentadressen von Symbolen zu bestimmen, deren Segmentnamen man nicht kennt.

Beispiel:

```
xyz      SEGMENT
Meins    DW    ?
         ...
xyz      ENDS

         ...

         MOV   AX,SEG Meins
         MOV   DS,AX
         ...
```

Der obige Befehl `MOV AX,SEG Meins` ist gleichwertig mit `MOV AX,xyz`.

12.4.5 PTR-Operator

Dieser wird benutzt, um die Operandengrösse (BYTE, WORD, DWORD,...) festzulegen.

Beispiel:

```
INC  BYTE PTR [DI]  ; Byte-Operand inkrementieren
INC  WORD PTR [DI]  ; Word-Operand inkrementieren
```

Ohne die Operatoren BYTE PTR bzw. WORD PTR ist unklar, ob mit [DI] ein Byte oder ein Word adressiert wird: Soll das Byte an Adresse [DI] oder das Word an Adressen [DI] und [DI+1] um eins erhöht werden? Immer wenn bei einer Adressreferenz auf den Speicher nicht eindeutig klar ist, ob ein Byte oder Word adressiert werden soll, muss der PTR-Operator verwendet werden.

12.5 Übungen zu Assembler-Direktiven

Geben Sie die Befehlsfolge an, um die folgenden Werte im Konstantensegment mit dem Namen Konstanten zu erzeugen:

a) Text : 'Meldung : Eingabefehler'

b) Zaehler : 0 ;

c) Cw_Tab : (15h 24h B6h A7h 9Ch 55h E8h DFh) ;

d) X : 1234 ;

e) Y : -5678 ;

f) Z : 256 ;

g) I : 27 ;

h) J : -9 ;

i) K : -128 ;

j) Tab : (0 0 0 0 0 0 0 0 0 0) ; (Word)

k) K_Tab : (12 23 34 45 56 67 78 89 100 111) ; (Byte)

12.6 Beispielprogramm

Das Listing des Demoprogrammes ASMDEMO zeigt die Wirkung der Assembler-Befehle, -Pseudobefehle und -Direktiven auf die Location-Counter (2. Spalte) und den erzeugten Code (3. Spalte). Die Zeilennummer in der ersten Spalte wird für die Identifikation der Fehlermeldungen und die Crossreferenzen am Schluss des Listings verwendet. Daneben sind auch einige absichtliche Fehler enthalten, um die Wirkung der ASSUME-Direktive und einige andere Syntaxfehler zu zeigen. Daneben sind die üblicherweise verwendeten drei Segmente Code_S, Data_S und Const_S mit den notwendigen Befehlen zur Initialisierung der Segmentregister aufgeführt.

Achtung: Das Programm hat gesamthaft keine bestimmte Funktion, sondern die Befehlsfolgen dienen nur zur Demonstration des Assembler.

```
Turbo Assembler   Version 3.1        25/11/98 20:11:47       Page 1
ASMDEMO.ASM
Demo-Programm Assembler mit Fehlermeldungen


      1                            ;***********************************************
      2                                           NAME    asmdemo    ; Programm-Identifikation
      3                            ;-----------------------------------------------
      4                            ; Autor      H. Kaeser   24.11.98
      5                            ;-----------------------------------------------
      6                            ; Funktion: Demonstrationsprogramm zum Assembler
      7                            ;           Das Programm wurde mit  TASM /la /cf /zi
      8                            ;           übersetzt und zeigt auch Fehlermeldungen
      9                            ;           mit den Zeilennummern als Identifikation
     10                            ; ACHTUNG:  Das Programm hat inhaltlich keinen Sinn -
     11                            ;           es dient nur zusammen mit dem Theoriestoff
     12                            ;           zur Veranschaulichung der Pseudobefehle
     13                            ;***********************************************
     14
     15                            ;---------- Symbol Definitionen (= Konstanten) -------
     16
     17    =1FFD                   Zahlenkonst EQU   8189              ; default Z-basis 10
     18    =1FFD                   Zahl_hex    EQU   1FFDh             ; Z-basis hexadezimal
     19    =1FFD                   Zahl_okt    EQU   17775o            ; Z-basis oktal
     20    =1FFD                   Zahl_oct    EQU   17775q            ; Z-basis oktal
     21    =1FFD                   Zahl_bin    EQU   1111111111101b    ; Zahlenbasis 2
     22    =0064                   Anzahl      EQU   100               ; Zahlenkonstante 100
     23
     24                            ;---------- Datensegment ----------------------------
     25
     26  0000                      Data_S      SEGMENT                ; Variablen
     27
     28  0000  ??                  B_Var       DB     ?               ; Byte-Variable
     29  0001  ????                W_Var       DW     ?               ; Word-Variable
     30  0003  14*(??)             B_Tab       DB     20 DUP (?)      ; 20 Byte-Variablen
     31  0017  64*(??)             Buffer      DB     Anzahl DUP (?)  ; Puffer mit 100 Bytes
     32
     33  007B                      Data_S      ENDS
     34
```

```
Turbo Assembler   Version 3.1        25/11/98 20:11:47      Page 2
ASMDEMO.ASM
Demo-Programm Assembler mit Fehlermeldungen


35                                 ;---------- Konstantensegment -----------------------
36
37 0000                            Const_S       SEGMENT
38
39                                 ; Konstanten, die während des Programm nicht
40                                 ;           verändert werden: ROM-Bereich !
41
42 0000  41                         Zeichen     DB   'A'              ; ASCII-Wert von 'A'
43 0001  53 74 72 69 6E 67          Text        DB   'String'         ; ASCII-String 6 Bytes
44 0007  3039 D431                  Zahlen      DW   12345,54321      ; 2 Word
45 000B  12345678                   Double_W    DD   12345678h        ; 1 Doubleword
46 000F  3C*(43)                    C_Tab       DB   60 DUP ('C')     ; 60 Bytes mit 'C'
47 004B  0C*(0030)                  W_Tab       DW   12 DUP (30h)     ; 12 Word 0030h
48
49 0063                            Const_S       ENDS
50
51                                 ;---------- Codesegment ----------------------------
52
53 0000                            Code_S        SEGMENT
54                                               ASSUME  CS: Code_S
55
56 0000                            Start:                             ; Programmstart
57
58                                 ; Die Befehlsfolge zur Initialisierung der Segment-
59                                 ; register ist zu Beginn immer notwendig!
60
61                                 ; DS-Segmentregister auf das Variablen-Segment setzen
62
63 0000  B8 0000s                   MOV    AX,Data_S
64 0003  8E D8                      MOV    DS,AX
65
66                                 ; Noch kein ASSUME für DS (obwohl geladen):
67
68 0005  8A 1E 0000r                MOV    BL,B_Var        ; Fehler: DS = ?
**Error** ASMDEMO.ASM(68) Can't address with currently ASSUMEd segment registers
69
70                                               ASSUME  DS: Data_S
71
72                                 ; Nun funktionieren die Zugriffe auf das Datensegment
73
74 0009  8A 1E 0000r                MOV    BL,B_Var        ;
75
76                                 ; ES-Segmentregister auf das Konstantensegment setzen
77
78 000D  B8 0000s                   MOV    AX,Const_S
79 0010  8E C0                      MOV    ES,AX
80                                               ASSUME  ES: Const_S
81
82                                 ; Nun funktionieren die Zugriffe auf Konstantensegment
83                                 ; Segment-Override-Präfix wird automatisch erzeugt
84
85 0012  26: A1 0007r               MOV    AX,Zahlen
```

Assembler-Sprache 8086

```
Turbo Assembler   Version 3.1        25/11/98 20:11:47        Page 3
ASMDEMO.ASM
Demo-Programm Assembler mit Fehlermeldungen


      86 0016                              Cycle_Endless:
      87 0016  BB 004Br                        MOV   BX,OFFSET W_Tab   ; Adresse W_Tab laden
      88
      89 0019  26: 8B 1E 004Br                 MOV   BX,W_Tab          ; Wert 30h laden
      90
      91 001E  B8 1FFD                         MOV   AX,Zahl_bin       ; Zahl_bin laden
      92
      93 0021  B9 0064                         MOV   CX,Anzahl         ; Konstante laden
      94
      95 0024  33 C0                           XOR   AX,AX             ; Akku auf null setzen
      96 0026  90                              NOP                     ; NOP-Befehl und ein
      97 0027  90                              XCHG  AX,AX             ; Exchange-Befehl
      98
      99 0028  8B 36 0000                      MOV   SI,Zahlenkons     ; Fehler!
**Error** ASMDEMO.ASM(99) Undefined symbol: ZAHLENKONS
     100 002C  BE 1FFD                         MOV   SI,Zahlenkonst    ; verbesserte Variante
     101 002F  26: 8B 3E 0009r                 MOV   DI,Zahlen[2]      ; 54321 wird geladen
     102
     103 0034  8C 1E 0008r                     MOV   B_Tab[5],B_Var    ; 2 Speicheroperanden
**Error** ASMDEMO.ASM(103) Need register in expression
     104
     105 0038  A0 0000r                        MOV   AL,B_Var          ; "Umweg" über AL
     106 003B  A2 0008r                        MOV   B_Tab[5],AL       ;        notwendig
     107
     108 003E  8B 1E 0001r                     MOV   BL,W_Var          ; Typen stimmen nicht
**Error** ASMDEMO.ASM(108) Operand types do not match
     109
     110 0042  26: A0 0000r                    MOV   AL,Zeichen        ; ES:-Präfix nötig
     111
     112 0046  26: 8A 1E 0004r                 MOV   BL,Text[3]        ; viertes Zeichen
     113
     114 004B  BB 0001r                        MOV   BX,OFFSET Text    ; Adresse von Text
     115 004E  8A 07                           MOV   AL,[BX]           ; Fehler: Es wird auf
     116                                                               ;   das Segment Data_S
     117                                                               ;   statt auf Const_S
     118                                                               ;   zugegriffen
     119
     120 0050  26: 8A 07                       MOV   AL,ES:[BX]        ; dank Programmierer-
     121                                                               ;   Wissen funktioniert
     122                                                               ;   nun der Zugriff!
     123
     124 0053  EB C1                           JMP   Cycle_Endless
     125 0055                         Code_S   ENDS
     126
     127                                       END   Start    ; Programmstartadresse
```

```
Turbo Assembler   Version 3.1        25/11/98 20:11:47       Page 4
Symbol Table
Demo-Programm Assembler mit Fehlermeldungen


Symbol Name        Type      Value                Cref (defined at #)

??DATE             Text      "25/11/98"
??FILENAME         Text      "ASMDEMO "
??TIME             Text      "20:11:47"
??VERSION          Number    030A
@CPU               Text      0101H
@CURSEG            Text      CODE_S               #26  #37  #53
@FILENAME          Text      ASMDEMO
@WORDSIZE          Text      2                    #26  #37  #53
ANZAHL             Number    0064                 #22   31   93
BUFFER             Byte      DATA_S:0017          #31
B_TAB              Byte      DATA_S:0003          #30  103  106
B_VAR              Byte      DATA_S:0000          #28   68   74  103  105
CYCLE_ENDLESS      Near      CODE_S:0016          #86  124
C_TAB              Byte      CONST_S:000F         #46
DOUBLE_W           Dword     CONST_S:000B         #45
START              Near      CODE_S:0000          #56  127
TEXT               Byte      CONST_S:0001         #43  112  114
W_TAB              Word      CONST_S:004B         #47   87   89
W_VAR              Word      DATA_S:0001          #29  108
ZAHLEN             Word      CONST_S:0007         #44   85  101
ZAHLENKONST        Number    1FFD                 #17  100
ZAHL_BIN           Number    1FFD                 #21   91
ZAHL_HEX           Number    1FFD                 #18
ZAHL_OCT           Number    1FFD                 #20
ZAHL_OKT           Number    1FFD                 #19
ZEICHEN            Byte      CONST_S:0000         #42  110

Groups & Segments  Bit Size Align   Combine Class    Cref (defined at #)

CODE_S             16  0055 Para    none             #53   54
CONST_S            16  0063 Para    none             #37   78   80
DATA_S             16  007B Para    none             #26   63   70
```

....

```
Turbo Assembler   Version 3.1        25/11/98 20:11:47       Page 5
Error Summary
Demo-Programm Assembler mit Fehlermeldungen


**Error** ASMDEMO.ASM(68) Can't address with currently ASSUMEd segment registers
**Error** ASMDEMO.ASM(99) Undefined symbol: ZAHLENKONS
**Error** ASMDEMO.ASM(103) Need register in expression
**Error** ASMDEMO.ASM(108) Operand types do not match
```

13

Vergleichs- und Sprungbefehle

Die Sprungbefehle werden benötigt, um zur Laufzeit die Folge der auszuführenden Programmteile beeinflussen zu können. Im Kapitel 14 wird gezeigt, wie mit Hilfe der Sprungbefehle die gängigen Strukturelemente, wie Schleifen und Verzweigungen, gebildet werden können.

13.1 Einteilung der Sprungbefehle

13.1.1 Begriffe

Die Sprungbefehle können nach verschiedenen Gesichtspunkten gegliedert werden.

a) **bedingte** $\longleftrightarrow$ **unbedingte Sprungbefehle**

Bei Ausführung eines **unbedingten Sprungbefehles** wird das Programm *immer* an der im Befehl angegebenen Adresse fortgesetzt. Bei Ausführung eines **bedingten Sprungbefehles** wird durch den Befehl zuerst geprüft, ob die für die Ausführung des Befehles verlangte Bedingung (z.B. Zustand von Flags) erfüllt ist oder nicht. Ist die Bedingung erfüllt, wird der Programmablauf an der im Befehl angegebenen neuen Adresse fortgesetzt; ist die Bedingung nicht erfüllt, wird die Ausführung des Programmes beim adressmässig unmittelbar auf den Sprungbefehl folgenden Befehl fortgesetzt.

b) Short- ⟷ Near- ⟷ Far-Sprungbefehle

Eine andere Betrachtungsweise ist die maximal mögliche Distanz zwischen Sprungbefehl und neuer Adresse. Diese Distanzbereiche werden als short (8 Bit vorzeichenbehaftete Distanz), near (16 Bit vorzeichenlose Distanz) und far (32 Bit, bestehend aus Segment und Offset) bezeichnet. Diese drei Typen werden im Abschnitt 13.1.2 genauer betrachtet.

c) direkte ⟷ indirekte Sprungbefehle

Eine weitere Unterscheidung ist durch die Möglichkeit der Art der Angabe des Sprungzieles gegeben. Entweder wird im Befehl die neue Adresse angegeben (direkte Adressierung), oder es wird der Ort beschrieben, wo die neue Adresse zu lesen steht (indirekte Adressierung).

d) absolute ⟷ relative Sprungbefehle

Eine letzte Unterscheidungsmöglichkeit ist die unterschiedliche Behandlung des im Parameter Sprungziel angegebenen Wertes. Entweder stellt die Angabe vollständig die neue Adresse dar (absoluter Sprung), oder die Angabe stellt die Distanz zwischen dem Sprungbefehl und der neuen Adresse dar (relativer Sprung).

Beim Prozessor 8086 sind nicht alle Kombinationen implementiert. So sind z.B. bedingte Sprungbefehle immer short, direkt und relativ. Abbildung 13.1 zeigt die möglichen Kombinationen.

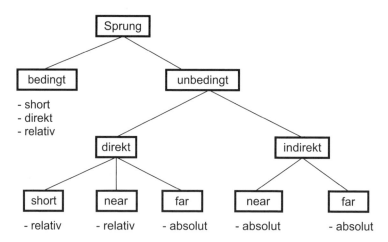

Abb. 13.1: Hierarchie der Sprungbefehle

13.1.2 Intra- und Intersegment-Sprungbefehle

Technisch betrachtet verändern alle Sprungbefehle das Register IP (Instruction Pointer). Die Far-Sprungbefehle verändern zusätzlich das Register CS (Codesegmentregister).

a) Intrasegment-Sprung

Bei Short- und Near-Sprüngen wird nur das Register IP verändert. Das Sprungziel liegt *innerhalb* des aktuellen (durch CS adressierten) Segmentes.

Near-Sprung:

- Direkte Near-Sprünge sind immer relativ zu IP'. Nehmen wir an, die Distanz von IP' zur höchstwertigen Adresse im aktellen Codesegment betrage n, wird die Adresse 0 des aktuellen Codesegmentes durch die Addition $IP' + n + 1$ erreicht. Dies bedeutet, dass bei den Adressrechnungen ein entstehender Überlauf ignoriert wird.
- Bei indirekten Near-Sprüngen steht im durch den Befehl referenzierten Register oder in der im Befehl referenzierten Speicherzelle immer die absolute Adresse innerhalb des aktuellen Codesegmentes.

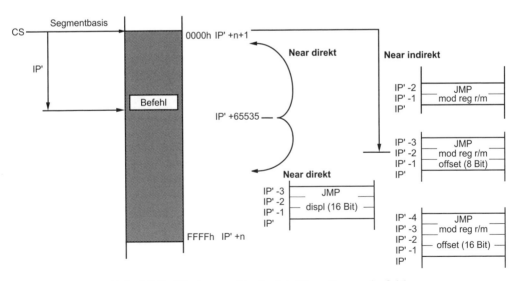

Abb. 13.2: Direkte und indirekte Near-Sprungbefehle

214   Vergleichs- und Sprungbefehle

Short-Sprung: Short-Sprünge sind bedingte oder unbedingte Sprünge, relativ zu IP'. Als Basis wird die Anfangsadresse des auf den Sprungbefehl folgenden Befehles verwendet.

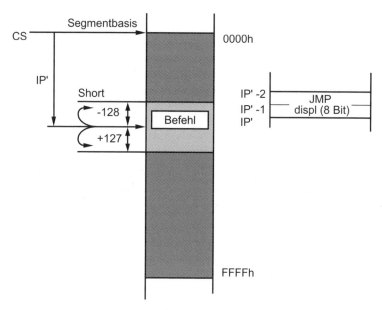

Abb. 13.3: Short-Sprungbefehle

b) Intersegment-Sprung

Wird auch das Segmentregister CS verändert (Far-Sprungbefehl), so spricht man von einem **Intersegment**-Sprung, d.h. der Sprung führt über die Segmentgrenze hinweg.

Bei jeder Form von Far-Sprüngen steht im Parameter die absolute Adresse des Sprungzieles, das aus einer neuen Segmentbasis und einem neuen Offset besteht.

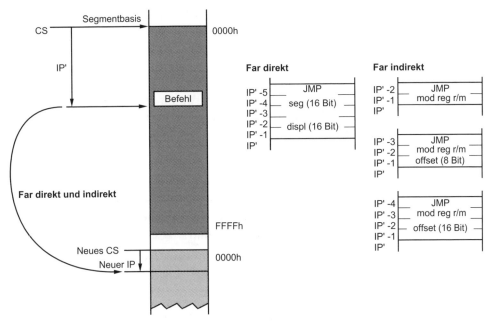

Abb. 13.4: Far-Sprungbefehle

13.2 Unbedingte Sprungbefehle

JMP *displ*$_8$ Das 8-Bit-Displacement wird als Signed-Zahl zum IP addiert.

JMP *displ*$_{16}$ Das 16-Bit-Displacement wird als Unsigned-Zahl zum IP addiert.

JMP *const*$_{32}$ Hinter dem Opcode steht direkt die 32-Bit FAR-Adresse.

JMP *reg*$_{16}$ Der IP wird mit einem 16-Bit-Register geladen.

JMP *mem*$_{16}$ Der IP wird mit einem 16-Bit-Speicheroperanden geladen.

JMP *mem*$_{32}$ Das CS und der IP werden mit einem 32-Bit-Speicheroperanden geladen.

Sprungziele wo immer möglich mit Hilfe von symbolischen Adressen (Label) angegeben (siehe Abbildung 13.5). Der Assembler bestimmt anhand der Distanz zwischen Sprungbefehl und Label selber den richtigen Typ (short, near, far) des Sprungbefehls und berechnet das entsprechende Displacement automatisch.

Abb. 13.5: Short-Sprung zu vorgängig definiertem Label

Der Typ des Sprungbefehls (short, near, far) kann aber auch beim Sprungbefehl angegeben werden. Zum Beispiel kann damit bei Short-Vorwärtssprüngen (zu später definierten Labels) ein Byte eingespart werden.

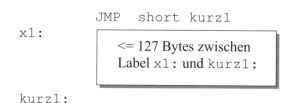

Abb. 13.6: Short-Sprung zu später definiertem Label

Bei indirekten Near-Sprüngen wird anstelle des Labels ein 16-Bit-Register (ohne eckige Klammern; siehe Abbildung 13.7) oder ein Speicheroperand (Typ Word) angegeben.

```
            MOV   BX, OFFSET nsprung
            JMP   BX
                  ┌─────────────────────────────────────────────────┐
                  │ Hier können zwischen 0 und < 64 KByte Code stehen │
                  └─────────────────────────────────────────────────┘
nsprung:
```

Abb. 13.7: Indirekt-Near-Sprung via Register BX

Der für einen speicherindirekten Sprung verwendete Speicheroperand kann mit einer beliebigen Adressierungsart angegeben werden. Damit können Sprungtabellen elegant verwendet werden.

```
sprungtab   DW    OFFSET near_ziel0
            DW    OFFSET near_ziel1
            DW    OFFSET near_ziel2
            DW    ...

start:      ┌─────────────────────────────────────────────────┐
            │ Programmteile                                    │
            └─────────────────────────────────────────────────┘

; BX enthält Index in sprungtab (BX = 0,1,2,...)
            SHL   BX,1              ; BX = BX * 2
            JMP   sprungtab[BX]
near_ziel0: ┌─────────────────────────────────────────────────┐
            │ Hier können zwischen 0 und < 64 KByte Code stehen │
            └─────────────────────────────────────────────────┘

near_ziel1: ┌─────────────────────────────────────────────────┐
            │ Hier können zwischen 0 und < 64 KByte Code stehen │
            └─────────────────────────────────────────────────┘

near_ziel2: ┌─────────────────────────────────────────────────┐
            │ Hier können zwischen 0 und < 64 KByte Code stehen │
            └─────────────────────────────────────────────────┘
...
```

Abb. 13.8: Indirekt-Near-Sprung via Speicher

Bei indirekten Far-Sprüngen muss anstelle des Labels ein 32-Bit-Speicheroperand (Typ Double-Word) angeben werden.

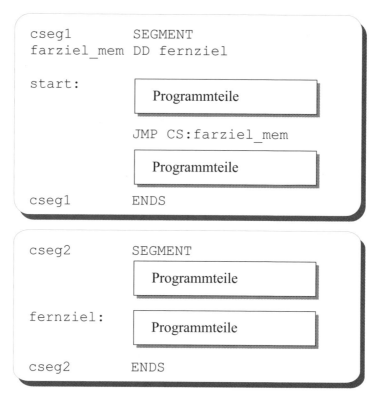

Abb. 13.9: Indirekt-Far-Sprung

13.3 Bedingte Sprungbefehle

Bedingte Sprungbefehle werten den Zustand von einzelnen oder mehreren Flags aus und springen an eine Adresse, wenn die dem Befehl entsprechende Bedingung erfüllt ist.

Vor einem bedingten Sprungbefehl müssen die Flags durch geeignete arithmetische oder logische Operationen gesetzt werden. Dazu dienen speziell auch die Befehle CMP und TEST (siehe Abschnitt 13.3.3).

Die bedingten Sprungbefehle lassen sich wie folgt einteilen:

Arithmetische Sprünge: Es wird gesprungen, falls die beiden Operanden die im Sprungbefehl angegebene Bedingung des wertmässigen Grössenverhältnisses zueinander erfüllen. Um die Flags entprechend dem wirklichen Grössenverhältnis zu setzen, werden die zwei Operanden vorgängig voneinander subtrahiert. Im allgemeinen müssen mehrere Flags ausgewertet werden, um das Grössenverhältnis der zwei Zahlen zueinander darstellen zu können und damit auf die Erfüllung der Bedingung schliessen zu können.

Flag-orientierte Sprünge: Es wird gesprungen, falls *ein* bestimmtes Flag (ZF, SF usw.) gesetzt oder gelöscht ist.

13.3.1 Arithmetische Sprungbefehle

Der Sprung erfolgt, wenn das Grössenverhältnis der zwei Operanden zueinander der im Befehl ausgedrückten Bedingung entspricht.

Je nach Typ der Operanden (unsigned, signed) werden die Relationen unterschiedlich ausgedrückt:

Relation	unsigned	signed
=	equal	equal
<	below	less
>	above	greater

a) Arithmetisch „unsigned" (below or above)

Relation	Befehl		Flags / Bedingung (Sprung, falls erfüllt)	Bezeichnung
$=$	JE	$displ_8$	ZF = 1	Jump if equal
$\neq$	JNE	$displ_8$	ZF = 0	Jump if not equal
$<$	JB	$displ_8$	CF = 1	Jump if below
not $\geq$	JNAE	$displ_8$	CF = 1	Jump if not above or equal
$\geq$	JAE	$displ_8$	CF = 0	Jump if above or equal
not $<$	JNB	$displ_8$	CF = 0	Jump if not below
$\leq$	JBE	$displ_8$	CF = 1 or ZF = 1	Jump if below or equal
not $>$	JNA	$displ_8$	CF = 1 or ZF = 1	Jump if not above
$>$	JA	$displ_8$	CF = 0 and ZF = 0	Jump if above
not $\leq$	JNBE	$displ_8$	CF = 0 and ZF = 0	Jump if not below or equal

b) Arithmetisch „signed" (greater or less)

Relation	Befehl		Flags / Bedingung (Sprung, falls erfüllt)	Bezeichnung
$=$	JE	$displ_8$	ZF = 1	Jump if equal
$\neq$	JNE	$displ_8$	ZF = 0	Jump if not equal
$<$	JL	$displ_8$	OF $\neq$ SF	Jump if less
not $\geq$	JNGE	$displ_8$	OF $\neq$ SF	Jump if not greater or equal
$\geq$	JGE	$displ_8$	OF = SF	Jump if greater or equal
not $<$	JNL	$displ_8$	OF = SF	Jump if not less
$\leq$	JLE	$displ_8$	OF $\neq$ SF or ZF = 1	Jump if less or equal
not $>$	JNG	$displ_8$	OF $\neq$ SF or ZF = 1	Jump if not greater
$>$	JG	$displ_8$	OF = SF and ZF = 0	Jump if greater
not $\leq$	JNLE	$displ_8$	OF = SF and ZF = 0	Jump if not less or equal

13.3.2 Flag-orientierte Sprungbefehle

Der Sprung erfolgt, wenn die angegebene Bedingung erfüllt ist, d.h das entsprechende Flag gesetzt (=1) oder nicht gesetzt (=0) ist.

Befehl		Flags / Bedingung (Sprung, falls erfüllt)	Bezeichnung
JZ	$displ_8$	ZF = 1	Jump if zero
JNZ	$displ_8$	ZF = 0	Jump if not zero
JC	$displ_8$	CF = 1	Jump if carry
JNC	$displ_8$	CF = 0	Jump if no carry
JS	$displ_8$	SF = 1	Jump if sign
JNS	$displ_8$	SF = 0	Jump if no sign
JO	$displ_8$	OF = 1	Jump if overflow
JNO	$displ_8$	OF = 0	Jump if no overflow
JP	$displ_8$	PF = 1	Jump if parity
JNP	$displ_8$	PF = 0	Jump if no parity
JPE	$displ_8$	PF = 1	Jump if parity even
JPO	$displ_8$	PF = 0	Jump if parity odd

Beispiel: Der Sprungbefehl der folgenden Befehlssequenz verzweigt zum Label Ungerade, falls das LSB gesetzt ist, d.h. falls Wert eine ungerade Zahl enthält:

```
              MOV     AX, Wert   ; LSB ins Carry-Flag
              SHR     AX,1
              JC      ungerade
    x1:
                  <= 127 Bytes zwischen x1: und ungerade:

    ungerade:
```

Abb. 13.10: Flag-orientierter Sprung: Carry-Flag

Beispiel: Die folgende Befehlssequenz springt nach `Wert_Null`, falls das Register DX gleich 0 ist.

```
Wert_Null:
            <= 128 Bytes zwischen x2: und Wert_Null:
            OR      DX,DX
            JZ      Wert_Null
   x2:
```

Abb. 13.11: Flag-orientierter Sprung: Zero-Flag

13.3.3 Vergleichsbefehle

Um das Verhältnis von ganzen Werten zueinander oder den Zustand einzelner Bits eines Wertes zu ermitteln, könnten die Operationen SUB und AND verwendet werden.

Die zwei Operationen unterscheiden sich in der Ermittlung der Bedingungen *gleich* und *ungleich* grundlegend, denn die Operation SUB vergleicht einen ganzen Wert mit einem ganzen zweiten Wert, wogegen die Operation AND einzelne Bits innerhalb eines Wertes auf ihren Status überprüfen kann.

Die Operationen SUB und AND haben die Eigenschaft, dass der erste Operand überschrieben wird. Dies ist für einen Vergleich unnötig, so dass Befehle mit der speziellen Eigenschaft definiert wurden, die das eigentliche Resultat nicht zurückschreiben.

CMP   Vergleicht zwei 8-Bit- oder 16-Bit-Operanden durch Subtraktion. Die Flags werden beeinflusst, aber das Resultat wird *nicht* zurückgeschrieben.

TEST   AND-Verknüpfung zweier 8-Bit- oder 16-Bit-Operanden. Die Flags werden beeinflusst, aber das Resultat wird *nicht* zurückgeschrieben.

Befehlsformat:

Der linke Operand wird mit dem rechten Operanden durch Subtraktion (CMP) oder durch logische UND-Verknüpfung (TEST) verglichen. Die Flags werden entsprechend dem Resultat gesetzt.

$$\left\{\begin{array}{c} CMP \\ TEST \end{array}\right\} \left\{\begin{array}{ccc} reg &,& reg \\ reg &,& mem \\ reg &,& const \\ mem &,& reg \\ mem &,& const \end{array}\right\}$$

Beispiel: Die folgende Befehlssequenz springt nach `kleiner_gleich`, falls der Wert in AL kleiner oder gleich dem Wert in AH ist (vorzeichenlos!).

```
          CMP       AL,AH
          JBE       kleiner_gleich ; AL <= AH
groesser:
```
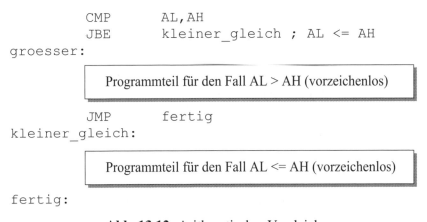
```
          JMP       fertig
kleiner_gleich:
```

Programmteil für den Fall AL <= AH (vorzeichenlos)

```
fertig:
```

Abb. 13.12: Arithmetischer Vergleich

Beispiel: Die folgende Befehlssequenz springt nach `gesetzt`, falls das Bit 3 des Wertes in AL gesetzt ist.

```
          TEST   AL, 00001000b
          JNE    gesetzt ;Resultat bei AND Verknüpfung =0?
geloescht:
```
> Programmteil für den Fall "Bit gelöscht"

```
          JMP    fertig
gesetzt:
```
> Programmteil für den Fall "Bit gesetzt"

```
fertig:
```

Abb. 13.13: Prüfen eines Bits

13.3.4 Befehle zur Konstruktion von Zählschleifen

LOOP *displ*$_8$	LOOP dekrementiert CX um 1 und führt, falls CX ungleich 0 ist, den Sprung an die angegebene Adresse aus. Andernfalls wird das Programm beim auf LOOP folgenden Befehl fortgesetzt.
LOOPE *displ*$_8$ LOOPZ *displ*$_8$	LOOPE (Loop while equal) und LOOPZ (Loop while zero) sind unterschiedliche Mnemonics für denselben Befehl. CX wird um 1 dekrementiert und der Sprung ausgeführt, falls ein zuvor gesetztes Zero-Flag gleich 1 und CX nicht 0 ist. Andernfalls wird das Programm an der auf LOOPx folgenden Adresse fortgesetzt.
LOOPNE *displ*$_8$ LOOPNZ *displ*$_8$	LOOPNE (Loop while not equal) und LOOPNZ (Loop while not zero) sind unterschiedliche Mnemonics für denselben Befehl. CX wird um 1 dekrementiert und der Sprung ausgeführt, falls ein zuvor gesetztes Zero-Flag gleich 0 und CX nicht 0 ist. Andernfalls wird das Programm an der auf LOOPNx folgenden Adresse fortgesetzt.
JCXZ *displ*$_8$	JCXZ (Jump if CX zero) führt den Sprung an die angegebene Adresse aus, falls CX den Wert 0 enthält. Andernfalls wird das Programm an der auf JCXZ folgenden Adresse fortgesetzt.

Die Flags werden durch diese Befehle *nicht* beeinflusst.

Beispiel: Zählschleife für 5 Durchläufe

```
            MOV     CX,5        ; Laden des Zählregisters
schleife1:
;           ...
            LOOP    schleife1   ; CX:=CX-1; Jump bei CX<>0
```

Beispiel: Berechnete Zählschleife

```
            JCXZ    schleifenende ; Abbruch, falls CX=0
schleife2:
;           ...
            LOOP schleife2
schleifenende:
```

Beispiel: Vergleich von zwei Texten. Die Schleife wird bei der ersten Abweichung oder beim Erreichen des Textendes verlassen.

```
text1       DB      'Dies ist der erste Text  '
text2       DB      'Dies ist der zweite Text '
;           ...
            MOV     SI,OFFSET text1 - 1
            MOV     DI,OFFSET text2 - 1
            MOV     CX,OFFSET text2 - OFFSET text1
schleife3:  INC     SI
            INC     DI
            MOV     AL,[SI]
            CMP     AL,[DI]
            LOOPE schleife3 ; bis CX=0 oder [SI]<>[DI]
```

13.4 Übungen

Geben Sie an, wie die folgenden Befehle die Flags verändern:

a)
```
MOV BL,5
MOV CL,4
CMP BL,CL
```
ZF=0 CF=0 SF=0 OF=0

b)
```
MOV BL,17
MOV CL,12
CMP BL,CL
```
ZF=0 CF=0 SF=0 OF=0

c)
```
MOV BL,-9
MOV CL,5
CMP BL,CL
```
ZF=0 CF=0 SF=1 OF=0

d)
```
MOV BL,80h
MOV CL,8
CMP BL,CL
```
ZF=0 CF=0 SF=0 OF=1

e)
```
MOV DL,0FEh
CMP DL,-2
```
ZF=1 CF=0 SF=0 OF=0

f)
```
MOV DL,0FDh
CMP DL,0FFh
```
ZF=0 CF=1 SF=1 OF=0

g)
```
MOV DL,0FEh
CMP DL,2
```
ZF=0 CF=0 SF=1 OF=0

h)
```
MOV DL,10h
CMP DL,0F8h
```
ZF=0 CF=1 SF=0 OF=0

Geben Sie bei den folgenden Aufgaben an, ob gesprungen wird oder nicht:

	Befehl	ZF	CF	SF	OF	Sprung (ja/nein)
i)	JZ ziel	1	0	0	0	
j)	JBE ziel	0	1	0	0	
k)	JA ziel	0	1	1	0	
l)	JL ziel	0	1	1	0	
m)	JGE ziel	0	0	0	0	

Gegeben sind die folgende Datendefinitionen:

```
X          DB  ?
Y          DB  ?
Wert1      DW  ?
I          DW  ?
J          DW  ?
WertA      DD  ?
UBCD       DB  2 DUP (?)  ; 1. Byte: Einer
                          ; 2. Byte: Zehner
BCD        DB  ?          ; Lower Nibble : Einer
                          ; Higher Nibble: Zehner
Bin        DB  ?
Resultat   DD  ?
Tab        DW  5 DUP (?)
```

Geben Sie die Befehle für die Operationen an.

n) Löschen des Registers BX, falls die Register AX und CX gleich sind.

o) Falls X = Y ist, soll Wert1 auf 0 gesetzt werden, sonst soll Wert1 auf 0FFFFh gesetzt werden.

p) Beschreiben von I Elementen von Tab mit 0000h. (TAB[0]... TAB[I-1])

q) Man prüfe, ob der Einer in UBCD und der Einer in PBCD gleich gross sind. Falls dies der Fall ist, setze man den Zehner in PBCD auf 0. Andernfalls bleibt der Zehner stehen.

r) Falls WertA = Resultat ⟶ J := 0;
   Falls WertA ≠ Resultat ⟶ J := 0FFFFh;

14

Strukturierte Codierung in Assembler

14.1 Strukturierte Codierung im Entwicklungsprozess

Eines der wichtigsten Ziele einer Software-Entwicklung ist es, Software zu produzieren, die kostenoptimal entwickelt, modifiziert, getestet und gepflegt werden kann. Das Erstellen von Software, die diesen Forderungen gerecht wird, setzt neben anderen Faktoren, wie Ausbildung und Know-how der Mitarbeiter und der Infrastruktur, vor allem auch geeignete Methoden und Regeln bei der Software-Entwicklung voraus.

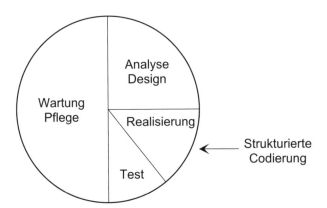

Abb. 14.1: Aufwandverteilung im Produktlebenszyklus

Die strukturierte Codierung ist eine Methode, die in der Realisierungsphase einer Software-Entwicklung angewendet wird. Da der Aufwand der Realisierungsphase normalerweise nur einen kleinen Teil des Gesamtaufwands eines Produktlebenszyklus ausmacht, sind natürlich viele andere Regeln und Methoden zu beachten.

Unter strukturierter Codierung versteht man Regeln für den Aufbau von Programmen. Solche Regeln sind insbesondere bei der Verwendung von Assembler-Sprachen wichtig, da diese Sprachen alle Möglichkeiten und Freiheiten zulassen und somit die Gefahr gross ist, dass unübersichtlicher und damit schwerverständlicher, schwer testbarer und schlecht wartbarer Code entsteht. Taugliche Methoden zur Verbesserung der Software-Qualität sind die Strukturierung der Daten und des Kontrollflusses. Auf die Strukturierung des Kontrollflusses auf der Ebene eines Programmmoduls wird im diesem Kapitel genauer eingegangen.

14.2 Das Prinzip der strukturierten Codierung

Es wird eine limitierte Anzahl von Ablaufstrukturen definiert, die beliebig miteinander kombiniert werden können. Die Ablaufstrukturen sollen immer genau einen Eingang und einen Ausgang haben. Beim Zusammenfügen von mehreren Ablaufstrukturen wird der Ausgang der vorhergehenden Struktur zum Eingang des nachfolgenden Elementes.

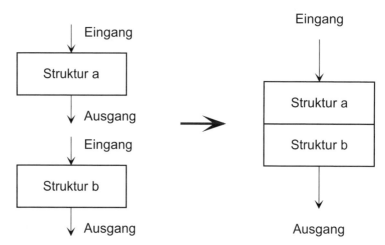

Abb. 14.2: Kombination von Blöcken mit je einem Ein- und Ausgang

Auf der Basis des beschriebenen Blockkonzeptes werden die folgenden drei Grundstrukturen definiert.

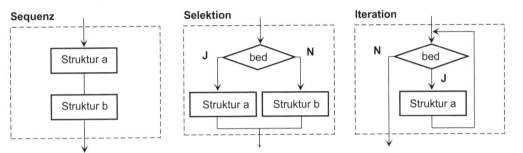

Abb. 14.3: Die drei Strukturelemente: Sequenz, Selektion und Iteration

Da diese Flussdiagrammsymbole unpraktisch sind, werden meist die folgenden Struktogrammsymbole verwendet.

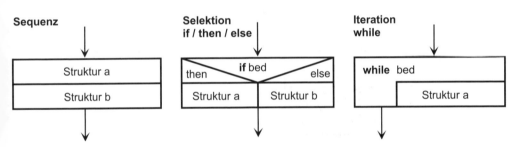

Abb. 14.4: Struktogrammsymbole: Sequenz, Selektion und Iteration

Mit diesen drei Grundablaufstrukturen könnten sämtliche Programme aufgebaut werden. In vielen Fällen ist es jedoch sinnvoll, die erlaubten Strukturen um einige Elemente zu erweitern. Meist werden als Ergänzung der Grundablaufstrukturen Sequenz, Selektion (if/then/else) und Iteration (while) die in Abbildung 14.5 gezeigten Strukturelemente do/until, for, endless und case zugelassen.

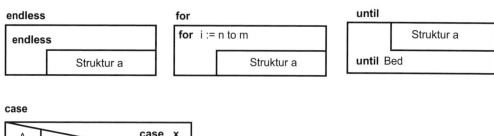

Abb. 14.5: Erweiterte Struktogrammsymbole

Die so definierten Ablaufstrukturen lassen sich beliebig kombinieren und ineinander verschachteln.

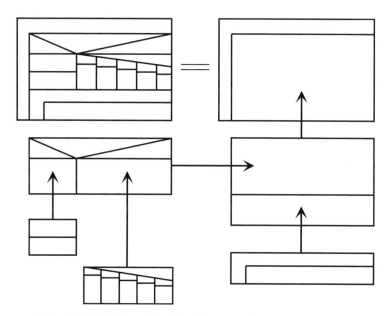

Abb. 14.6: Schrittweise Verfeinerung der Struktogramme

14.3 Realisierung der Strukturelemente in Assembler

Mit den im Kapitel 13 besprochenen Instruktionen lassen sich die gewünschten Ablaufstrukturen einheitlich und systematisch aufbauen.

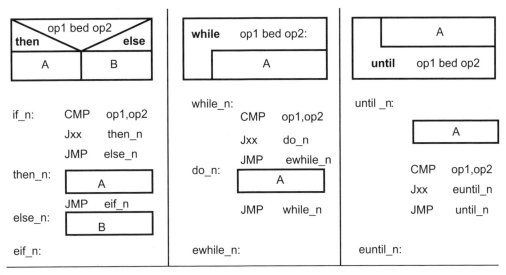

Abb. 14.7: Codierung der Strukturelemente if/then/else, while und repeat/until

Für den bedingten Sprungbefehl J*xx* ist je nach Datentyp und Bedingung der entsprechende Befehl einzusetzen.

Bedingung	Datentyp	
(op1 bed op2)	Unsigned	Signed
gleich (=)	JE	JE
ungleich ($\neq$)	JNE	JNE
kleiner (<)	JB	JL
grösser/gleich ($\geq$)	JAE	JGE
kleiner/gleich ($\leq$)	JBE	JLE
grösser (>)	JA	JG

Die Strukturelemente könnten auch vereinfacht wie in Abbildung 14.8 aufgebaut werden. Da bedingte Sprünge nur im Bereich $-128\ldots+127$ Byte möglich sind, funktioniert diese Lösung jedoch nur, wenn der Block A $\leq$ 127 Byte lang ist.

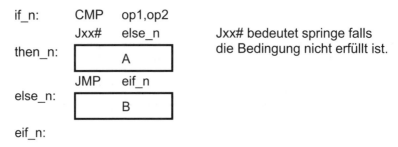

Abb. 14.8: Vereinfachte Codierung der if/then/else-Struktur

Die Abbildung 14.9 zeigt den Aufbau der Endlosschleife, einer universellen Zählschleife und einer Zählschleife unter Verwendung des LOOP-Befehls.

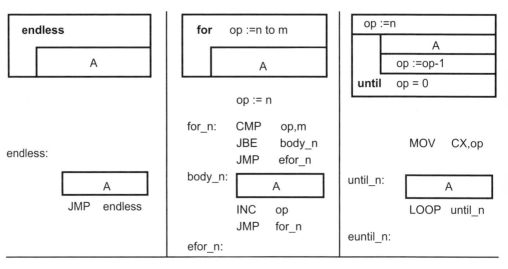

Abb. 14.9: Codierung der weiteren Strukturelemente

Eine Mehrfachverzweigung (case) kann auf verschiedene Arten realisiert werden. Die folgende Codierungsart eignet sich für beliebige Operanden (op); die Reihenfolge sowie die Werte der Testfälle (a, b, c) sind frei wählbar.

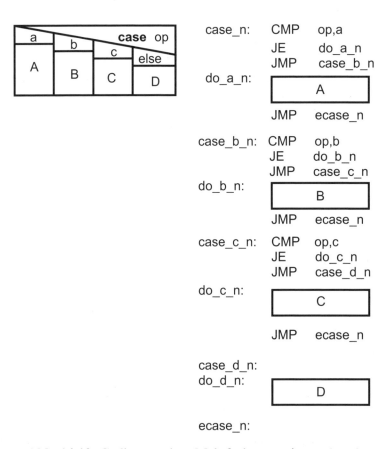

Abb. 14.10: Codierung einer Mehrfachverzweigung (case)

Strukturelemente mit mehreren Bedingungen

In der Praxis kommt es oft vor, dass in einem Strukturelement mehrere Bedingungen vorkommen, die durch UND oder ODER-Funktionen verknüpft sind. Darum soll die Realisierung am Beispiel einer Einfachverzweigung gezeigt werden.

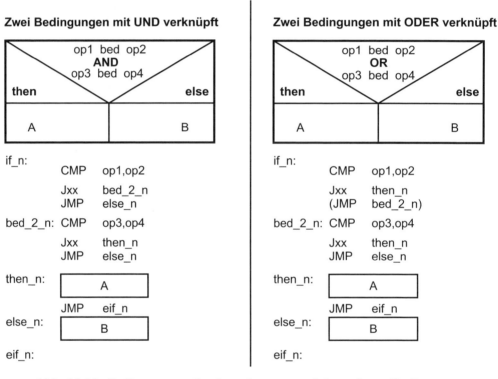

Abb. 14.11: Codierung von Strukturelementen mit komplexen Bedingungen

Sind die Bedingungen durch eine UND-Funktion verknüpft, so müssen beide Bedingungen erfüllt sein, damit der then-Zweig abgearbeitet wird. Sind die Bedingungen durch eine ODER-Funktion verknüpft, so muss nur eine der beiden Bedingungen erfüllt sein, damit der then-Zweig durchlaufen wird.

14.4 Übungen

a) Codieren Sie die folgenden Strukturelemente. Die Variabeln Tab[x] und Y sind 8-Bit-signed-Integer-Werte, der Index x ist ein 16-Bit-unsigned-Integer-Wert.

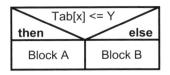   Block A: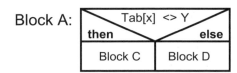

b) Codieren Sie die folgenden Strukturelemente. Die Variablen I und J sind 16-Bit-unsigned-Integer-Werte.

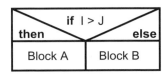   Block B: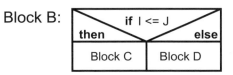

c) Codieren Sie das folgende Struktogramm. Die Variablen var1 und var2 sind 16-Bit-signed-Integer-Werte, die Variablen abc und xyz sind 8-Bit-unsigned-Integer-Werte.

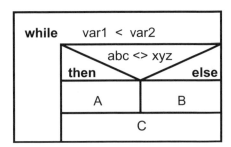

d) Codieren Sie das folgende Struktogramm. Die Variablen W1 und W2 sind 16-Bit-unsigned-Integer-Werte, die Variablen Start und Stop sind 8-Bit-signed-Integer-Werte.

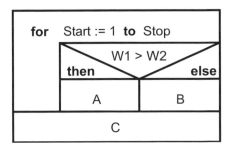

238 Strukturierte Codierung in Assembler

e) Codieren Sie das folgende Struktogramm. Die Variablen Ist und Soll sind 8-Bit-signed-Integer-Werte, die Variablen Anreiz und Time sind 16-Bit-unsigned-Integer-Werte.

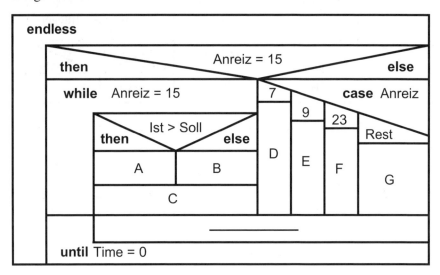

f) Codieren Sie die folgenden Struktogramme.

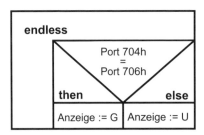 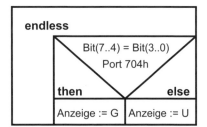

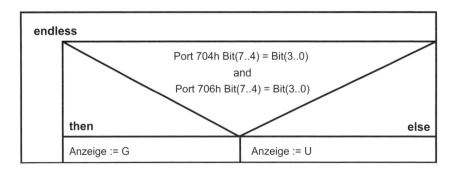

15

Darstellung von Datentypen

In diesem Kapitel werden die Zusammenhänge zwischen den in höheren Programmiersprachen verbreiteten Datentypen als abstrakte Konzepte und deren rechnerinterner Darstellung gezeigt. Diese Kenntnisse helfen dem Programmierer, die Begrenzungen und auch mögliche Seiteneffekte beim Einsatz dieser Datentypen zu verstehen. Mit Hilfe maschinennaher Werkzeuge wie z.B. dem Turbo-Debugger können diese Darstellungen leicht selbst überprüft werden.

Die Schreibweisen und Schlüsselwörter in diesem Kapitel werden in Pascal-Notation ausgeführt.

15.1 Einführung

In diesem Abschnitt werden nach einem kurzen Abriss der Entstehung die Grundkonzepte von Datentypen erläutert: Zu welchem Zwecke wurden sie eingeführt, und wozu dienen sie? In den folgenden Abschnitten werden die Implementationen der skalaren und einiger strukturierter Datentypen erläutert.

15.1.1 Entwicklung der Datentypen

Zu Beginn der Informatikentwicklung Anfang der 60er Jahre wurden die Computer für Berechnungen und einfache Datenverarbeitungsaufgaben (EDV) eingesetzt. Dazu waren im wesentlichen zwei Datentypen notwendig: **Zahlen** (Integer und Real) zum Rechnen und **Zeichen** (Character) für die Ein-/Ausgabe. Bald wurden auch **Felder** (Arrays) zum einfachen Verwalten von Daten gleicher Art eingeführt. Auf diesen vier elementaren Datenkonzepten basierten die Programmiersprachen FORTRAN, BASIC und PL/1 in den ersten Jahrzehnten der Informatikgeschichte.

Bald entstand aber das Bedürfnis, dem Programmierer weitere praktische und anschauliche Datentypen, wie **Boolean**, **Set** und **Record**, von der Programmiersprache zur Verfügung zu stellen und damit auch die zulässigen Operationen klar festzulegen. Zudem sollten die Datenkonzepte unabhängig von der jeweiligen Computerarchitektur zu verwenden sein. Diese neuen Konzepte kamen erstmals in Pascal (von ALGOL-60 abstammend) zum breiten Einsatz. Wesentlich in diesem klar definierten Typenkonzept war auch die Möglichkeit, eigene Datentypen zu konstruieren („**user defined types**"). Mit Hilfe dieser neuen Möglichkeit, für jedes Programmierproblem angepasste Datentypen zu kreieren, wurde das Abstraktionsniveau wesentlich erhöht, so dass die Programme verständlicher und sicherer wurden.

In diesem Kapitel werden die Implementation der skalaren und der strukturierten Datentypen sowie der Pointer besprochen.

15.1.2 Konzept der Datentypen

Man unterscheidet zwischen den **skalaren** (einfachen) und den **strukturierten** (zusammengesetzten) Datentypen: Variablen vom skalaren Typ enthalten genau einen Wert aus dem definierten Wertebereich, solche vom strukturierten Typ enthalten mehrere unter Umständen verschiedenartige Werte, passend zur definierten Struktur. Für die strukturierten Datentypen muss ein Selektionsmechanismus zur Auswahl der einzelnen Elemente existieren: Dies sind die Indizes beim Array oder der Feldselektor (Punkt) beim Record.

Mit dem Begriff Datentyp sind zwei Aspekte verknüpft:

Wertebereich: Variablen und Konstanten eines Typs können nur Werte innerhalb eines Bereiches (maschinenabhängig) annehmen. Beispiele: Boolean (True, False), Integer ($-$MaxInt ... $+$MaxInt).

Operationen: Für einen Datentyp sind nur ganz bestimmte Operationen zulässig. Beispiele: $+ - * /$ auf Integer, $+$ auf Strings usw.

Zwischen dem theoretischen Konzept eines Datentyps und seiner Realisation für einen bestimmten Rechner kann eine Diskrepanz entstehen. Beispiel: Die ganzen Zahlen als mathematische Abstraktion haben einen Wertebereich von „minus-unendlich" bis „plus-unendlich" (als idealisierter Datentyp bezeichnet); jede Rechnerimplementation (konkreter Datentyp) ist aber begrenzt, z.B. auf $-32'768$ bis $+32'767$ bei einer Wortlänge von 16 Bit.

Das Konzept vielfältiger Datentypen wurde aus folgenden Gründen eingeführt:

Type Check: Überprüfung von Programmierfehlern durch den Compiler.

Range Check: Überprüfung auf Bereichsüberlauf durch das Runtime-System.

Jede Programmiersprache besitzt eine Anzahl vorgegebene Datentypen (einfache standardisierte Typen: In Pascal sind dies Boolean, Char, Integer, Real, String und Pointer) und die Möglichkeit, daraus benutzerdefinierte Typen zu deklarieren (in Pascal: Subrange, Enumerated, Set, Array, Record und File).

15.1.3 Begriffe für die Implementation von Datentypen

Alle Daten und Befehle in Computern sind letztlich als Binärwerte im Speicher in Form eines „riesigen 0/1-Haufens" abgelegt, deren Interpretation erst aufgrund zusätzlicher Angaben (an welcher Adresse beginnt was?) einen Sinn ergibt. Für diese Interpretation sind für jedes Datenelement immer zwei Informationen notwendig:

Gruppierung: Wo beginnt bzw. endet ein Datenelement im Bitstrom, und, damit verbunden, wie viele Bits umfasst es gesamthaft? Für jeden Zugriff sind eine Positionsinformation in Form einer Adresse und eine Längeninformation notwendig.

Decodierung: Wie muss das Bitmuster interpretiert werden? Dazu ist entweder eine Codetabelle oder ein Decodieralgorithmus notwendig.

Diese Informationen werden bei der Übersetzung in Form von Adressen, Datenzugriffscodierungen (Byte, Word, ...) und ggf. Wandlungsroutinen in den Programmcode eingebaut.

Die Begriffe Nibble, Byte, Word, Doubleword usw. definieren die vom Datenelement belegte Anzahl Bits:

Bezeichnung	Bits	typische Verwendung bei
Bit	1	Boolean
Nibble	4	BCD-Ziffer
Byte	8	Character, Short-Integer
Word	16	Integer
Doubleword	32	Long-Integer, Real, Pointer
Quadword	64	Real

15.1.4 Übersicht Datentypen

Die Datentypen werden in die drei Hauptgruppen **Skalare**, **Strukturierte** und **Zeiger** unterteilt:

Skalare Datentypen: Diese besitzen aus einer endlichen Wertemenge nur genau einen Wert (werden auch als einfache Datentypen bezeichnet). Mit Ausnahme der gebrochenen Zahlen (Typ Real) gelten alle skalaren Typen als **ordinale** (aufzählbare) Typen.

Strukturierte Datentypen: Diese sind aus mehreren skalaren Datentypen zusammengesetzt (auch als komplexe Datentypen bezeichnet). Die Zusammensetzung kann homogen (ARRAY, SET, FILE) oder heterogen (RECORD, String) sein.

Zeigertypen: Diese beinhalten die Speicheradresse von Variablen beliebigen Datentyps. Dies entspricht auf der Maschinenebene einer Speicher-indirekten Adressierung und erlaubt durch Verkettung (RECORD mit Zeiger als Komponente) die dynamische Erzeugung von Datenstrukturen.

Als weitere Gruppe von Datentypen können die **Objektklassen** als komplexe Datenstrukturen, bestehend aus den bisherigen Datentypen und Methoden, als Programmteile (Code) aufgefasst werden. Objekt und Klassen werden im folgenden nicht behandelt.

Die folgende Abbildung 15.1 zeigt die Systematik der verschiedenen Datentypen.

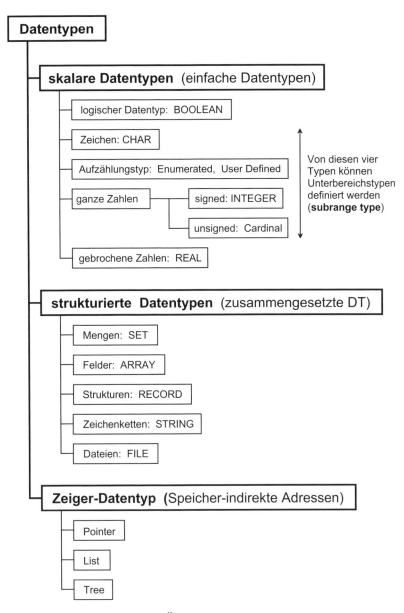

Abb. 15.1: Übersicht der Datentypen

15.2 Darstellung skalarer Datentypen

In den folgenden Abschnitten wird die rechnerinterne Darstellung in heute verbreiteten 32-Bit-Rechnern mit der sogenannten „Little Endian"-Format-Konvention (z.B. bei der Intel-80x86-Architektur) erläutert. Bei dieser Darstellung einer Mehrbyte-Grösse (z.B. Integer mit $n = 4$ Bytes) liegt das niederwertigste Byte mit Nummer 0 im Speicher an der tiefsten Adresse, und das höchstwertige Byte mit Nummer $n - 1$ (z.B. 3) liegt an einer um n (z.B. 4) höheren Byte-Adresse.

Abbildung 15.2 zeigt als Beispiel die Zahl 305'419'896 (= 12345678h) in Long-Integer-Darstellung und ihre Anordnung im Speicher ab Adresse 4000h:

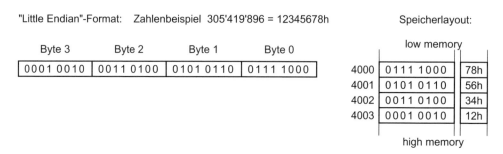

Abb. 15.2: Darstellung „Little Endian"-Format

Bei vielen Workstations (z.B. HP, Sun) und den Motorola-Architekturen (MC 680x0 und PowerPC) ist die Konvention „Big Endian"-Format vorherrschend. Wie Abbildung 15.3 zeigt, liegt hier das höchstwertige Byte 12h an der tiefsten Adresse:

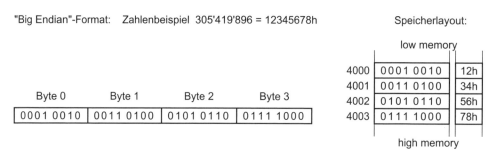

Abb. 15.3: Darstellung „Big Endian"-Format

15.2.1 Typ Character: Zeichen

Mit dem Datentyp **Character** (in Pascal und C als `char` bezeichnet) werden Zeichensätze für die Ein- und Ausgabe von Textdaten codiert. In C wird der Datentyp `char` auch als 8-Bit-Integer eingesetzt. Es wird also (wie in Assembler) der Datentyp (Interpretation) mit der Implementation (Byte) gleichgesetzt.

In Pascal ist `char` ein unabhängiger Datentyp. Zur Konversion von und nach `integer` sind die Funktionen ORD und CHR vordefiniert.

Heute werden meist 8-Bit-Zeichensätze mit maximal 256 Zeichen (inklusive Steuercodes) in Bytes codiert. Beim ASCII-Zeichensatz sind in der unteren Hälfte die normalen druckbaren Zeichen (Werte 32...126) und einige Steuercodes (Werte 0...31 und 127) untergebracht, er kann daher mit 7 Bit codiert werden. Im davon abgeleiteten ISO-Standard wird die obere Hälfte (Werte 128...255) für die internationale Zeichensatzerweiterung (Umlaute und Sonderzeichen) verwendet.

In neuerer Zeit werden auch die internationalen 16-Bit-Zeichencodes (Unicode UCS-2) eingesetzt, daneben ist auch ein 32-Bit-Zeichensatz UCS-4 definiert. Weitere Details zu Zeichencodes sind im Kapitel 3 enthalten.

Beispiel: Die folgenden drei Codesequenzen zeigen eine Wandlung von Gross- nach Kleinbuchstaben der Variablen Z:

Pascal:
```
    VAR   Zeichen : char;        /* Deklaration */

    IF (Zeichen >= 'A') AND (Zeichen <= 'Z') THEN
       Zeichen := CHR( ORD(Zeichen) + ORD('a')-ORD('A') );
```

C:
```
    char  Zeichen;               /* Deklaration */

    if (Zeichen >= 'A' && Zeichen <= 'Z')
       Zeichen = Zeichen + ('a' - 'A');
```

Assembler:
```
    Zeichen  DB    ?             ; Deklaration

    if0:     CMP   Zeichen,'A'
             JB    endif0
             CMP   Zeichen,'Z'
             JA    endif0
             ADD   Zeichen,'a'-'A'
    endif0:
```

15.2.2 Typ Integer: ganze Zahlen

Der Typ **Integer** umfasst im mathematischen Sinn eine Teilmenge der ganzen Zahlen (Bereich unendlich) und ist in seinem Umfang abhängig von der intern verwendeten Anzahl Bits. Die Resultate der Grundoperationen mit Integer-Werten gelten als exakt (im Gegensatz zu den Real-Datentypen). Die Darstellung der negativen ganzen Zahlen erfolgt heute fast ausschliesslich im Zweierkomplement (siehe Kapitel 2). Die natürlichen Zahlen inklusive der Null (**Kardinalzahlen**) als Teilmenge der ganzen Zahlen werden gleich wie die positiven Integerzahlen dargestellt, jedoch ist bei gleicher Anzahl Bits ein doppelt so grosser Darstellungsbereich möglich. Die Bezeichnungen der nicht negativen ganzen Zahlen ist leider uneinheitlich, die folgende Tabelle zeigt die gängigen Namen:

Typ	Bezeichnung	weitere Bezeichnungen
mit Vorzeichen	Integer	Signed-Integer
ohne Vorzeichen	Unsigned	Unsigned-Integer, Cardinal

Die folgenden drei Implementationen von Integer und Unsigned sind verbreitet:

Grösse	Bits	Unsigned	Integer
Byte	8	0 ... 255	−128 ... +127
Word	16	0 ... 65'535	−32'768 ... +32'767
Doubleword	32	0 ... 4'294'967'295	−2'147'483'648 ... +2'147'483'647

Zur Veranschaulichung sind in Abbildung 15.4 einige Integerzahlen in der Grösse Byte als Binärwerte dargestellt.

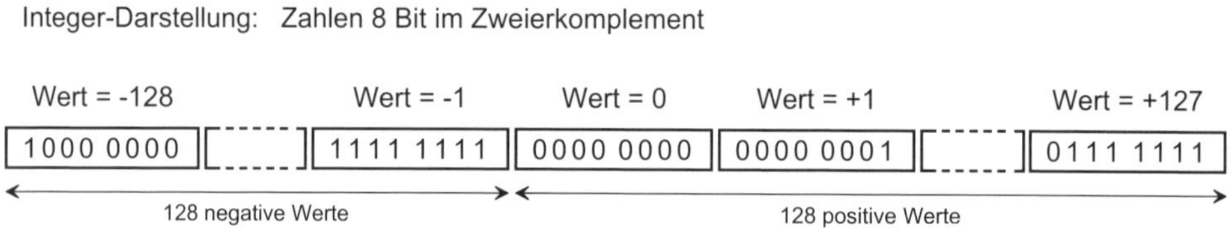

Integer-Darstellung: Zahlen 8 Bit im Zweierkomplement

Wert = -128	Wert = -1	Wert = 0	Wert = +1	Wert = +127
1000 0000	1111 1111	0000 0000	0000 0001	0111 1111

← 128 negative Werte → ← 128 positive Werte →

Abb. 15.4: Darstellung Integer 8 Bit

15.2.3 Typ Enumeration: Aufzählungstyp

Wenn Variablen nur wenige Werte mit einer „Namens-Bedeutung" annehmen, so können diese vom Programmierer als „Namenswerte" definiert und angesprochen werden. Intern werden sie jedoch als Zahlenwerte 0, 1, 2, 3, 4, ... codiert. Mit solchen Variablen werden normalerweise keine numerischen Operationen ausgeführt, sondern Tests, Vergleichs- und Zuweisungsoperationen.

Deklaration:

```
TYPE typname = (NameWert1, NameWert2, NameWert3, ...)
```

Beispiele:

```
TYPE
   Grundfarbe  = (Rot, Gelb, Blau) ;
   Werktag     = (Montag, Dienstag, Mittwoch,
                  Donnerstag, Freitag) ;
   Fahrzeug    = (Zug, Bus, Schiff, Auto, Velo) ;
```

Der Compiler ordnet diesen Namenswerten in aufsteigender Reihenfolge die Zahlenwerte 0, 1, 2, ... zu: `Mittwoch` erhält also den Wert 2, `Velo` den Wert 4.

Dieser Datentyp dient der besseren Lesbarkeit von Programmen und der Verhinderung von Zuordnungsfehlern durch den Programmierer.

Rechnerintern wird dieser Datentyp wie die Integertypen (Subrange) abgelegt, wobei der Compiler im Sinne der Speicheroptimierung die kleinstmögliche Darstellung wählt (also z.B. Byte bei Aufzählungstypen mit maximal 256 Werten). Heute ist allerdings oft die bessere Zugriffsgeschwindigkeit im Vordergrund, so dass durchaus auch 32-Bit-Werte für Aufzählungstypen eingesetzt werden können.

Aufzählungstypen können in Assembler mit dem Pseudobefehl `EQU` folgendermassen definiert werden:

```
Rot        EQU  0 ;  Konstanten
Gelb       EQU  1 ;
Blau       EQU  2 ;

Farbe      DB   ? ;  Variable

           MOV  AL,Farbe
           CMP  AL,Blau
           JE   istBlau
andere:    ...
           JMP  next
istBlau:   MOV  Farbe,Rot
```

15.2.4 Typ Boolean: logischer Datentyp

Der Datentyp **Boolean** kann als Aufzählungstyp (enumeration type) aufgefasst werden:

```
TYPE  Boolean = (False,True)
```

Der Typ **Boolean** kann also nur die zwei Werte **False** und **True** annehmen und könnte deshalb in einem Bit gespeichert werden:

```
0 = False    1 = True
```

Da jedoch die wenigsten Rechnerarchitekturen Operationen und Adressierungen auf Einzelbit unterstützen, wird für die Speicherung meist ein ganzes Byte verwendet:

```
00000000 = False    00000001 = True
```

Oft wird auch der Wert `11111111` = **True** verwendet, so dass man generell sagen kann, dass jeder von null verschiedene Wert einem **True** entspricht.

In Assembler können die beiden logischen Werte True und False ebenfalls wie bei den Aufzählungstypen mit dem Pseudobefehl EQU definiert werden:

```
False    EQU    0 ;
True     EQU    1 ;
```

Ein Test IF (NOT Warten) AND Data_ready auf die logischen (boolschen) Variablen Warten und Data_ready könnte in Assembler wie folgt realisiert werden:

im Datensegment:

```
Warten DB 0
Data_ready DB (?)

test:    MOV  AL,Warten        ; laden der Var. "Warten"
         NOT  AL               ; NOT Warten bilden
         AND  AL,Data_ready    ; verknüpfen mit "Data_ready"
         AND  AL,00000001b     ; Test nur auf Bit 0
         JNZ  next             ; Bedingung = True
         JMP  test             ; warten bis Bed. erfüllt
next:                          ; weiter ...
```

15.2.5 Typ Subrange: Unterbereichstyp

Von den bisher erläuterten Datentypen Character, Integer und User Defined können Unterbereichstypen abgeleitet werden: Wenn Variablen nur Werte in bestimmten Bereichen annehmen sollen, dann ist ein Unterbereichstyp mit Angabe der unteren und der oberen Grenze praktisch, da der Compiler bzw. das Runtime-System damit eine Bereichsüberprüfung durchführen kann.

Deklaration:

```
TYPE typname = minimal .. maximal
```

Unterbereichstypen werden häufig für Array-Indizes eingesetzt. Die interne Darstellung erfolgt gleich wie der Basistyp Integer, Character oder User Defined.

Beispiel mit 2 dimensinalem Buchtaben-Array:

```
CONST Limit = 10 ;              Indexgrenze 10
TYPE  Index = 1 .. Limit ;      nur Werte zwischen 1 und 10
      Alpha = 'A' .. 'Z' ;      nur Grossbuchstaben
VAR   BuMatrix = ARRAY[Index,Index] OF Alpha ;   2-D-Array
```

15.2.6 Typ Real: gebrochene Zahlen

Die Floating-Point-Darstellung im Digitalrechner basiert auf dem gleichen Prinzip, wie wir es uns bei der Exponentendarstellung im Zehnersystem gewohnt sind:

Beispiel: $0.00002796 = 2.796 * 10^{-5}$

Da rechnerintern auch die Mantisse im Dualsystem dargestellt wird und eine Dualpunkt-Verschiebung einer gebrochenen Binärzahl mit den Faktoren 2 im Exponenten ausgeglichen werden muss, wird in der rechnerinternen Floating-Point-Darstellung der Exponent zur Basis 2 verwendet:

Beispiel: $0.000010110111_2 = 1.0110111_2 * 2^{-5}$

In den folgenden Erläuterungen wird zwischen der Rechner-internen binären Darstellung (in Grossbuchstaben S, E und F) und der externen, dezimal interpretierten Zahl (in Kleinbuchstaben s, e und f) unterschieden.

Im folgenden wird zuerst die 32-Bit-Single-Precision-Darstellung im Detail erläutert, anschliessend sind die genaueren 64- und 80-Bit-Darstellungen aufgeführt.

a) Single-Precision-Floating-Format

Eine Floating-Point-Zahl (FP) besteht aus den drei Feldern Vorzeichen (Sign), Mantisse (Fraction) und Exponent:

S = Sign   Vorzeichen der Zahl (Sign-and-Magnitude-Darstellung)
E = Exponent   Exponent mit Vorzeichen in Exzessdarstellung (Biased-Exponent)
F = Fraction   Mantisse, normalisiert in der Form 1.xxxx (nur positive Werte)

31	30	29	28	27	26	25	24	23	22	21	20	19	18	17	16	15	14	13	12	11	10	09	08	07	06	05	04	03	02	01	00
S	E								F																						

Abb. 15.5: Floating-Point-Darstellung mit 32 Bit Wortlänge

S 1 Bit 0 = positive Floating-Point-Zahl   1 = negative Floating-Point-Zahl

E 8 Bit Darstellungsbereich des Exponenten:

  E als Binär: $(2^0)...(2^{+8} - 1)$ = $0...255$

  e als Exzess-127: $(-2^{+7} + 1)...(+2^{+7})$ = $-127...+128$

  Die Umrechnung des Exponenten lautet: $\boxed{e = E - 127}$

F 23 Bit Dualbruch im Bereich $0.000..0_b$ ... $0.111..1_b$

Für die **Exponentendarstellung** wird anstelle des Zweierkomplementes die Exzessdarstellung verwendet, da damit der Binärüberlauf (Carry) von 11111111 ($= +128$) auf 00000000 ($= -127$) gerade am „richtigen Ort" stattfindet (beim Zweierkomplement entsteht ein Carry beim Übergang von -1 auf 0, siehe auch Kapitel 2).

Da bei der **Normalisierung der Mantisse** zuvorderst immer eine 1 erscheint (ausser bei der Zahl 0), ist es nicht notwendig, diese Eins abzuspeichern. Sie wird daher normalerweise weggelassen, aber in der Interpretation und Berechnung mitberücksichtigt (wird als **Hidden Bit** bezeichnet). Somit ist die nutzbare Mantisse effektiv 24 Bit lang.

Die Umrechnung der Mantisse lautet somit: $\boxed{f = 1.F}$

Beispiel 1: $183._d$ = $0'1011'0111._b$ = $1.0110'111_b * 2^{+7}$

        Mantisse: $0110'1110_b$ (ohne Hidden Bit)

        Exponent: $1000'0110_b$ $(134 - 127 = 7)$

$\Rightarrow$ FP-Darstellung $0100'0011'0011'0111'0000'0000'0000'0000_b = 4337'0000_h$

Beispiel 2: $- 0.048'828'125_d$ = $-0.0000'1100'1_b$ = $-1.1001_b * 2^{-5}$

        Mantisse: 1001_b (ohne Hidden Bit)

        Exponent: $0111'1010_b$ $(122 - 127 = -5)$

$\Rightarrow$ FP-Darstellung $1011'1101'0100'1000'0000'0000'0000'0000_b = BD48'0000_h$

Darstellung der Floating-Point-Null:

Wegen des Hidden Bit kann die Mantisse 0 nicht dargestellt werden. Die kleinste Zahl nahe bei null kann mit dem negativsten Exponenten -127 (= 00000000_b) dargestellt werden, wobei die Mantisse aber minimal nur 1.0 sein kann: Alle Exponenten- und Mantissen-Bits sind dann Null.

Heute ist die folgende Konvention verbreitet: Ein Exponent E= 0 bedeutet, dass in der Mantisse kein Hidden Bit vorhanden ist und der Exponent als -126 interpretiert wird. Diese Zahlen werden als *Denormals* bezeichnet. Damit kann auch die exakte Mantisse 0 dargestellt werden: Alle Bits der Floating-Point-Zahl sind null (entspricht der IEEE-Norm 754, siehe nächster Abschnitt). Mit dieser Konvention können nun auch sehr kleine Zahlen nahe bei null dargestellt werden, allerdings mit reduzierter Genauigkeit.

Die folgende Tabelle zeigt in aufsteigender Reihenfolge die kleinen Zahlen zwischen der exakten Null und den normalen Floating-Point-Werten: exakte Null, kleinstes Denormal, „mittlere" Denormale (bbb..bb), grösstes Denormal, kleinste normale Floating-Point-Zahl und zweitkleinste normale Floating-Point-Zahl:

```
S   E          M                         dezimaler Wert

0   00000000   00000000000000000000000 = 0.0
0   00000000   00000000000000000000001 = 0.00000006 * 2**(-126)
0   00000000   bbbbbbbbbbbbbbbbbbbbbbb = 0.dddddddd * 2**(-126)
0   00000000   11111111111111111111111 = 0.99999994 * 2**(-126)
0   00000001   00000000000000000000000 = 1.00000000 * 2**(-126)
0   00000001   00000000000000000000001 = 1.00000006 * 2**(-126)
```

Darstellung von unendlich:

Zur Darstellung von unendlich wird der grösste Exponent ($11111111_b = +128$) zusammen mit der kleinsten Mantisse $1.000\ldots_b$ verwendet. Wenn eine Floating-Point-Zahl mit dem grössten Exponenten 11111111_b, aber mit einer Mantisse $\neq 0$ vorkommt, so wird dies als ungültige Floating-Point-Zahl betrachtet und als **NaN** (Not a Number) bezeichnet:

```
                              S     E           M
  grösste Zahl                0  11111110  11111111111111111111111
  unendlich                   0  11111111  00000000000000000000000
  NaN = Not a Number          0  11111111  bbbbbbbbbbbbbbbbbbbbbbb
  NaN = Not a Number          0  11111111  11111111111111111111111
```

Darstellungsbereich der Single-Precision-Darstellung:

Für den Darstellungsbereich (Dynamik) ist im wesentlichen der Exponent massgebend, da die Mantisse F nur im Bereich von 0.0 bis 0.9999... liegen kann, somit liegt der effektive Wert der Mantisse f im Bereich von 1.0 bis 1.9999... (nur Faktor 2):

Darstellungsbereich mit der Mantisse 1.0:

$$2^{-126} \text{ bis } 2^{+127} \quad \Rightarrow \quad 1.2 * 10^{-38} \text{ bis } 1.7 * 10^{+38}$$

Darstellungsbereich mit der Mantisse 1.99999999:

$$2^{-126} \text{ bis } 2^{+127} \quad \Rightarrow \quad 1.2 * 10^{-38} \text{ bis } 3.4 * 10^{+38}$$

Genauigkeit der Single-Precision-Darstellung:

Für die Genauigkeit (Auflösung = Anzahl Stellen) ist die Mantisse massgebend. Den Anwender interessiert normalerweise die Anzahl Dezimalstellen, die im Rechner richtig aufgelöst werden. Die Schrittweite des hintersten Bits (LSB) der Mantisse ergibt die maximale Auflösung:

$$LSB = 2^{-24} = 6.0 * 10^{-8} = 0.000'000'06 \quad \Rightarrow \quad 7 \text{ Dezimalstellen auflösbar}$$

Die Auflösung (Genauigkeit) und der Wertebereich (Dynamik) dieser als **Single-Precision** bezeichneten und aus den 70er Jahren stammenden Darstellung ist also nicht gerade überwältigend. Im Abschnitt b) werden die besseren **Double-** und **Extended-Precision**-Darstellungen erläutert.

b) Die Floating-Point-Darstellung gemäss IEEE-Norm 754 und 854

Der erste Numerik-Coprozessor 8087 (zur 8086-CPU) von Intel entspricht der damals vorgeschlagenen Norm IEEE-754 mit dem Schwerpunkt Datenformate. Die später erweiterte Norm IEEE-854 legte vor allem viele numerische Spezialfälle fest. Alle auf den 8087 folgenden Coprozessoren (ab 80486 auf CPU-Chip integriert) basieren auf den IEEE-Normen und unterstützen die folgenden drei Floating-Point-Formate, die auf dem in der Einleitung gezeigten Prinzip basieren (Single und Double mit Hidden Bit):

Bezeichnung	Bits	Exp.	Mantisse	min. Exp.	max. Exp.
Single Real	32	8	24	-126	$+127$
Double Real	64	11	53	-1022	$+1023$
Extended Real[1]	80	15	64	-16382	$+16383$

Umgerechnet auf das Dezimalsystem, ergeben sich die folgenden Werte für die Genauigkeit (Auflösung n = Anzahl Stellen) und den Wertebereich (Dynamik):

Name	LSB = Auflösung	n	Dynamik
Single	$2^{-24} = 0.60 * 10^{-7}$	7	$1.2 * 10^{-38} \ldots 3.4 * 10^{+38}$
Double	$2^{-53} = 0.11 * 10^{-15}$	16	$2.2 * 10^{-308} \ldots 1.8 * 10^{+308}$
Extended	$2^{-64} = 0.54 * 10^{-19}$	19	$3.4 * 10^{-4932} \ldots 1.2 * 10^{+4932}$

Die obige Tabelle gibt die Dynamik mit Berücksichtigung der Mantisse (Faktor 2) an.

---

[1] Man beachte: In der Darstellung Extended Real wird kein Hidden Bit verwendet.

254   Darstellung von Datentypen

15.3 Darstellung strukturierter Datentypen

Die strukturierten Datentypen kann man sich als Behälter mit mehreren Datenelementen vorstellen. Dadurch können mehrere Datenwerte unter einem Namen angesprochen werden. Um die einzelnen Datenelemente anzusprechen, ist ein Selektionsmechanismus notwendig: Indexierung bei Arrays, Feldname mit Punkt als Selektor bei Records bzw. sequentielles Lesen bei Files.

15.3.1 Typ Record: Verbund

Ein Record ist eine heterogene Struktur und besteht aus einer festen Anzahl unterschiedlicher Komponenten (ein Record kann natürlich auch aus lauter gleichen Komponenten bestehen).

Das folgende Beispiel definiert eine Record-Struktur mit vier Komponenten und deren Wertzuweisung (Initialisierung). Abbildung 15.6 zeigt das Speicherlayout.

```
TYPE
  TGeschlecht = (F,M) ;  { Datentyp user defined }
  TPerson = RECORD
              Name, Vorname : String[9];     { 20 Byte }
              Geschlecht    : TGeschlecht;   {  1 Byte }
              PersNummer    : Integer;       {  2 Byte }
            END ;        { Record belegt total 23 Byte }
VAR
  NeuEintritt : TPerson ;

...

BEGIN
  NeuEintritt.Name      := 'Meier';
  NeuEintritt.Vorname   := 'Rolf';
  NeuEintritt.Geschlecht := M;                { = 01h   }
  NeuEintritt.PersNummer := 4321;             { = 10E1h }
END ;
```

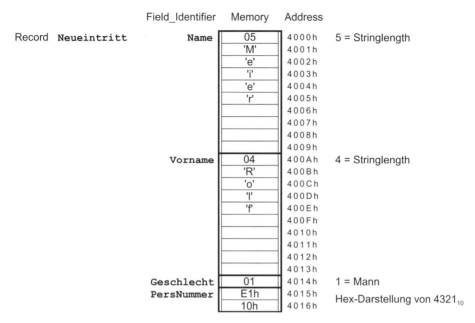

Abb. 15.6: Speicherlayout der Record-Struktur NeuEintritt

15.3.2 Typ Array: Felder

Ein Array ist eine homogene Struktur und besteht aus einer definierten Anzahl gleichartiger Komponenten beliebigen Typs. Der Zugriff auf die einzelnen Datenelemente erfolgt via Index, der ein skalarer ordinaler Typ sein muss: Integer, Character, User Defined oder Subrange. Der Array besitzt gegenüber dem Record den Vorteil, dass die Indizes durch das Programm berechnet werden können.

Abbildung 15.7 zeigt das Speicherlayout von zwei Array-Strukturen für die beiden Fälle skalarer bzw. strukturierter Elementtyp, basierend auf den folgenden Deklarationen:

```
TYPE
   TIntArray = ARRAY[1..5] OF Integer ;
   TPersData = RECORD
                 Number : Integer ;    { Personennummer }
                 ShName : String[6]    { ShortName }
               END ;
VAR
   ZahlenFeld    : TIntArray ;
   PersonenFeld  : ARRAY[1..3] OF TPersData ;
```

256 Darstellung von Datentypen

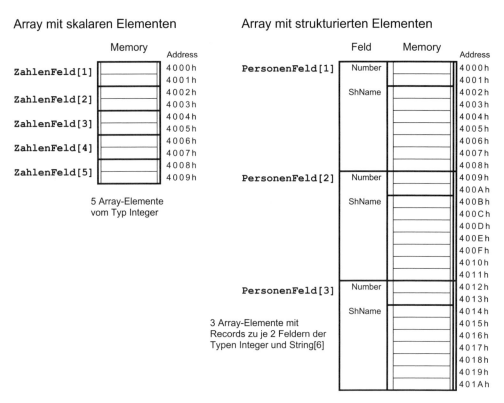

Abb. 15.7: Aufbau von Array-Strukturen

In den Sprachen Assembler und C verwendet man üblicherweise Indizes, die bei null beginnen. Im obigen Beispiel wurde ein allgemeinerer Fall gewählt, bei dem der Index mit eins beginnt. Für die Bestimmung des Adress-Offset eines Elements (Distanz des Elements zum Array-Anfang) muss berücksichtigt werden, dass das erste Element (mit Index 1) den Offset 0 besitzt. Unter Berücksichtigung der Grösse eines Array-Elementes berechnet sich die Adresse eines Elements wie folgt:

$$\text{Adresse}_{Element} = \text{Adresse}_{Array} + (\text{Index} - 1) * \text{Elementgrösse}$$
$$= \text{Adresse}_{Array} + \text{Index} * \text{Elementgrösse} - 1 * \text{Elementgrösse}$$

Um also im obigen Beispiel auf das Element ZahlenFeld[Index] zuzugreifen, muss zur Adressberechnung der Index mit zwei multipliziert, die Array-Anfangsadresse (4000h) addiert und die Elementgrösse (2 Bytes) subtrahiert werden. Die folgenden Assembler-Befehle realisieren den Zugriff mit einem minimalen Runtime-Aufwand:

```
        Index   DW      ?

getel4: MOV     SI,Index              ; Index lesen
        SHL     SI,1                  ; Index * 2
        MOV     AX,ZahlenFeld[SI-2]   ; Elementzugriff
```

Darstellung strukturierter Datentypen

Mehrdimensionale Arrays werden in Assembler als „Array of Array" betrachtet. Dies soll am folgenden Beispiel eines zweidimensionalen 3*5-Feldes mit total 15 Elementen illustriert werden:

    VAR   Matrix : ARRAY[0..2,0..4] OF Integer;

`Matrix` wird als ein Array von drei Array-Spalten betrachtet, die wiederum 5 Integer-Elemente (2 Byte) enthalten. Dies entspricht der folgenden gültigen Pascal-Deklaration:

    VAR   Matrix : ARRAY[0..2] OF ARRAY[0..4] OF Integer;

Abbildung 15.8 zeigt als Beispiel das Speicherlayout, unter der Annahme, dass die Anfangsadresse des Arrays 4000h beträgt.

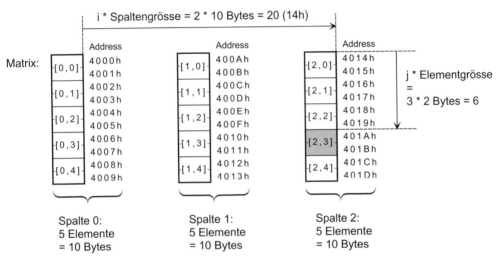

Abb. 15.8: Speicherlayout eines zweidimensionalen Arrays

Um auf ein Element des zweidimensionalen Arrays zuzugreifen, muss der Element-Offset aus dem Offset der Spalte plus dem Offset des Elements *in* der Spalte berechnet werden. Für das Element `Matrix[2][3]` beträgt der Offset demnach $2 * \text{Spaltengrösse} + 3 * \text{Elementgrösse} = 2 * 10 + 3 * 2 = 26$ (1Ah).

Mit gegebenen 16-Bit-Indexvariablen `i` und `j` realisieren die folgenden Assembler-Befehle den Zugriff auf das Array-Element `Matrix[i,j]`:

```
getel:  MOV  DI,j            ; j = Zeilenindex
        SHL  DI,1            ; => Element-Spalten-Offset
        MOV  AX,10           ; 10 = Spaltengrösse
        MUL  i               ; i = Spaltenindex
                             ; => AX = Spalten-Offset
        ADD  DI,AX           ; => DI = Element-Offset
        MOV  AX,Matrix[DI]   ; Zugriff auf das Element
```

15.3.3 Typ Set: Mengentyp

Eine Menge ist eine „Ansammlung" von Elementen aus dem gesamten in Frage kommenden „Wertevorrat". Eine Mengenvariable stellt also die Beschreibung derjenigen Elemente dar, die zur betrachteten Menge gehören. Ein Mengentyp ist nichts anderes als ein `ARRAY OF Boolean`, bei dem jedes Array-Element ein Mengenobjekt darstellt, das im Falle `True` (Bitwert = 1) zur Menge gehört – im Falle `False` (Bitwert = 0) jedoch nicht zur Menge gehört.

Die Variablen eines Mengentyps können als mögliche Werte die Menge aller Kombinationen von Werten eines skalaren Basistyps annehmen: In der Regel ist der Basistyp eine sehr beschränkte Anzahl Werte (Subrange oder User Defined), da in der konkreten Implementation pro Element (möglicher Wert des Basistyps) ein Bit vorgesehen werden muss. Beispiel: Ein Mengentyp mit Basistyp Character (Byte mit 256 Werten) würde also 256 Bits = 32 Bytes belegen. Würde man als Basistyp nur den ASCII-Zeichensatz mit 7 Bit zugrunde legen, so benötigten die Mengenvariablen des ASCII-Basistyps nur 128 Bits (= 16 Bytes).

Die Menge aller Teilmengen eines Set-Typs wird als **Potenzmenge** bezeichnet: Wenn eine Menge aus n Elementen bestehen kann, so sind total 2^n Teilmengen möglich. Im Fall des Mengentyps ASCII-Menge mit 128 Elementen sind also $2^{128} = 3.4 * 10^{38}$ Teilmengen möglich.

Syntax:

```
TYPE typname = SET OF Element-Typ
```

Der Basistyp `Element-Typ` muss ein ordinaler Typ (simple type) sein.

Beispiel: Farbmengen mit den drei Grundfarben Rot, Grün und Blau.

```
TYPE GrundFarben = (Blau, Gruen, Rot) ; { Werte 0,1,2 }
     BasisFarben = SET OF Grundfarben ;
VAR  Farbe : BasisFarbe ;
```

Der Mengentyp `BasisFarben` kann als Elemente die drei Farbanteile Rot, Grün und Blau enthalten und damit 8 mögliche Farben darstellen, die Potenzmenge des Typs `BasisFarben` mit drei Elementen ist also $2^3 = 8$.

Die rechnerinterne Darstellung der drei Grundfarben lautet:

```
Rot   = 100   höchstwertiges Bit
Gruen = 010
Blau  = 001   niederwertigstes Bit
```

Mengen werden in Pascal als Aufzählung in eckigen Klammern geschrieben. Die fünf Mischfarben können daher als Mengenkonstanten wie folgt definiert werden:

Darstellung strukturierter Datentypen

```
CONST
  Schwarz  = [] ;                       { "leere" Menge   000 }
  Tuerkis  = [Gruen, Blau] ;            { Teilmenge       011 }
  Violett  = [Rot, Blau] ;              { Teilmenge       101 }
  Gelb     = [Rot, Gruen] ;             { Teilmenge       110 }
  Weiss    = [Rot, Gruen, Blau] ;       { "volle" Menge   111 }
```

Anstelle der im Abschnitt Aufzählungstypen definierten Farben können in Assembler die oben eingeführten Farbmengen folgendermassen definiert werden:

```
Rot      EQU  00000100b        ; Bit Nr. 2 = Rot
Gruen    EQU  00000010b        ; Bit Nr. 1 = Gruen
Blau     EQU  00000001b        ; Bit Nr. 0 = Blau

Schwarz  EQU  0                             ; "leere" Menge
Tuerkis  EQU  Gruen OR Blau                 ; 00000011b
Violett  EQU  Rot OR Blau                   ; 00000101b
Gelb     EQU  Rot OR Gruen                  ; 00000110b
Weiss    EQU  Rot OR Gruen OR Blau          ; "volle" Menge
```

Mengenoperationen: Auf Mengen können die Operationen Vereinigung, Durchschnitt, Differenzmenge und Teilmenge ausgeführt werden. Auf Mengenvariablen können Tests (Element von) und Vergleichsoperationen (Teilmenge von) ausgeführt werden.

Die folgende Tabelle enthält die Schreibweisen der Mengenoperatoren in Pascal und Assembler:

Operation	Pascal	Assembler
Vereinigung	+	OR
Durchschnitt	*	AND
Differenz	−	[1])
Teilmenge	<=	AND
Teilmenge	>=	AND
Element von	IN	AND
leere Menge	[ ]	0
Gleichheit	=	SUB
Ungleichheit	<>	SUB

---

[1]) Für diese Operation sind in Assembler mehrere Befehle notwendig.

Die folgenden Beispiele zeigen in Pascal und Assembler einige Mengenoperationen mit den oben definierten Farbkonstanten und Variablen:

Pascal:

```
Farbe := Rot + Gruen ;        { ergibt die Farbe Gelb    }
Farbe := Tuerkis * Violett ;  { ergibt die Farbe Blau    }
Farbe := Gelb - Violett ;     { ergibt die Farbe Gruen   }
IF Farbe <= Gelb THEN ...     { True, da Gruen in Gelb   }
IF Farbe IN Violett THEN ...  { False, da Violett=R+B    }
IF Farbe = Gelb THEN ...      { False, da Gruen<>Gelb    }
```

Assembler:

```
MOV  AL,Rot      ; 00000100b
OR   AL,Gruen    ; 00000010b -> 00000110b = Gelb

MOV  AL,Tuerkis  ; 00000011b
AND  AL,Violett  ; 00000101b -> 00000001b = Blau

MOV  AL,Gelb         ; 00000110b
MOV  AH,Violett      ; 00000101b
XOR  AH,00000111b    ; 00000010b
AND  AL,AH           ; 00000010b = Gruen
MOV  Farbe,AL        ; Speichern von Gruen

MOV  AL,Farbe   ; 00000010b
AND  AL,Gelb    ; 00000110b -> enthaelt Gruen
JNZ  istGelb    ; True -> Sprung wird ausgefuehrt

MOV  AL,Farbe    ; 00000010b
AND  AL,Violett  ; 00000101b -> enthaelt kein Gruen
JNZ  istViolett  ; False -> Sprung wird nicht ausgefuehrt

MOV  AL,Farbe   ; 00000010b
SUB  AL,Gelb    ; 00000110b -> Gruen - Gelb <> 0
JZ   istGelb    ; False -> Sprung wird nicht ausgefuehrt
```

15.3.4 Typ String: Zeichenketten

Strings sind dynamische Strukturen von „Zeichen-Arrays", die sich während des Programmablaufes in der Länge verändern können. Der aktuell belegte Speicherbereich muss mit einer Zusatzinformation separat gespeichert/markiert werden. Diese Längenverwaltung erfolgt auf zwei verschiedene Arten:

Längenzähler: Zusätzlich zur eigentlichen Zeichenkette wird ein Längenzähler (Unsigned) eingesetzt. Dieser ist häufig als Längenbyte vor der Zeichenkette abgespeichert, besitzt somit den Index 0, und das erste Zeichen hat dann gerade den Index 1 (z.B. in Turbo-Pascal). Bei Verwendung eines Bytes als Längenzähler ist die String-Länge auf 255 Zeichen beschränkt. Diese Technik ist effizient und einfach in der Verwaltung.

Terminator: Das Ende des Strings wird mit dem Steuerzeichen NUL = 00h markiert. Diese Technik wird z.B. bei C (UNIX und Windows) eingesetzt. Sie hat keine Begrenzung der String-Länge und ist flexibler bezüglich Speicherverwaltung bei etwas erhöhtem Verwaltungsaufwand. Die aktuelle Länge muss mit einer Suchoperation bestimmt werden (siehe Übung im Abschnitt 17.3.2).

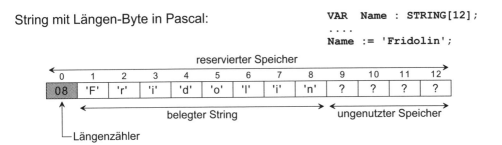

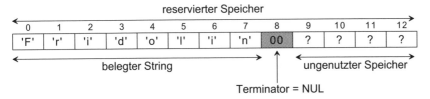

Abb. 15.9: Datentyp String

Bei der Variablen-Deklaration wird aufgrund der maximal geforderten Länge der Speicherplatz reserviert und bleibt während der gesamten Programmlaufzeit statisch belegt. Abbildung 15.9 zeigt die Datenstrukturen dieser beiden Implementierungstechniken.

15.3.5 Typ Pointer: Zeiger auf beliebige Datenstrukturen

Der Pointer-Datentyp (Zeiger-) besitzt im Vergleich zu den bisherigen Datentypen einen grundsätzlichen Unterschied: In einer Pointer-Variablen steht kein Datenwert, der direkt genutzt wird, sondern eine Adresse, die auf die eigentlichen Daten (beliebige Struktur) zeigt. Der Datenzugriff erfolgt *Speicher-indirekt*, indem man den Pointer-Wert zur Adressierung verwendet. Man sagt, der Pointer wird dereferenziert.

Prinzip der Pointer: Die Pointer-Variablen lassen sich mit der indirekten Adressierung vergleichen. Das folgende einfache Beispiel zeigt das Prinzip mit einer „normalen" Variablen count und einer 16-Bit-Pointer-Variablen[2] count_ptr.

Das Datensegment enthält folgende Assembler-Deklarationen (Speicherlayout siehe Abbildung 15.10):

```
count      DB   27             ; Variable count erhält 27
count_ptr  DW   OFFSET count   ; Variable count_ptr
                               ; enthält  Adr. von count
```

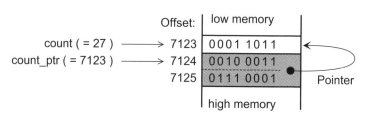

Abb. 15.10: Speicherlayout der obigen Deklaration

Direkte Adressierung: Variablenname $\longrightarrow$ Wert

Das Symbol count steht für dem Wert der Variablen. Der Zugriff kann in Assembler direkt (in einem Schritt) erfolgen.

```
MOV   AL,count ; lade AL mit der Variablen count
```

Speicher-indirekte Adressierung: Variablenname $\longrightarrow$ Adresse $\longrightarrow$ Wert

In der Variablen count_ptr steht die Offset-Adresse von count. Für den Zugriff auf den Wert von Count werden in Assembler zwei Schritte benötigt.

```
MOV   BX,count_ptr  ; lade Adresse von count in BX
MOV   AL,[BX]       ; lade indirekt den Wert via BX in AL
```

---

[2] Auf Intel-Prozessoren werden Pointer oft als Far-Pointer (32 Bit, bestehend aus Segment und Offset) realisiert.

Die Deklaration von Pointer-Variablen hat in Pascal die folgende Form:

```
TYPE   pointer_typ_name = ^data_typ_name;
```

In Pascal werden Zeigervariablen mit dem Dachzeichen „^" gekennzeichnet, in C mit dem Stern „*". Das Zeichen „^" steht also für *Zeiger* auf Daten vom Typ data_typ_name.

Beispiel:

```
TYPE PRealPtr = ^Real ; { Zeigertyp auf Real }
VAR  x,y,z : PRealPtr ; { Pointer-Variablen auf Real }
```

Damit sind statisch drei Zeigervariablen (belegen je eine FAR-Adresse) auf Datenvariablen vom Typ Real deklariert, die zunächst noch nirgendwohin zeigen. Sie können weder als Zeiger noch als dahintersteckende Datenvariablen verwendet werden. Dazu müssen dynamisch zuerst mit der NEW-Prozedur Datenplätze reserviert und die Zeiger daraufgesetzt werden. Für Pointer-Variablen existiert die vordefinierte Konstante NIL: Dies bedeutet, dass der Pointer keine gültige Adresse enthält (und also „ins Blaue" zeigt!). Häufig wird dafür der Adresswert 0 verwendet. Für weitere Details sei auf die Pascal-Literatur verwiesen.

Als Beispiel sei die Verwendung eines Pointer für den Zugriff auf einen Parameterblock im Zusammenhang mit Unterprogrammen gezeigt (siehe auch Kapitel 18).

Parameterblock im Datensegment:

```
; Parameterblock mit zwei Pointer auf Länge und Tabelle
  ParBlock DW   OFFSET Laenge
           DW   OFFSET Tabelle
           ...
  Laenge   DB   8                        ; 8 Werte
  Tabelle  DB   21,22,23,24,25,26,27,28  ; aktuelle Werte
```

Prozedurdeklaration und Aufruf:

```
    SubPB   PROC                 ; Prozedur mit Parameterblock
            MOV   SI,[BX]        ; Adresse von Laenge in SI
            MOV   CL,[SI]        ; laden Parameter Laenge
            MOV   SI,[BX+2]      ; Adresse von Tabelle in SI
            MOV   AL,[SI]        ; 1. Wert von Tabelle laden
            ...
            RET
    SubPB   ENDP

; Aufruf des Unterprogrammes mit Pointer auf ParBlock:
            MOV   BX, OFFSET ParBlock ; Adresse in BX laden
            CALL  SubPB
```

15.4 Übungen

15.4.1 Floating-Point-Darstellung

Die folgenden Dezimalzahlen sind in 32-Bit-Floating-Point-Darstellung (binär und hex) zu wandeln:

a) -235.125

b) $+1280.5$

c) $+0.667'968'75$

d) -0.025

e) Im Speicher stehen ab Adresse 2000h:0006h vier 32-Bit-Floating-Point-Zahlen. Diese sind in Dezimalzahlen zu wandeln.

Speicherausschnitt:

```
2000:0000  3E A4 CB 32 41 47 39 57   C0 00 BC 9D E0 00 5C 20
2000:0010  10 00 9A 32 80 00 0E DC   BA 3F 41 42 43 44 45 46
```

15.4.2 Record-Typ

Entwickeln sie eine Assembler-Prozedur GetInt2DArray, die aus einem zweidimensionalen Integer-Array ein beliebiges Element liest. Die Prozedur soll universell für beliebige Array mit Indexgrenzen bis 255 anwendbar sein. Der Prozedur wird im SI-Register die Adresse eines Parameterblockes übergeben, der die Array-Adresse und die Array-Dimensionen enthält. Im DX-Register werden die beiden Indizes übergeben (DH = Zeile, DL = Spalte). Der Integerwert aus dem Array soll im AX-Register zurückgegeben werden.

Der Parameterblock ist wie folgt aufgebaut:

```
        ParBlock  DW   IntArray        ; Adresse des Integer-Array
                  DB   Spalten         ; Anzahl Spalten
                  DB   Zeilen          ; Anzahl Zeilen

        Spalten   EQU  20      ; Beispielwerte fuer Spalten-
        Zeilen    EQU  12      ;              und Zeilenzahl
        IntArray  DW   Spalten*Zeilen DUP (?) ; Zahlen-Array
```

15.4.3 Mengentyp

Erstellen Sie eine Assembler-Prozedur, die aus einer Farbvariablen die Anteile Rot, Blau und Gruen extrahiert. Die Variable Farbe wird der Prozedur im Register AH übergeben (Codierung wie im Abschnitt Mengentyp), die Farbanteile (Grundfarben) sollen als logische Werte (0 = Grundfarbe nicht enthalten, 1 = Grundfarbe enthalten) in den Registern AL (Rot), DH (Gruen) und DL (Blau) zurückgegeben werden.

15.4.4 Strings

Entwickeln Sie eine Assembler-Prozedur Length, welche die Länge eines nullterminierten Strings (maximale Länge = 65'535) bestimmt. Die Adresse des Strings wird im Register SI übergeben, die Länge des Strings soll im Register CX zurückgegeben werden.

4

16

Unterprogramme und Stack

16.1 Einführung

In der Programmiertechnik sind Unterprogramme (auch als *Subroutinen, Prozeduren* oder *Funktionen* bezeichnet) sehr wichtige Konzepte, um klare und überschaubare Programme zu erstellen, aber auch um Speicher zu sparen, da mit Hilfe der Unterprogrammtechnik eine bestimmte Befehlsfolge nur einmal im Code erscheint, aber mehrmals von verschiedenen Orten aufgerufen (durchlaufen) werden kann.

Abbildung 16.1 zeigt, wie mit den bisher besprochenen Sprungbefehlen (JMP) ein Unterprogramm von verschiedenen Orten angesprungen werden kann. Für den „Weg zurück" jedoch muss das „Stack"-Konzept verwendet werden, um in Abhängigkeit vom Aufruf an die richtige Programmstelle zurückzufinden. Die Stack-Technik und die neuen Maschinenbefehle CALL/RET (anstelle der Jump-Befehle) werden in den folgenden Abschnitten besprochen.

Beim Sprung zum Unterprogramm (in Abbildung 16.1 mit JMP subr) soll also eine bestimmte Befehlsfolge im Unterprogramm subr ablaufen. Anschliessend soll der Prozessor beim nachfolgenden Befehl des Hauptprogrammes (mit Folgebefehl bezeichnet) fortfahren. Der Aufruf des Unterprogrammes subr kann von verschiedenen Orten mit JMP subr erfolgen, der Rücksprung aus dem Unterprogramm an unterschiedliche Folgeadressen ist aber mit JMP ??? nicht so einfach:

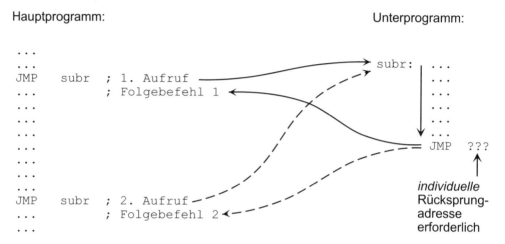

Abb. 16.1: Problem des Rücksprungs aus dem Unterprogramm

Abbildung 16.1 zeigt also, dass für den Rücksprungbefehl JMP ??? eine „individuelle" Rücksprungadresse notwendig ist. Es stellt sich somit das grundsätzliche Problem, wie der Rückweg vom Schluss der Subroutine zum Befehl („Folgebefehl") nach dem Aufruf erfolgt: Da der Rücksprung je nach Ort des Aufrufes an verschiedene Stellen erfolgen muss, ist die *Sicherung der Rücksprungadresse* zum *Zeitpunkt des Aufrufes* notwendig. Diese ist erst zur Laufzeit bestimmbar und kann deshalb nicht durch den Assembler zur Übersetzungszeit in den Code eingesetzt werden. Die Sicherung der Rücksprungadresse kann auf verschiedene Arten erfolgen, wobei heute meist die Stack-Technik verwendet wird, da damit auch mehrfach geschachtelte Aufrufe von Unterprogrammen möglich werden. In den folgenden Abschnitten wird die Stack-Technik genauer erläutert.

16.2 Das Stack-Prinzip

Für die *kurzfristige Ablage und Pufferung* einer variablen Anzahl von Elementen (Daten, Adressen) existieren die zwei grundlegenden Speichertechniken **Stack** und **Queue**.

16.2.1 Queue

Bezeichnung für eine Queue: **FIFO = First In First Out**

Bei einer Queue werden die Elemente in der gleichen Reihenfolge ausgelesen wie sie vorher eingeschrieben wurden, d.h. die Reihenfolge des Einschreibens bleibt beim Auslesen erhalten, analog einer Warteschlange.

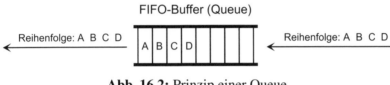

Abb. 16.2: Prinzip einer Queue

Die FIFO-Technik wird dann verwendet, wenn der Produzent und der Konsument von Daten nicht starr synchron laufen, die Verarbeitung aber in der ursprünglichen Reihenfolge geschehen soll (z.B. der Tastaturpuffer im PC oder Message-Boxen bei parallelen Prozessen). FIFO werden also als Puffer bei nicht synchron laufendem Produzent/Konsument-Verhalten eingesetzt.

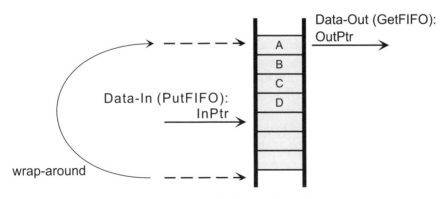

Abb. 16.3: Prinzip eines Ringpuffers

FIFOs werden Software-mässig meist als sogenannte **Ringpuffer** im Arbeitsspeicher mit zwei Zeigern realisiert: Der Einschreibezeiger InPtr zeigt auf den nächsten freien Platz, mit dem Auslesezeiger OutPtr wird immer das älteste Element ausgelesen. Bei jeder Schreib- (PutFIFO) bzw. Leseoperation (GetFIFO) müssen der FIFO-Überlauf (= wrap-around d.h. den Zeiger auf den ersten FIFO-Platz setzen) und das Erreichen des Zustandes Full bzw. Empty überprüft werden.

16.2.2 Stack

Bezeichnung für einen Stack: **LIFO = Last In First Out**

Die Elemente werden umgekehrt zur Reihenfolge ausgelesen, in der sie vorher eingeschrieben wurden. Dies ist bei geschachtelten Subroutinenaufrufen mit den Rücksprungadressen notwendig, da jeweils die erste notwendige Rücksprungadresse auf dem Stack gerade vom letzten Subroutinenaufruf stammt. Für die Unterprogramme werden wir also in den folgenden Abschnitten die Stack-Technik betrachten.

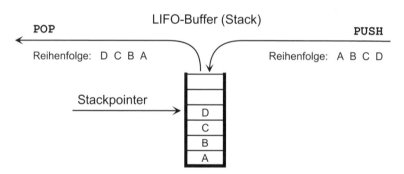

Abb. 16.4: Prinzip eines Stack

Im Gegensatz zur Queue hat ein Stack nur einen Zugriffsort: Ein neu eingeschriebenes Element versteckt den Zugriff auf die bisher gespeicherten Elemente, d.h. es kann momentan immer nur das zuletzt eingeschriebene Element ausgelesen werden. Daher ist für die softwaremässige Realisation nur ein Zeiger notwendig – er wird meist als Stackpointer = SP bezeichnet. Je nach Konvention zeigt der Stackpointer auf das letzte beschriebene Element (Intel-Konvention) oder auf den momentan nächsten freien Platz (DEC-/Motorola-Konvention). Ob der Stack in Richtung aufsteigender oder absteigender Adressen gefüllt wird, ist ebenfalls eine Frage der Konvention.

16.3 Stack-Realisation beim 8086

16.3.1 Stack-Segment und Stackpointer

Der Stack befindet sich im RAM-Bereich des Speichers und wird immer über das Stack-Segmentregister SS angesprochen. Mit dem Stackpointer SP wird der Stack-Bereich verwaltet, der von hohen nach tiefen Adressen gefüllt wird. *Alle Stack-Operationen* werden *immer wortweise* durchgeführt. Beim Schreiben auf den Stack (Operation PUSH) wird der Stackpointer fortlaufend dekrementiert (−2), beim Lesen vom Stack (Operation POP) wird er dann wieder inkrementiert (+2).

Der Stackpointer SP zeigt dabei immer auf das *zuletzt in den Stack geschriebene* Wort d.h. auf den *letzten belegten Platz* (und nicht etwa auf den nächsten freien Platz!). Daher muss beim Beschreiben des Stack der Stackpointer zuerst um 2 erniedrigt werden (pre-decrement), und anschliessend wird der Datenwert via SP in den Speicher geschrieben. Umgekehrt wird beim Lesen vom Stack zuerst der Datenwert via SP geholt und anschliessend der Stackpointer um 2 erhöht (post-increment).

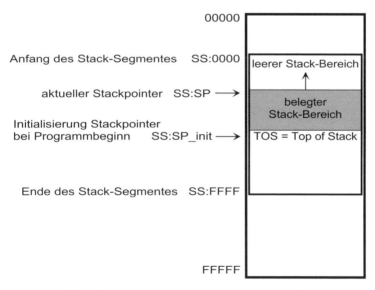

Abb. 16.5: Organisation des Stack beim 8086

16.3.2 Funktion der Stack-Operationen PUSH und POP

Am Beispiel der Befehle PUSH und POP wird nachfolgend die Funktion der Stack-Organisation erläutert, die Stack-Befehle werden dann im nächsten Abschnitt 16.4 im Detail behandelt.

Abbildung 16.6 zeigt die Situation vor und nach dem Beschreiben des Stack durch den Befehl PUSH AX, der den Inhalt des AX-Registers auf den Stack schreibt. Im dargestellten Speicherausschnitt des Stack-Bereiches wurde angenommen, dass der Stack eine Länge von 100h = 256d hat und daher der Stackpointer auf den Wert 100h (TOS = Top of Stack) initialisiert wurde. Im Zeitpunkt des linken Bildes sind also vorher zwei Stack-Schreiboperationen mit den Werten 879Ah und 786Bh erfolgt. Die tieferen Stack-Adressen (< 00FCh) beinhalten noch keine sinnvollen Werte, auch wenn im Speicher natürlich in jedem Byte ein bestimmter eindeutiger Wert steht (aus der „Vorgeschichte"). In Abbildung 16.6 wurden diese Plätze jedoch der Anschaulichkeit wegen leer gelassen.

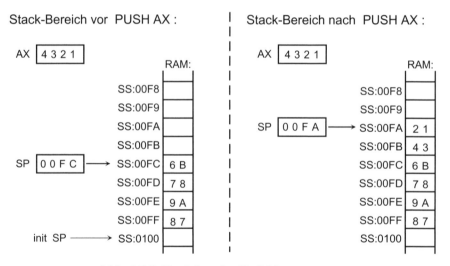

Abb. 16.6: Funktion des Befehls PUSH AX

Nach Ausführung des Befehls PUSH AX ist der Stack mit zwei weiteren Bytes gefüllt (43h und 21h im rechten Teil der Abbildung 16.6). Zudem ist der Stackpointer um zwei auf 00FAh erniedrigt worden.

Mit der zu PUSH AX umgekehrten Operation POP AX wird das letzte auf den Stack geschriebene Wort zurückgelesen. Abbildung 16.7 zeigt die POP-Operation – man beachte, dass der Stack-Inhalt 4321h nicht gelöscht wird, aber durch Erhöhen des Stackpointers ist der Wert 4321h via Stackpointer nicht mehr aktuell zugreifbar.

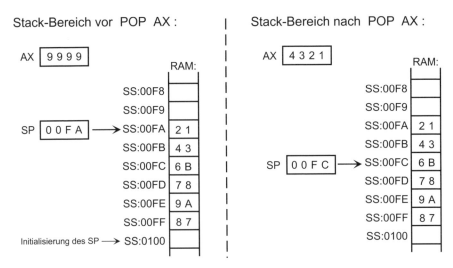

Abb. 16.7: Funktion des Befehls POP AX

16.4 Stack-Befehle des 8086

Der Stack wird durch die folgenden zwei Gruppen von Befehlen angesprochen:

- Daten sichern/zurückholen mit den Befehlen: PUSH POP
- Unterprogramme aufrufen mit den Befehlen: CALL RET

16.4.1 Daten sichern/zurückholen

Syntax: PUSH reg_{16} Wortregister auf den Stack schreiben
         PUSH mem_{16} Speicherwort auf den Stack schreiben
         PUSHF   Flag-Register auf den Stack schreiben
         POPF   Flag-Register vom Stack zurückladen
         POP mem_{16} Speicherwort vom Stack zurückladen
         POP reg_{16} Wortregister vom Stack zurückladen

Mit den PUSH- und POP-Befehlen werden immer 16-Bit-Werte zum/vom Stack transferiert. Als Register reg_{16} sind alle 16-Bit-Register zulässig (Ausnahme: Befehl POP CS). Es existieren also total 12 PUSH- und 11 POP-Befehle (ohne POP CS) mit den bekannten 16-Bit-Registern AX BX CX DX SP BP SI DI ES SS DS CS.

Als Speicherwort mem_{16} sind alle 24 Adressierungsarten (ausser immediate) erlaubt.

Beispiele:

```
PUSH    resultat    ; Variable resultat
PUSH    [BX+7]      ; Speicherwort an Adresse [BX+7]
PUSH    tab[SI]     ; Speicherwort an Adresse tab[SI]
```

Zusätzlich sind **ab den Prozessoren 80186** die folgenden drei Befehle vorhanden:

PUSHA		Alle 8 Arbeitsregister auf den Stack schreiben
POPA		Alle 8 Arbeitsregister vom Stack lesen
PUSH	$const_{16}$	16-Bit-Konstante auf den Stack schreiben

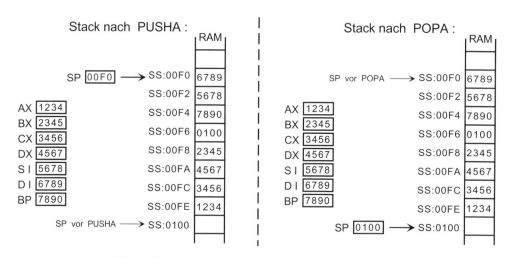

Abb. 16.8: Funktion der Befehle PUSHA und POPA

Mit den Befehlen PUSHA und POPA ab 80186-Prozessoren werden also alle 8 Arbeitsregister in der folgenden Reihenfolge auf den Stack geschrieben bzw. in umgekehrter Reihenfolge vom Stack gelesen:

    AX   CX   DX   BX   SP+   BP   SI   DI

Als SP+ wird der Inhalt vor dem ersten PUSH verwendet. Beim Befehl POPA wird POP SP nicht ausgeführt (nur SP erniedrigt) – damit zeigt SP nach POPA wieder auf den richtigen Stack-Platz.

16.4.2 Unterprogramme aufrufen/beenden

Wir betrachten hier nur die sogenannten Near-Calls (Intrasegment, innerhalb 64K), bei denen *nur* der Instruction-Pointer (IP) verändert wird. Bei den Far-Calls und dem zugehörigem Far-Ret wird zusätzlich noch das Codesegmentregister (CS) gesichert/geladen (analog zu den Far-Jump-Befehlen), siehe auch Pseudobefehle PROC und ENDP.

Syntax: CALL *subadr* Unterprogramm-Aufruf an Adresse *subadr*

Die Rücksprungadresse (Offset-Adresse des Befehls nach dem CALL-Befehl) wird im Stack gesichert. Abbildung 16.9 zeigt die Situation vor und nach dem Aufruf des Unterprogrammes square:

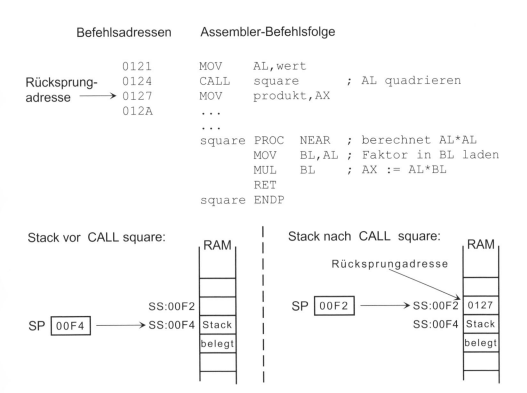

Abb. 16.9: Funktion des Befehls CALL

Dies entspricht theoretisch der folgenden Befehlsfolge (wobei PUSH IP als Befehl nicht existiert).

```
PUSH    IP       ; "hypothetischer" Befehl "IP sichern"
JMP     subadr   ; Sprung zum Unterprogramm
```

Jedes Unterprogramm muss mit dem folgenden Rücksprungbefehl beendet werden:

Syntax: RET   Beenden des Unterprogramms

Der RET-Befehl am Ende des Unterprogrammes lädt die Rücksprungadresse vom Stack zurück in den IP. Dies entspricht dem „hypothetischen" Stack-Befehl `POP IP`.

Neben dem bisher besprochenen Call-Befehl mit direkter Adressierung existieren auch noch solche mit indirekter Adressierung (Register- oder Speicher-indirekt), bei denen die Unterprogrammadresse vor dem Aufruf in ein Register geladen werden muss oder im Speicher abgelegt ist.

16.5 Deklaration von Unterprogrammen in Assembler

Analog zu den höheren Programmiersprachen wird in Assembler ein Unterprogramm mit den Pseudobefehlen `PROC` und `ENDP` als Rahmen markiert. Diese Assembler-Pseudobefehle ergeben keinen Maschinencode und sind im übersetzten Programm nicht enthalten. Sie sind aber für den korrekten Übersetzungsvorgang von Bedeutung.

16.5.1 Minimaldeklaration: PROC, ENDP und RET

Eine Prozedur wird mit den Pseudobefehlen `PROC` und `ENDP` wie im folgenden Beispiel gezeigt deklariert.

```
square  PROC            ; Beginn der Prozedur-Klammer
        MOV     BL,AL   ; Procedure-Body = Prozedur-Befehle
        MUL     BL
        RET             ; Zwingender Abschluss jeder Prozedur
square  ENDP            ; Ende der Prozedur-Klammer
```

Die Verwendung desselben frei wählbaren Namens (`square`) macht die Prozedur als zusammengehörigen Rahmen für den Assembler erkennbar.

Der Pseudobefehl `ENDP` ist *kein* ausführbarer Maschinenbefehl, sondern dient dem Assembler zur „End-Erkennung" der Prozedur. Jede Prozedur endet immer mit dem RET-Befehl, womit vom Stack die Rücksprungadresse zum aufgerufenen Programm in das Befehlsregister geladen wird.

> *Keine Prozedur ohne* `RET`*-Befehl (steht normalerweise vor* `ENDP`*)*

16.5.2 Far- und Near-Prozedur-Deklaration

Da im 80x86 zwei Arten von Adressen (**near** = 16 Bit und **far** = 32 Bit) existieren, sind auch für Unterprogrammaufrufe je zwei verschiedene Opcodes für die Assembler-Befehle CALL und RET vorhanden (analog zum JMP-Befehl). Bei Near-Prozeduren wird die 16-Bit-Offsetadresse auf den Stack gelegt, bei Far-Prozeduren die 32-Bit-Adresse CS:IP des auf den Call-Befehl folgenden Befehls. Damit die Art der Unterprogramme für den Assembler erkannt werden können, müssen diese also durch die *Typ-Direktive* NEAR oder FAR markiert werden, wobei ohne Angabe der Typ NEAR verwendet wird.

Syntax: *name*   PROC   FAR   Deklaration einer Far-Prozedur
           name   PROC   NEAR   Deklaration einer Near-Prozedur (Default)

16.5.3 Prozedurdeklaration mit Register-Save und -Restore

Um Registerinhalte, die im aufrufenden Programm verwendet werden, nicht zu zerstören, werden oft diejenigen Registerinhalte, die innerhalb der Prozedur verändert werden, auf den Stack gesichert:

```
test    PROC    NEAR    ; Beginn der Prozedur-Klammer
        PUSH    AX      ; save registers
        PUSH    BX      ;
        PUSH    CX      ;
        PUSH    SI      ;
        ...
; Hier steht der Kern des Unterprogrammes
        ...
; Die gesicherten Register muessen in der umgekehrten
; Reihenfolge zurückgespeichert werden.
        POP     SI      ; restore registers
        POP     CX      ;
        POP     BX      ;
        POP     AX      ;
        RET             ; return: zwingender Abschluss
test    ENDP            ; Ende der Prozedur-Klammer
```

Zu Beginn werden also oft PUSH-Befehle für diejenigen Register eingesetzt, die in der Prozedur verändert werden: Damit werden dem aufrufenden Programm allenfalls noch benötigte Registerinhalte nicht zerstört (save registers). Am Schluss der Prozedur müssen die Registerinhalte mit den Befehlen POP in der umgekehrten Reihenfolge wieder geladen werden (restore registers).

Die Frage, ob immer alle in der Prozedur veränderten Register auf den Stack gesichert werden sollen, hängt von der Programmiertechnik im Hauptprogramm ab: Als „defensive" Taktik kann man alle im Unterprogramm veränderten Register auf dem Stack sichern (ausser solche mit Rückgabewerten), damit nie Registerinhalte des Hauptprogrammes zerstört werden. Dafür muss jedoch mehr Rechenzeit und Speicher aufgewendet werden.

16.5.4 Aufruf von Unterprogrammen

Ein Prozedur wird mit dem `CALL`-Befehl aufgerufen:

```
CALL    test    ; Aufruf der Prozedur test
```

Damit wird die folgende Befehlsfolge der Prozedur `test` abgearbeitet:

```
PUSH    AX     ; save registers
PUSH    BX     ;
PUSH    CX     ;
PUSH    SI     ;
...            ; Kern des Unterprogrammes
...            ;
POP     SI     ; restore registers
POP     CX     ;
POP     BX     ;
POP     AX     ;
RET            ; return to caller
```

Der Prozessor „springt" also auf den ersten ausführbaren Befehl der Prozedur: Im obigen Beispiel der Befehl `PUSH AX`. Mit den ersten Befehlen werden die in der Prozedur veränderten Register gesichert. Der letzte Befehl in der Prozedur ist der `RET`-Befehl: Rücksprung ins aufrufende Programm zum nächsten Befehl nach `CALL`.

16.6 Parameterübergabe an Unterprogramme

16.6.1 Arten der Parameterübergabe

In Assembler sind ähnlich wie in höheren Programmiersprachen drei Arten von Parameterübergaben üblich:

Globale Variablen: Der Datenaustausch über gemeinsame Speicherplätze ist in kleinen Programmen praktisch, aber wegen der Fehleranfälligkeit und der schlechten Wartbarkeit möglichst zu vermeiden.

Wertparameter: Für Grössen, die nur in die Prozedur hineingehen (Input-Parameter). In Pascal sind dies Grössen in Parameterlisten *ohne* VAR (Call by Value).

Adressparameter: Für Grössen, die als Resultate aus der Prozedur an das aufrufende Programm zurückgegeben werden (Output-Parameter). In Pascal sind dies Grössen in Parameterlisten *mit* VAR (Call by Name/Reference/Address).

16.6.2 Realisierung in der Assembler-Programmierung

In der Assembler-Programmierung sind diese drei Techniken genauso möglich mit denselben Vor- und Nachteilen. Unterschiede ergeben sich in den Details der Implementation. Normalerweise werden die Werte oder Adressen in Registern übergeben; wenn die Anzahl nicht ausreicht, so wird mit einem Parameterblock im Speicher gearbeitet, der die Werte oder deren Adressen enthält (Technik via Parameterblock siehe Kapitel 18). In höheren Programmiersprachen (HLL, High Level Language) werden die Parameter (Daten oder Adressen) jeweils via Stack übergeben (siehe [8]).

Globale Variablen: Es wird im Hauptprogramm und im Unterprogramm mit *denselben Variablennamen* auf dieselben Adressen zugegriffen.

Wertparameter: Vor Aufruf der Prozedur werden die *aktuellen Werte in geeignete Register geladen* (8- oder 16-Bit-Grössen). Das Unterprogramm verwendet direkt diese Registerinhalte.

Adressparameter: Vor dem Aufruf der Prozedur wird die *Adresse des Parameters* in ein geeignetes Register geladen (meist BX, SI oder DI), und innerhalb der Prozedur wird mit der indirekten Adressierung auf den Speicherplatz der Variablen zugegriffen (read oder write = Input- oder Output-Parameter).

In den folgenden zwei Beispielen wird ein Unterprogramm mit verschiedenen Parameterübergabe-Techniken gezeigt. Das Unterprogramm `shiftwl(data,n)` (shift word left) schiebt das Bitmuster `data` um n Bits nach links.

Im ersten Beispiel mit globalen Variablen müssen die aktuellen Werte vor dem Aufruf des Unterprogrammes in die vom Unterprogramm verwendeten globalen Variablen geladen werden.

Im zweiten Beispiel werden die Variablen via Register an das Unterprogramm übergeben (als Adress- bzw. Wertparameter).

a) Beispiel mit globalen Variablen

Vor dem Aufruf der Prozedur shiftwl muss das aufrufende Programm die Werte in den globalen Variablen glv_data und glv_n richtig initialisieren, nach dem Aufruf steht das Resultat in der globalen Variablen glv_data zur Verfügung:

```
; im Datensegment:

data_seg    SEGMENT

glv_data    DW      ?       ; Globale Variable data und
glv_n       DB      ?       ;    n für Prozedur shiftwl

data_seg    ENDS
;
; im Hauptprogramm im Codesegment:

code_seg    SEGMENT
            MOV     DX,data         ; Parameter "laden"
            MOV     glv_data,DX
            MOV     AL,n
            MOV     glv_n,AL
            CALL    shiftwl         ; Prozedur-Aufruf
            MOV     DX,glv_data     ; Resultat weiterverwenden
;           ...
;           ...
; Prozedur-Deklaration von shiftwl

shiftwl     PROC    NEAR
            MOV     AX,glv_data
            MOV     CL,glv_n
            SHL     AX,CL
            MOV     glv_data,AX
            RET
shiftwl     ENDP

; Konstantendefinitionen

data        DW      1234    ; "aktueller" Wert
n           DB      3       ; Anzahl shifts

code_seg    ENDS
```

b) Beispiel mit Wert- und Adressparametern via Register

In der folgenden Lösung wird die Anzahl Shifts als Wertparameter im Register CL und das zu schiebende Bitmuster als Adressparameter (Input und Output) im Register BX übergeben:

```
; im Datensegment:

data_seg    SEGMENT

data        DW      ?       ; "aktueller" Wert
n           DB      ?       ; Anzahl shifts

data_seg    ENDS

; im Hauptprogramm im Codesegment:

code_seg    SEGMENT

            MOV     data,1234       ; Werte initialisieren
            MOV     n,5             ;

            MOV     BX,OFFSET data  ; Adresse von data laden
            MOV     CL,n            ; shift-count laden
            CALL    shiftwl         ; Prozedur-Aufruf
            MOV     DX,data         ; Resultat verwenden
;           ...
;           ...
; Prozedur-Deklaration von shiftwl

shiftwl     PROC    NEAR
            MOV     AX,[BX]         ; data nach AX laden
            SHL     AX,CL
            MOV     [BX],AX
            RET
shiftwl     ENDP

code_seg    ENDS
```

In Pascal würde der Prozedurkopf mit den Input- und Output-Parametern wie folgt deklariert:

```
        PROCEDURE ShiftWL(VAR data:WORD ; n:BYTE)
```

Der erste Parameter data ist als Adressparameter (Input und Output), der zweite Parameter n als Wertparameter (Input) deklariert.

16.7 Übungen

16.7.1 Funktion des Stack

Im Assembler-Programm auf der folgenden Seite werden die drei Unterprogramme upa, upb und upc aufgerufen und einige Register mit PUSH gesichert und zurückgeladen. Bestimmen Sie zu den angegebenen Zeitpunkten Z1...Z5 den Inhalt des Stack (unbestimmte Werte sollen leergelassen werden). Schreiben Sie daneben die Bedeutung des Stack-Inhaltes (z.B. Register CX, Rücksprungadresse nach Aufruf von upb, ...).

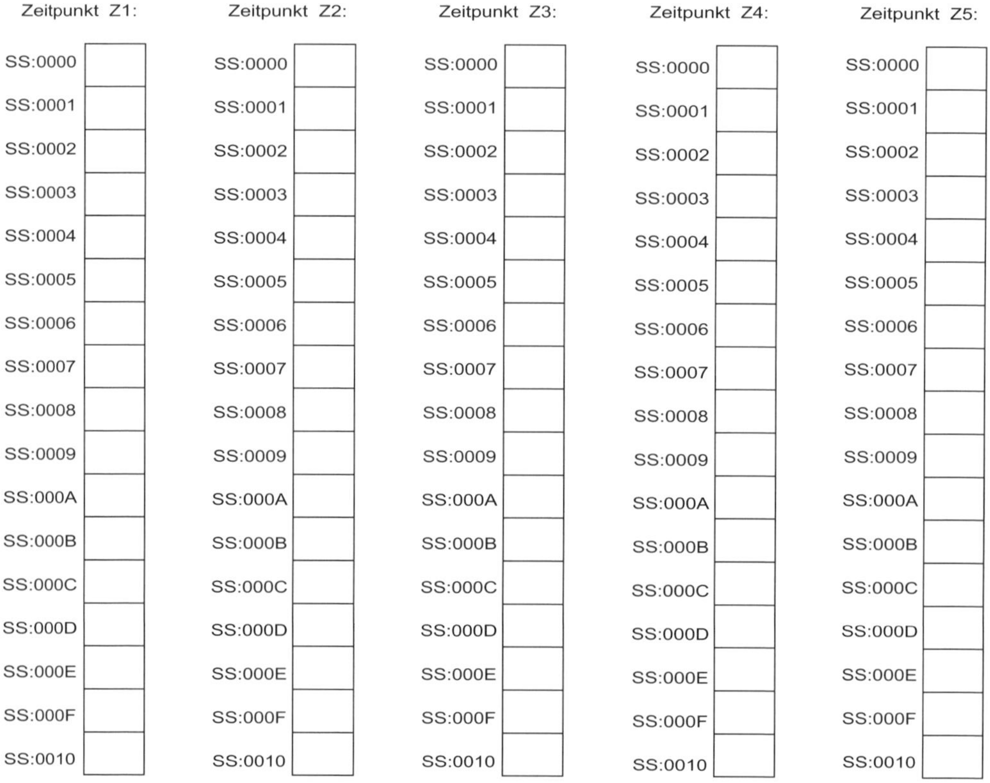

Abb. 16.10: Stack-Inhalt bei Unterprogrammen

```
0000                    stack_s     SEGMENT STACK 'STACK'
0000    08*(0000)                   DW      8h DUP (0)    ; Stack reservieren
0010                    stacktop    LABEL   WORD          ; Ende Stack-Bereich
0010                    stack_s     ENDS                  ; Ende Stack-Segment

0000                    code_s      SEGMENT PUBLIC
0000    B8 0000s        start:      MOV     AX,stack_s    ; Stack-Segmentanfang
0003    8E D0                       MOV     SS,AX         ; in SS-Register laden
0005    BC 0010r                    MOV     SP,OFFSET stacktop  ; init SP
                                    ASSUME  CS:code_s, SS:stack_s
0008    BB 1020         endless:    MOV     BX,1020h      ; Hauptprogramm:
000B    B9 3040                     MOV     CX,3040h
000E    E8 0005                     CALL    upa
011     E8 000D                     CALL    upb
0014    EB F2                       JMP     endless
                                                          ; Unterprogrammme:
0016                    upa         PROC                  ; <--------------(Z1)
0016    53                          PUSH    BX
0017    51                          PUSH    CX
                                                          ; <--------------(Z2)
0018    BB FFEE                     MOV     BX,0FFEEh
001B    B9 DDCC                     MOV     CX,0DDCCh
001E    59                          POP     CX
001F    5B                          POP     BX
0020    C3                          RET
0021                    upa         ENDP

0021                    upb         PROC                  ; <--------------(Z3)
0021    53                          PUSH    BX
0022    51                          PUSH    CX
0023    BB 5060                     MOV     BX,5060h
0026    B9 7080                     MOV     CX,7080h
0029    E8 0003                     CALL    upc
002C    59                          POP     CX
002D    5B                          POP     BX
002E    C3                          RET
002F                    upb         ENDP

002F                    upc         PROC
002F    53                          PUSH    BX
0030    51                          PUSH    CX
                                                          ; <---------------(Z4)
0031    BB 0001                     MOV     BX,01
0034    B9 0002                     MOV     CX,02
0037    59                          POP     CX
0038    5B                          POP     BX
                                                          ; <---------------(Z5)
0039    C3                          RET
003A                    upc         ENDP

003A                    code_s      ENDS    ; Ende Codesegment
```

16.7.2 Unterprogramme entwerfen und codieren

a) Unterprogramm Searchmax

Schreiben Sie ein Unterprogramm `Searchmax`, das in der Tabelle `z_tab` (enthält 16-Bit-Integer-Werte) den grössten Wert sucht und im Register AX zurückgibt.

Schnittstellen: Die Anzahl der Elemente steht in der Variablen `anzahl` und soll vor dem Aufruf ins Register CL, die Adresse der Zahlentabelle `z_tab` ins Register BX geladen werden. Nach dem Aufruf der Prozedur `Searchmax` soll der Maxiamlwert in die Variable `max` gespeichert werden.

b) Unterprogramm Fill

Schreiben Sie ein Unterprogramm `Fill`, das einen Speicherbereich mit einem bestimmten Wert füllt, der dem Unterprogramm im Register AX übergeben wird. Die Anfangsadresse des Speicherbereiches wird im Register DI übergeben, und die Anzahl zu füllender Worte im Speicher wird als Wertparameter im Register CX übergeben.

Achtung: Adressüberlauf beachten: Wenn die Anfangsadresse der Tabelle zusammen mit der Anzahl Worte (*2) grösser als FFFFh wird, so entsteht ein „address-wrap-around", d.h. die Werte werden wieder zuunterst (tiefe Adressen) im Segment eingeschrieben. Dieser Fall soll abgesichert werden, indem nie auf Adressen „über FFFFh" geschrieben wird.

c) Unterprogramm Stack_mal_10

Ein Unterprogramm wird mit der folgenden Befehlssequenz aufgerufen:

```
PUSH   CX
CALL   Stack_mal_10
```

Im Unterprogramm soll der Wert vom CX, der in den Stack geladen wurde, wieder vom Stack geholt werden und der zehnfache Wert im Register AX zurückgegeben werden. Entwerfen Sie die Befehlsfolge des Unterprogrammes `stack_mal_10`.

Hinweis: Adressierung via `BP` geht in den Stack!

17

String-Operationen

String-Operationen sind spezielle Befehle zur effizienten Behandlung von ganzen Speicherbereichen. Sie sind also nicht auf Text-Strings beschränkt. String-Operationen werden gebildet aus einem **Repeat-Präfix** und einer **elementaren String-Operation**. Gegebenenfalls kann zusätzlich zum Repeat-Präfix auch noch ein Segment-Override-Präfix angegeben werden.

17.1 Elementare String-Operationen

Eine elementare String-Operation behandelt noch keinen Speicherbereich, sondern bewirkt nur eine *einzelne* Speicher/Speicher- oder Akkumulator/Speicher-Operation (d.h. einen Transfer oder einen Vergleich). Abbildung 17.1 zeigt die beim Prozessor 8086 vorhandenen elementaren String-Operationen.

Die Operanden dürfen beide Byte- oder beide Word-Grösse haben; sie müssen aber gleich sein. Als Register kann ausschliesslich der Akkumulator (AL bzw. AX) verwendet werden. Die Speicheroperanden sind immer durch die Register SI bzw. DI indirekt adressiert. Diese werden abhängig vom Direction-Flag (DF) und der Operandengrösse automatisch erhöht oder erniedrigt und zwar um die Schrittweiten von eins (bei Byte-Operanden) und zwei (bei Word-Operanden).

Das Direction-Flag wird mit dem Befehl CLD gelöscht und mit STD gesetzt. Es hat folgende Wirkung:

    Direction-Flag zurückgesetzt: DF = 0 ⟶ Indexregister werden erhöht
    Direction-Flag gesetzt: DF = 1 ⟶ Indexregister werden erniedrigt

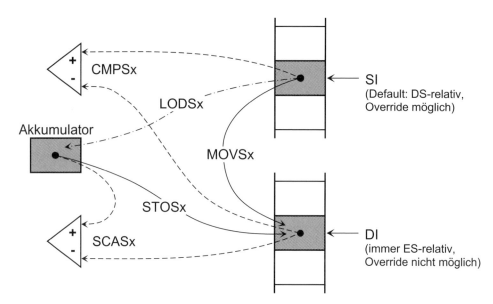

Abb. 17.1: Elementare String-Operationen

Beim Prozessor 8086 existieren die folgenden String-Operationen:

Operation		Funktionsbeschreibung
Byte	Word	
MOVSB	MOVSW	Der durch [DI] adressierte Operand wird mit dem durch [SI] adressierten Operanden geladen.
STOSB	STOSW	Der durch [DI] adressierte Operand wird mit dem Akkumulator geladen.
LODSB	LODSW	Der Akkumulator wird mit dem durch [SI] adressierten Operanden geladen.
CMPSB	CMPSW	Der durch [SI] adressierte Operand wird mit dem durch [DI] adressierten Operanden verglichen. Die Flags werden entsprechend dem Resultat von [SI] − [DI] gesetzt.
SCASB	SCASW	Der Akkumulator wird mit dem durch [DI] adressierten Operanden verglichen. Die Flags werden entsprechend dem Resultat von Akkumulator − [DI] gesetzt.

Neuere Prozessoren (z.B. 80186) kennen auch noch die Operationen INS und OUTS, die hier nicht erläutert werden.

17.2 Wiederholsteuerung (Repeat-Präfix)

Mit einem Repeat-Präfix können die elementaren String-Operationen zu echten String-Operation ausgebaut werden. Alle Repeat-Präfix funktionieren *nur* im Zusammenhang mit elementaren String-Operationen; bei normalen Befehlen haben sie keine Wirkung. Da die Ausführung einer String-Operation unter Umständen recht lange dauern kann, sind diese durch Interrupt unterbrechbar.

17.2.1 Unbedingte Wiederholsteuerung

Das Repeat-Präfix (REP) bewirkt eine Hardware-mässige Wiederholung der elementaren String-Operation (typischerweise MOVSx und STOSx), ohne dass der Befehlscode jedesmal neu eingelesen werden muss (kein Fetch-Zyklus). Die Zählung erfolgt im Register CX. Die Abbildung 17.2 zeigt die genaue Funktion des Repeat-Präfix.

```
WHILE (CX <> 0)

    CX := CX - 1

    elementare String-Operation
```

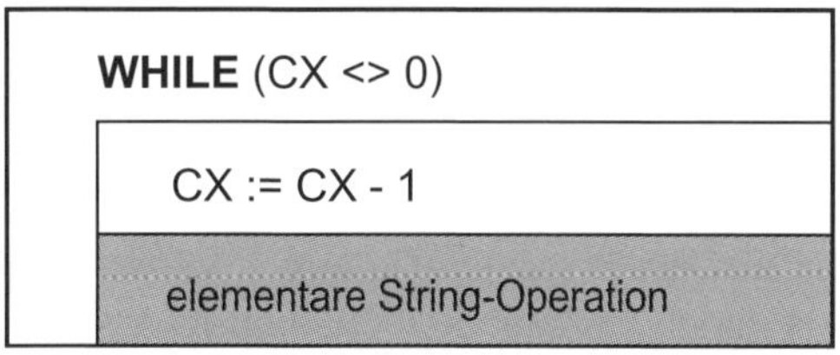

Abb. 17.2: Funktion des Repeat-Präfix

Für LODSx mit Repeat-Präfix ist keine sinnvolle Anwendung bekannt.

Beispiel: Kopieren von Quelle nach Ziel

```
Laenge      EQU     1000                ;Laenge (in Word)
Quelle      DW      Laenge DUP (1)
Ziel        DW      Laenge DUP (?)

            MOV     AX,SEG Quelle       ;Zeiger DS:SI auf Quelle
            MOV     DS,AX
            MOV     SI,OFFSET Quelle
            MOV     AX,SEG Ziel         ;Zeiger ES:DI auf Ziel
            MOV     ES,AX
            MOV     DI,OFFSET Ziel
            MOV     CX,Laenge           ;Laenge in Word setzen
            CLD                         ;Autoincrement
            REP     MOVSW               ;Speicher kopieren!
```

17.2.2 Bedingte Wiederholsteuerung

Bei vergleichenden Operationen (SCASx, CMPSx) kann ein Repeat-Präfix mit Fortsetzungsbedingung verwendet werden.

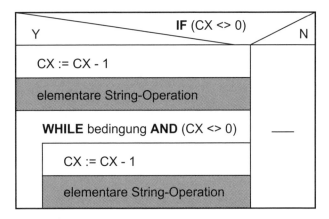

Abb. 17.3: Repeat-Präfix mit Fortsetzungsbedingung

Für die beiden Fortsetzungsbedingungen (gleich oder ungleich) stellt der Assembler zwei gleichwertige Schreibweisen zur Verfügung. Die Präfix REPE und REPZ sind funktional *identisch*. Das gleiche gilt für REPNE und REPNZ.

Präfix	Bedingung	Befehlsbezeichnung
REPE	$Op_A = Op_B$	REPeat while Equal
REPZ	$ZF = 1$	REPeat while Zero
REPNE	$Op_A \neq Op_B$	REPeat while Not Equal
REPNZ	$ZF = 0$	REPeat while Not Zero

Beispiel: Es sollen zwei Namen Name1 und Name2 mit Hilfe der String-Operationen verglichen werden.

```
Laenge     EQU      10              ; Laenge der Namen (Byte)

Data_Seg SEGMENT
Name1     DB    'Muster    '
Name2     DB    'Monster   '
Data_Seg ENDS

          ...

          MOV     AX,Data_Seg
          MOV     DS,AX
          MOV     ES,AX

          MOV     SI,OFFSET Name1     ; Zeiger DS:SI auf Name1
          MOV     DI,OFFSET Name2     ; Zeiger ES:DI auf Name2
          MOV     CX,Laenge           ; Maximale Länge in Byte
          CLD                         ; Autoincrement
          REPE    CMPSB               ; Speicher vergleichen
          JE      Gleich              ; Falls Name1 = Name2
          JB      Kleiner             ; Falls Name1 < Name2
          JMP     Rest                ; Falls Name1 > Name2
          ...
```

17.3 Übungen

17.3.1 Speicherbereich kopieren

Gesucht ist ein Unterprogramm, das innerhalb des durch DS adressierten 64K-Speicherbereichs (Datensegment) einen beliebigen Datenblock umkopiert. Es ist sichergestellt, dass die Segmentgrenzen weder durch den Quellen- noch durch den Zielbereich überschritten werden. Eine Überlappung der beiden Bereiche ist aber zulässig. Die Anfangsadresse des Quellenbereichs wird im Register SI, die des Zielbereichs im Register DI und die Blocklänge im Register CX übergeben.

a) Man analysiere das Problem und zeichne ein Struktogramm.

b) Man codiere das Unterprogramm in 8086-Assembler mit Hilfe von String-Operationen.

17.3.2 Text-Strings

Ein Text-String ist eine (ASCII-)Zeichenkette, deren Länge zur Laufzeit zwischen null und einem bestimmten Maximalwert variieren kann.

In C verwendet man meist „NUL-terminated Strings". Wie in Abbildung 17.4 dargestellt, definiert man ein Zeichen als Terminator (typischerweise eben NUL, ASCII = 00H), das im Text sonst nicht vorkommen darf.

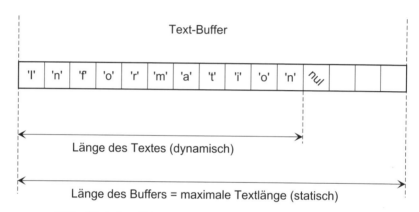

Abb. 17.4: Realisierung eines „NUL-terminated String"

Gesucht ist ein Unterprogramm `StringCopy`, das einen Buffer mit Länge 15, der einen „NUL-terminated String" enthält, in einen zweiten Buffer gleicher Länge umkopiert, so dass allfällige führende Leerzeichen (Blanks) unterdrückt werden.

Die Buffer sind beide im Datensegment und überlappen sich nicht. Die Offset-Adressen des Quellen- und des Ziel-Buffers werden in den globalen Word-Variablen `SrcPtr` und `DstPtr` übergeben.

Der Rest des Buffers soll mit NUL gefüllt werden. Falls der Quellen-Buffer irrtümlicherweise kein NUL enthält, soll im Ziel-Buffer das letzte Zeichen durch NUL ersetzt werden.

Es besteht folgende Lösungsidee mit Hilfe von String-Operationen:

- Beginnend mit dem Buffer-Anfang, sucht man das erste Zeichen, das nicht Blank ist.
- Man lässt einen Zeiger stehen und sucht weiter bis zum Buffer-Ende oder bis zu einem NUL und setzt einen zweiten Zeiger.
- Man kopiert den Bereich zwischen dem ersten und dem zweiten Zeiger in den Ziel-Buffer.
- Man füllt den Rest des Ziel-Buffers mit NUL.

18

Codewandlungen

Eine Codewandlungsroutine bestimmt einen Ausgangscode in Funktion eines Eingangscodes.

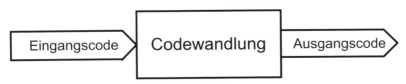

Abb. 18.1: Prinzip einer Codewandlung

Je nach Art des Eingangs- und des Ausgangscodes werden verschiedene Verfahren zur Codewandlung angewendet. Die denkbaren Ein- und Ausgangscodes lassen sich folgenden drei Kategorien zuordnen:

a) Der Ausgangscode ist aus dem Eingangscode berechenbar.

b) Der Ausgangscode ist nicht berechenbar. Der Eingangscode ist lückenlos oder weist wenige, kleine Lücken auf.

c) Der Ausgangscode ist nicht berechenbar. Der Eingangscode und der Ausgangscode weisen Lücken auf.

Die drei Fälle sollen in den folgenden Abschnitten anhand von Beispielen genauer untersucht werden.

18.1 Typ „Ausgangscode berechenbar"

Eine Routine soll ein Zeichen im ASCII-Code wie folgt umwandeln:

Falls es sich um ein Zeichen 'a'... 'z' handelt, soll der entsprechende Code des Zeichens 'A'... 'Z' zurückgegeben werden. Handelt es sich um ein anderes Zeichen, so soll der Code unverändert zurückgegeben werden.

Da eine einfache Beziehung zwischen Eingangscode 'a'... 'z' und Ausgangscode 'A'... 'Z' besteht, kann die Umwandlung durch eine Berechnung realisiert werden. Abbildung 18.2 zeigt ein mögliches Verfahren.

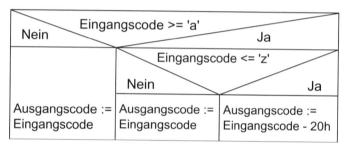

Abb. 18.2: Algorithmus für Klein/gross-Wandlung

18.2 Typ „Eingangscode lückenlos"

Eine Routine soll einen BCD-Code in einen 7-Segment-Code umwandeln.

Der 7-Segment-Code ist natürlich abhängig davon, wie die 7-Segment-Anzeige verdrahtet ist. In unserem Beispiel sei die Verdrahtung der Segmente wie in Abbildung 18.3 gezeigt.

Dadurch ist der 7-Segment-Code festgelegt und folgende Zuordnung des BCD-Eingangscodes zum 7-Segment-Ausgangscode bestimmt.

BCD	7-Segment	BCD	7-Segment
0	0011'1111b = 3Fh	5	0110'1101b = 6Dh
1	0000'0110b = 06h	6	0111'1101b = 7Dh
2	0101'1011b = 5Bh	7	0000'0111b = 07h
3	0100'1111b = 4Fh	8	0111'1111b = 7Fh
4	0110'0110b = 66h	9	0110'1111b = 6Fh

Abb. 18.3: Verdrahtung der 7-Segment-Anzeige

Da der Eingangscode lückenlos ist, kann er zur Indexierung einer Tabelle verwendet werden, in der die entsprechenden Ausgangscodes abgelegt sind. Wie Abbildung 18.4 zeigt, wird das Programm dadurch auf einen Tabellenzugriff reduziert.

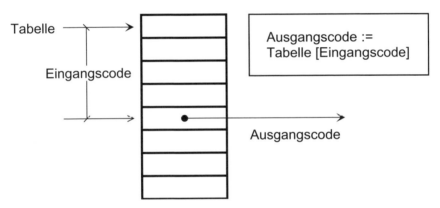

Abb. 18.4: Algorithmus für lückenlose Eingangscodes

18.3 Typ „Universal"

In vielen Fällen ist der Ausgangscode nicht berechenbar, oder der Eingangscode weist grosse Lücken auf, so dass die ersten beiden Verfahren nicht geeignet sind. Darum wird im folgenden eine universelle Methode vorgestellt.

Die in Abbildung 18.5 gezeigte Tastatur ist als Matrix mit drei Spalten und vier Zeilen aufgebaut. Durch ein Programm wird mit folgendem Algorithmus festgestellt, welche Taste gedrückt ist:

- Die erste Spalte wird auf Null gelegt (Output 0000'0110b)
- Der Wert der Zeilen wird gelesen (Input).
- Falls die vier Zeilenbits alle eins sind, war keine Taste gedrückt.
  $\longrightarrow$ Es wird die nächste Spalte aktiviert.
- Falls ein oder mehrere Zeilenbits null sind, war die entsprechende Taste gedrückt.
  $\longrightarrow$ Es wird ein Bitmuster (Tastencode) aus Output und Input gebildet, das die gedrückte(n) Taste(n) identifiziert.

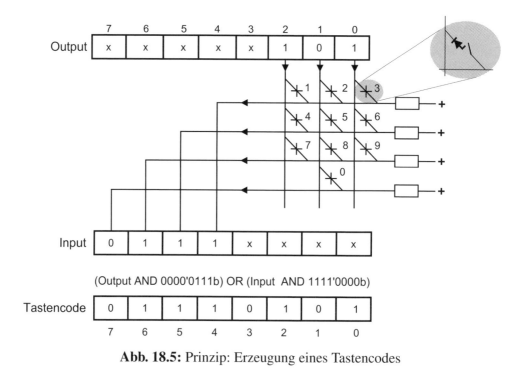

Abb. 18.5: Prinzip: Erzeugung eines Tastencodes

Eine Codewandlungsroutine soll diesen Tastencode in einen 7-Segment-Code umwandeln. Daraus ergibt sich folgende Zuordnung von Eingangs- zu Ausgangscode.

Wert	Tastencode	7-Segment	Wert	Tastencode	7-Segment
0	0111'0101b	0011'1111b = 3Fh	5	1101'0101b	0110'1101b = 6Dh
1	1110'0011b	0000'0110b = 06h	6	1101'0110b	0111'1101b = 7Dh
2	1110'0101b	0101'1011b = 5Bh	7	1011'0011b	0000'0111b = 07h
3	1110'0110b	0100'1111b = 4Fh	8	1011'0101b	0111'1111b = 7Fh
4	1101'0011b	0110'0110b = 66h	9	1011'0110b	0110'1111b = 6Fh

Würde man diese Codewandlung mit einer Tabelle lösen, so müsste die Tabelle 256 Byte gross sein, obwohl nur 10 Bytes wirklich verwendet würden. Darum wird in solchen Fällen ein anderes Verfahren angewendet.

Wie in der Abbildung 18.6 gezeigt, werden zwei Tabellen verwendet. In der einen Tabelle stehen alle gültigen Eingangscodes. In der zweiten Tabelle stehen die Ausgangscodes an der gleichen Stelle (gleicher Index i) wie die zugehörigen Eingangscodes.

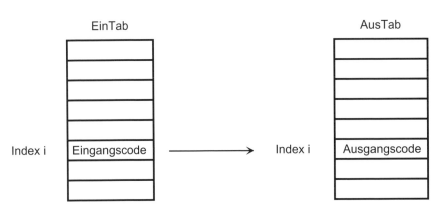

Abb. 18.6: Codewandlung mit Eingangs- und Ausgangscodetabellen

Der zu wandelnde Eingangscode wird in der Eingangscodetabelle EinTab gesucht. Wird er gefunden, so kann mit gleichem Index aus der Ausgangscodetabelle AusTab der Ausgangscode gelesen werden. Wird der zu wandelnde Eingangscode in der Tabelle EinTab nicht gefunden, so ist er ungültig.

Das Struktogramm in Abbildung 18.7 zeigt die Lösung für dieses allgemeine Codewandlungsverfahren.

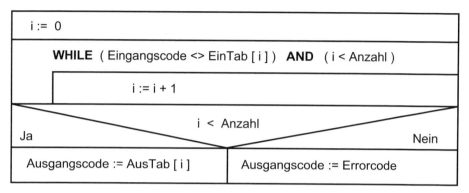

Abb. 18.7: Codewandlungsalgorithmus mit Eingangs- und Ausgangscodetabellen

18.3.1 Optimierung der Suche durch Intervallhalbierung

Das sequentielle Durchsuchen der Eingangscodetabelle ist natürlich dynamisch ungünstig. Eine Verbesserung kann erreicht werden, indem ein besserer Suchalgorithmus verwendet wird. Da die Werte der Eingangscodetabelle (EinTab) zur Übersetzungszeit bekannt sind, kann diese leicht vorsortiert werden. Das heisst, die Werte werden in aufsteigender Folge in die Tabelle eingetragen.

Das Suchen mit Intervallhalbierung benötigt bei einer Tabelle von N Elementen maximal $2 * ld(N)$ Vergleiche anstelle von N beim sequentiellen Suchen. Vor allem bei grossen Tabellen verkleinert sich der Aufwand damit dramatisch.

Abbildung 18.8 zeigt das Lösungsprinzip der Intervallhalbierung, das auf einer aufsteigend sortierten Tabelle basiert. Es werden drei Hilfsvariablen verwendet:

k bezeichnet den Index des kleinsten Elements des noch zu durchsuchenden Bereiches

g bezeichnet den Index des grössten Elements des noch zu durchsuchenden Bereiches

m bezeichnet den Index eines mittleren Elements zwischen k und g

Die Werte m, k und g müssen vom Typ Integer (vorzeichenbehaftet) sein. Falls nämlich der gesuchte Wert in Tab[0] steht, wird $g = -1$ (siehe Beispiel in Abbildung 18.9).

Das Struktogramm in Abbildung 18.8 beschreibt den Algorithmus.

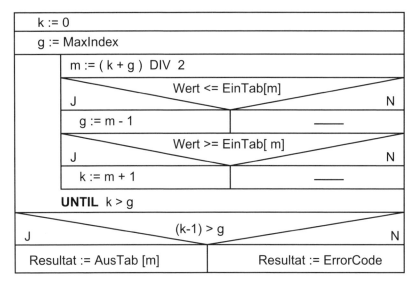

Abb. 18.8: Algorithmus zum Suchen mit Intervallhalbierung

Vor dem Start wird k auf den kleinsten (0) und g den grössten auf Index (MaxIndex) der Tabellen initialisiert. Der eigentliche Suchvorgang besteht aus folgenden Schritten:

a) Der zu durchsuchende Bereich wird halbiert. Die Hilfsvariable m bezeichnet die Mitte[1] des noch zu durchsuchenden Bereiches. Das zu suchende Element wird mit dem Tab[m] verglichen. Es sind drei Fälle zu unterscheiden:

   1) Der gesuchte Wert ist kleiner als Tab[m]
      $\longrightarrow$ Der gesuchte Wert muss im Bereich k...(m−1) liegen. Das grösste Element des noch zu durchsuchenden Bereiches g wird darum mit m−1 geladen.

   2) Der gesuchte Wert ist gleich wie Tab[m]
      $\longrightarrow$ Der Wert ist gefunden. Das grösste Element des noch zu durchsuchenden Bereiches g wird mit m−1, das kleinste Element des noch zu durchsuchenden Bereiches k wird darum mit m+1 geladen.

   3) Der gesuchte Wert ist grösser als Tab[m]
      $\longrightarrow$ Der gesuchte Wert muss im Bereich (m+1)...g liegen. Das kleinste Element des noch zu durchsuchenden Bereiches k wird darum mit m+1 geladen.

b) Dieser Vorgang wird so lange wiederholt, bis k grösser als g ist. Das so gefundene Tab[m] ist der gesuchte Wert, falls die Differenz zwischen k und g grösser als eins ist.

---

[1] Der Algorithmus funktioniert auch, wenn m nicht in die Mitte gesetzt wird, sondern z.B. nach einem Drittel des Bereichs zwischen k und g.

Abbildung 18.9 veranschaulicht den Ablauf des Algorithmus „Suche mit Intervallhalbierung". Die in Klammern gesetzten Indizes von k*x*, m*x* und g*x* bezeichnen die Werte von k, m und g bei der *x*-ten Iteration.

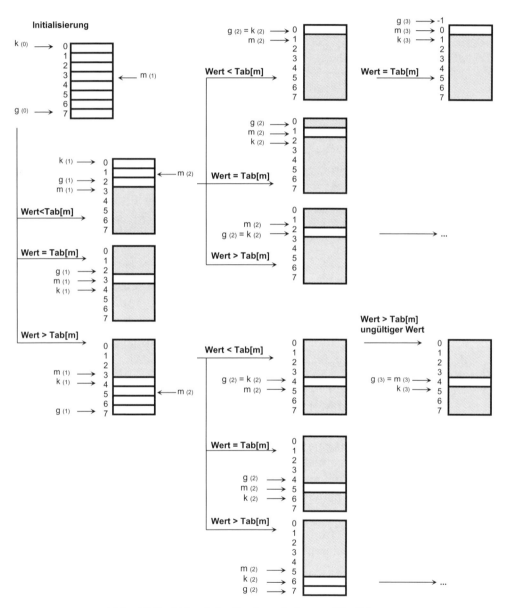

Abb. 18.9: Ablauf der Suche mit Intervallhalbierung

18.4 Parameterübergabe mit Parameterblock

Codewandler werden meist als Prozeduren implementiert, wobei speziell beim universellen Codewandlungsalgorithmus (Abschnitt 18.3) viele Parameter benötigt werden. Für das aufrufende Programm ist es umständlich, jeden Parameter einzeln zu übergeben, wie dies im Abschnitt 16.6 gezeigt wurde. Man bildet darum einen Parameterblock, in dem die Parameter abgelegt sind, und übergibt nur noch die Adresse des Parameterblockes. Das bewirkt einen einfacheren Aufruf (n Mal) des Unterprogrammes, aber dadurch wird das Unterprogramm selber etwas aufwendiger (nur einmal).

Abbildung 18.10 zeigt das Prinzip der Parameterübergabe ohne und mit Parameterblock.

Ohne Parameterblock

```
             MOV   BX,OFFSET anzahl
             MOV   DI,OFFSET error
             MOV   SI,OFFSET tab
             CALL  up
             ........
```

```
up           PROC
             MOV   DL,CS:[BX]
             MOV   DH,CS:[DI]
```
    anzahl in DL
    error in DH
    Adresse von tab in SI

```
             RET
up           ENDP
```

```
anzahl       DB    10
error        DB    0FFh
tab          DB    3, 4, 9, 1, 8
             DB    5, 2, 0, 6, 7
```

Mit Parameterblock

```
             MOV   DI,OFFSET parablock
             CALL  up
             ........
```

```
up           PROC
             MOV   BX,CS:[DI]
             MOV   DL,CS:[BX]
             MOV   BX,CS:[DI+2]
             MOV   DH,CS:[BX]
             MOV   SI,CS:[DI+4]
```
    anzahl in DL
    error in DH
    Adresse von tab in SI

```
             RET
up           ENDP
```

```
parablock    DW    anzahl
             DW    error
             DW    tab

anzahl       DB    10
error        DB    0FFh
tab          DB    3, 4, 9, 1, 8
             DB    5, 2, 0, 6, 7
```

Abb. 18.10: Vergleich der Parameterübergabe mit und ohne Parameterblock

18.5 Übungen

a) Schreiben Sie ein Unterprogramm für eine Codewandlung, welche die Hex-Ziffern 0...F in die Zeichen 0...F in ASCII-Code wandelt.
Der Eingangscode wird im Register AL übergeben, und der Ausgangscode soll im Register AL zurückgegeben werden.

b) Schreiben Sie ein Unterprogramm für eine Codewandlung, das eine BCD-Ziffer in den entsprechenden 7-Segment-Code wandelt.
Es soll die Verdrahtung der 7-Segment-Anzeige aus dem Abschnitt 18.2 verwendet werden. Der Eingangscode wird im Register AL übergeben, und der Ausgangscode soll im Register AL zurückgegeben werden. Ist der Eingangscode kein gültiger BCD-Code, so soll der Wert 0 zurückgegeben werden.

c) Studieren Sie anhand der Befehlsliste im Anhang A den Befehl XLAT und wenden Sie ihn für Aufgabe b) an.

d) Schreiben Sie ein Unterprogramm für die Codewandlung Tastatur-Bitmuster nach 7-Segment-Code aus dem Abschnitt 18.3.
Der Eingangscode wird im Register AL übergeben, und der 7-Segment-Code soll im Register AL zurückgegeben werden. Ist der Eingangscode kein gültiger Code, so soll der Wert 0 zurückgegeben werden.

e) Ändern Sie das Programm aus d) so, dass es allgemeingültig ist, d.h. alle Parameter werden in Registern übergeben. Somit kann die Routine für beliebige Codewandlungen verwendet werden.

    SI   Anfang EINGANGSTAB
    DI   Anfang AUSGANGSTAB
    CX   Anzahl Elemente in Tabelle
    DL   Fehlercode (wird bei falschem Code zurückgegeben)
    AL   Eingangscode / Ausgangscode

f) Schreiben Sie das Programm aus Aufgabe e) so um, dass die Parameter für Eingangstabelle, Ausgangstabelle, Anzahl Elemente, Fehlercode und Codewandlungstabellen in einem Parameterblock im Speicher stehen und nur noch der Eingangscode/Ausgangscode in AL und die Anfangsadresse des Parameterblocks in DI übergeben wird. Der Parameterblock, die Eingangs- und die Ausgangscodetabelle stehen im Datensegment (durch DS-Register adressiert).

Folgende Parameter werden übergeben: DI Anfangsadresse Parameterblock
    AL Eingangscode/Ausgangscode

Struktur des Parameterblocks:

Zeiger auf die Anfangsadresse der Eingangscodetabelle (Wort)
Zeiger auf die Anfangsadresse der Ausgangscodetabelle (Wort)
Anzahl Elemente in den Tabellen (Wort)
Fehlercode (Byte)

A

Befehlslisten der Prozessoren 8086/8088 und 80186/80188

A.1 Thematische Befehlsliste der Prozessoren 8086 und 80186

Operandentypen		
Parameter	Bedeutung	
reg8 *reg16* *reg*	8-Bit-Register 16-Bit-Register *reg8* bei Byte-Operation *reg16* bei Wort-Operation	AH, BH, CH, DH, AL, BL, CL, DL AX, BX, CX, DX, DI, SI, SP, BP
sreg	Segmentregister	CS, DS, ES, SS
accu	AL bei Byte-Operation AX bei Wort-Operation	
extended accu	AX bei Byte-Operation DX, AX bei Wort-Operation	
mem8 *mem16* *mem32* *mem*	8-Bit-Speicheroperand 16-Bit-Speicheroperand 32-Bit-Speicheroperand *mem8* bei Byte-Operation *mem16* bei Wort-Operation	beliebige Adressierungsart
const8 *const16* *const*	8-Bit-Konstante 16-Bit-Konstante *const8* bei Byte-Operation *const16* bei Wort-Operation	
portadr	8-Bit-Portadresse für direkt adressierte I/O	
table *dest* *src*	Name, unter dem die Codeumwandlungstabelle für XLAT erklärt ist Name, unter dem der in – DI adressierte – SI adressierte Operand erklärt ist.	diese Namen werden zur Typenprüfung herangezogen: die Operanden sind jedoch durch Register adressiert!

Operandentypen		
Parameter	Bedeutung	
shortlabel	Label im Bereich -128...+127 Bytes vom Ende der betreffenden Instruktion	
nearlabel	Label im aktuellen Codesegment	
farlabel	Label in einem beliebigen Codesegment	
stringinstruction	Stringbefehl	
instruction	Beliebiger Befehl	
Beeinflusste Flags	Gemäss dem Resultat einer Operation gesetzt oder zurückgesetzt	
O	Overflow Flag	
D	Direction Flag	
I	Interrupt Flag	
T	Trap Flag	
S	Sign Flag	
Z	Zero Flag	
A	Auxiliary Carry Flag	
P	Parity Flag	
C	Carry Flag	
1	gesetzt	
0	zurückgesetzt	
?	undefiniert	
-	unbeeinflusst	
	Das Feld "beeinflusste Flags" ist leer, wenn der betreffende Befehl keine Flags verändert.	

Mnemonic	Operanden	beeinflusste Flags ODITSZAPC	Funktion des Befehls
			Instruktionen, die nur für 80186/88 gelten
			Transferbefehle *a) generelle Transfers*
MOV	reg,reg reg,mem mem,reg reg,const mem,const sreg*,reg16 sreg*,mem16 reg16,sreg mem16,sreg		Move: Destination-Operand (links) laden mit Inhalt des Source-Operanden (rechts). * Ausnahme: *sreg* ≠ CS
XCHG	reg,reg reg,mem mem,reg		Exchange: Inhalt der beiden Operanden miteinander vertauschen.
PUSH	reg16 sreg mem16		Push: SP um 2 dekrementieren, Inhalt des Operanden im durch SP adressierten Speicherwort ablegen.
PUSH	const		SP um 2 dekrementieren, *const* (*const8* wird "sign extended" auf 16 Bit) im durch SP adressierten Speicherwort ablegen.
PUSHA			Push All Registers: Inhalt der Register AX, CX, DX, BX, SP, BP, SI und DI auf den Stack transferieren. SP wird um 16 erniedrigt.
POP	reg16 sreg* mem16		Pop: Operand mit dem Inhalt des durch den SP adressierten Speicherwortes laden. SP um 2 inkrementieren. * Ausnahme: *sreg* ≠ CS
POPA			Pop All Registers: Inverse Operation zu PUSHA. Die Register DI, SI und BP mit den Speicherworten laden, die adressiert sind durch SP, SP-2, SP-4; BX, DX, CX, AX mit den durch SP-8, SP-10, SP-12, SP-14 adressierten Speicherworten. SP wird um 16 erhöht.
IN	accu,portadr accu,DX		Input: *accu* mit dem Wert des Eingabekanals laden, der durch – *portadr* direkt adressiert ist – DX indirekt adressiert ist
OUT	portadr,accu DX,accu		Output: Inhalt des *accu* an den Kanal ausgeben, der durch – *portadr* direkt adressiert ist – DX indirekt adressiert ist

Mnemonic	Operanden	beeinflusste Flags ODITSZAPC	Funktion des Befehls
XLAT XLATB	table*		Translate: Aus der Codeumwandlungstabelle *table*, deren Anfangsadresse in BX steht, das durch AL indizierte Byte nach AL laden (table lookup byte translation). * symbolische Tabellenadresse, nur für Typenprüfung benötigt *b) Flag-Transfers*
PUSHF			Push Flags: SP um 2 dekrementieren. Flags im durch SP adressierten Speicherwort ablegen.
POPF		ODITSZAPC	Pop Flags: Flags mit dem Inhalt des durch SP adressierten Speicherwortes laden. SP um 2 inkrementieren.
LAHF			Load AH with Flags: AH mit dem niederwertigen Byte des Flag-Registers laden (S, Z, A, P, C).
SAHF		- - - -SZAPC	Store AH into Flags: Inhalt von AH im niederwertigen Byte des Flag-Registers abspeichern (S, Z, A, P, C). *c) Adress-Transfers*
LEA	*reg16,mem*		Load effective Address: *reg16* mit der effektiven Adresse (Offset) des Speicheroperanden *mem* laden.
LDS	*reg16,mem32*		Load data segment register: *reg16* mit dem niederwertigen, DS mit dem höherwertigen Wort des Speicheroperanden *mem32* laden.
LES	*reg16,mem32*		Load extra segment register: *reg16* mit dem niederwertigen, ES mit dem höherwertigen Wort des Speicheroperanden *mem32* laden. **Arithmetische Operationen** *a) Addition*
ADD	*reg,reg* *reg,mem* *mem,reg* *reg,const* *mem,const*	O- - -SZAPC	Add: Zum linken Operanden den rechten addieren. Das Ergebnis überschreibt den linken Operanden.

Mnemonic	Operanden	beeinflusste Flags ODITSZAPC	Funktion des Befehls
ADC	reg,reg reg,mem mem,reg reg,const mem,const	O---SZAPC	Add with carry: Zum linken Operanden den rechten und das Carry addieren. Das Ergebnis überschreibt den linken Operanden.
INC	reg mem	O---SZAP-	Increment by one: Operand um den Wert 1 erhöhen.
AAA		?---??A?C	ASCII adjust for addition: Anpassung nach einer Addition von ungepackten BCD-Zahlen. Bringt das Additionsresultat in AL wieder in eine normierte ungepackte BCD-Darstellung (höherwertiges Nibble = 0; BCD-Ziffer im niederwertigen Nibble). Ein Übertrag zur nächsten Ziffer wird zu AH addiert.
DAA		?---SZAPC	Decimal adjust for addition: Anpassung nach einer Addition von gepackten BCD-Zahlen. Bringt das Additionsresultat in AL wieder in eine normierte gepackte BCD-Darstellung (je im höherwertigen und niederwertigen Nibble).

b) Subtraktion

Mnemonic	Operanden	beeinflusste Flags	Funktion des Befehls
SUB	reg,reg reg,mem mem,reg reg,const mem,const	O---SZAPC	Subtract: Vom linken Operanden den rechten subtrahieren. Das Ergebnis überschreibt den linken Operanden.
SBB	reg,reg reg,mem mem,reg reg,const mem,const	O---SZAPC	Subtract with borrow: Vom linken Operanden den rechten und das Carry (Borrow) subtrahieren. Das Ergebnis überschreibt den linken Operanden.
DEC	reg mem	O---SZAP-	Decrement by one: Den Operanden um den Wert 1 erniedrigen.
NEG	reg mem	O---SZAPC	Negate: Vom Operanden das Zweierkomplement bilden.
CMP	reg,reg reg,mem mem,reg reg,const mem,const	O---SZAPC	Compare: Vergleich durch Subtraktion des rechten Operanden vom linken Operanden. Dabei bleiben beide Operanden unverändert.

Mnemonic	Operanden	beeinflusste Flags ODITSZAPC	Funktion des Befehls
			Instruktionen, die nur für 80186/88 gelten
AAS		?---??A?C	ASCII adjust for subtraction: Anpassung nach einer Subtraktion von ungepackten BCD-Zahlen. Bringt das Subtraktionsresultat in AL wieder in eine normierte ungepackte BCD-Darstellung (höherwertiges Nibble = 0; BCD-Ziffer im niederwertigen Nibble). Ein von der nächsthöheren Ziffer geborgtes Bit wird von AH subtrahiert.
DAS		?---SZAPC	Decimal adjust for subtraction: Anpassung nach einer Subtraktion von gepackten BCD-Zahlen. Bringt das Subtraktionsresultat in AL wieder in eine normierte gepackte BCD-Darstellung (je im höherwertigen und niederwertigen Nibble).
			c) Multiplikation
MUL	*reg* *mem*	0---????C	Multiply unsigned: *accu* vorzeichenlos mit dem Operanden multiplizieren. Das doppelt breite Resultat wird im *extended accu* abgelegt.
IMUL	*reg* *mem*	0---????C	Integer multiplication: *accu* vorzeichenbehaftet mit dem Operanden multiplizieren. Das doppeltbreite Resultat wird im *extended accu* abgelegt.
IMUL	*reg16 [,reg16],const* *reg16,mem16,const*	0---????C	Integer multiplication: *accu* vorzeichenbehaftet mit dem Operanden multiplizieren. Das doppeltbreite Resultat wird im *extended accu* abgelegt.
AAM		?---SZ?P?	ASCII adjust for multiplication: Anpassung nach einer Multiplikation von zwei ungepackten BCD-Zahlen. Bringt das Multiplikationsresultat in AX wieder in eine normierte ungepackte BCD-Darstellung (je eine BCD-Ziffer im lower Nibble von AH und AL; higher Nibble = 0).
			d) Division
DIV	*reg* *mem*	?---?????	Divide unsigned: *extended accu* wird vorzeichenlos durch den Operanden dividiert. Der Quotient wird in die niederwertige, der Rest in die höherwertige Hälfte des *extended accu* abgelegt. Liegt der Quotient ausserhalb des darstellbaren Bereiches, so erfolgt ein INT 0.

Mnemonic	Operanden	beeinflusste Flags ODITSZAPC	Funktion des Befehls
IDIV	reg mem	?---?????	Integer division: *extended accu* wird vorzeichenbehaftet durch den Operanden dividiert. Der Quotient wird in die niederwertige, der Rest in die höherwertige Hälfte des *extended accu* abgelegt. Liegt der Quotient ausserhalb des darstellbaren Bereiches, so erfolgt ein INT 0.
AAD		?---SZ?P?	ASCII adjust for division: Anpassung *vor* einer Division von zwei ungepackten BCD-Zahlen. Bringt den Dividenden in AX in eine Form, dass nach der Division das Resultat in einer normierten BCD-Darstellung erscheint (higher Nibble = 0; BCD-Ziffer im lower Nibble).
			e) Formatumwandlungen
CBW			Convert byte to word: Wandelt den vorzeichenbehafteten 8-Bit-Wert in AL durch "sign extension" in einen 16-Bit-Wert in AX um.
CWD			Convert word to double word: Wandelt den vorzeichenbehafteten 16-Bit-Wert in AX durch "sign extension" in einen 32-Bit-Wert in DX, AX um.
			Bit-Manipulation *a) logische Verknüpfungen*
NOT	reg mem		Not: den Operanden invertieren (Einerkomplement)
AND	reg,reg reg,mem mem,reg reg,const mem,const	0---SZ?P0	And: Operanden bitweise logisch UND verknüpfen. Das Resultat überschreibt den linken Operanden.
OR	reg,reg reg,mem mem,reg reg,const mem,const	0---SZ?P0	Or: Operanden bitweise logisch ODER verknüpfen. Das Resultat überschreibt den linken Operanden.

Mnemonic	Operanden	beeinflusste Flags ODITSZAPC	Funktion des Befehls
XOR	reg,reg reg,mem mem,reg reg,const mem,const	0---SZ?P0	Exclusive or: Operanden bitweise logisch exklusiv-ODER verknüpfen. Das Resultat überschreibt den linken Operanden.
TEST	reg,reg reg,mem mem,reg reg,const mem,const	0---SZ?P0	Test: logischer Vergleich durch bitweise logische UND-Verknüpfung der Operanden. Dabei bleiben beide Operanden unverändert.
			b) Schiebe- und Rotations-Operationen In Schiebe/Rotations-Operationen gibt jeweils der rechte Operand die Anzahl Bitstellen an, um die der linke Operand geschoben/rotiert werden soll. Als Anzahl können angegeben werden: – 1: um 1 Bit schieben/rotieren – CL: so oft schieben/rotieren, wie der Inhalt von CL angibt. CL wird dabei nicht verändert. – *const8*: um *const8* Bit schieben/rotieren
SHR	reg,1 mem,1 reg,CL mem,CL reg,const8 mem,const8	0---SZ?PC	Shift right: Den Operanden nach rechts durch das Carry schieben. Von links werden Nullen nachgezogen.
SHL	reg,1 mem,1 reg,CL mem,CL reg,const8 mem,const8	0---SZ?PC	Shift left: Den Operanden nach links durch das Carry schieben. Von rechts werden Nullen nachgezogen.
SAR	reg,1 mem,1 reg,CL mem,CL reg,const8 mem,const8	0---SZ?PC	Shift arithmetic right: Den Operanden nach rechts durch das Carry schieben. Von links wird das Vorzeichen-Bit des Operanden nachgezogen.

Instruktionen, die nur für 80186/88 gelten

Mnemonic	Operanden	beeinflusste Flags ODITSZAPC	Funktion des Befehls
			Instruktionen, die nur für 80186/88 gelten
SAL	reg,1 mem,1 reg,CL mem,CL reg,const8 mem,const8	O---SZ?PC	Shift arithmetic left: Den Operanden nach links durch das Carry schieben. Von rechts werden Nullen nachgezogen (identisch mit SHL!).
ROR	reg,1 mem,1 reg,CL mem,CL reg,const8 mem,const8	O-------C	Rotate right: Den Operanden nach rechts rotieren. Das rotierte Bit wird ins Carry geschoben.
ROL	reg,1 mem,1 reg,CL mem,CL reg,const8 mem,const8	O-------C	Rotate left: Den Operanden nach links rotieren. Das rotierte Bit wird ins Carry geschoben.
RCR	reg,1 mem,1 reg,CL mem,CL reg,const8 mem,const8	O-------C	Rotate right through Carry: Den Operanden nach rechts durch das Carry hindurch rotieren.
RCL	reg,1 mem,1 reg,CL mem,CL reg,const8 mem,const8	O-------C	Rotate left through Carry: Den Operanden nach links durch das Carry hindurch rotieren.

Mnemonic	Operanden	beeinflusste Flags ODITSZAPC	Funktion des Befehls
			Stringoperationen *a) Grundoperationen* Die String-Operationen arbeiten mit durch SI und DI indirekt adressierten Speicheroperanden. SI und DI werden nach der Ausführung der Operation automatisch – inkrementiert, wenn Direction Flag = 0 – dekrementiert, wenn Direction Flag = 1 mit der Schrittweite – 1 bei Byte-Operationen – 2 bei Wort-Operationen Die beim Mnemonic anzugebenden Operanden *src* und *dest* sind symbolische Adressen, die zur Bestimmung des Operandentyps (Byte oder Word) verwendet werden. Fehlt diese Angabe, so ist der Mnemonic durch ...B bei Byte, bzw. durch ...W bei Wort-Operationen zu ergänzen.
MOVS MOVSB MOVSW	*dest,src*		Move string: Den durch SI adressierten Operanden im durch DI adressierten Speicherplatz ablegen und Auto-Increment/-Decrement von SI und DI. (Mit Repeat-Präfix: String kopieren.)
CMPS CMPSB CMPSW	*dest,src*	O---SZAPC	Compare string: Den durch DI adressierten Operanden von dem durch SI adressierten Operanden subtrahieren und Auto-Increment/-Decrement von SI und DI. Die beiden Operanden bleiben dabei unverändert. (Mit Repeat-Präfix: String vergleichen.)
SCAS SCASB SCASW	*dest,src*	O---SZAPC	Scan string: Den durch DI adressierten Operanden vom Inhalt des *accu* subtrahieren und Auto-Increment/-Decrement von DI. Die beiden Vergleichsoperanden bleiben dabei unverändert. (Mit Repeat-Präfix: String durchlaufen bis zur ersten Gleichheit/Ungleichheit.)
STOS STOSB STOSW	*dest,src*		Store string: Inhalt des *accu* an der durch DI adressierten Speicherstelle ablegen und Auto-Increment/-Decrement von DI. (Mit Repeat-Präfix: String füllen.)

Mnemonic	Operanden	beeinflusste Flags ODITSZAPC	Funktion des Befehls
			Instruktionen, die nur für 80186/88 gelten
LODS LODSB LODSW	*src*		Load string: Den durch SI adressierten Operanden in den *accu* laden und Auto-Increment/-Decrement von SI. (Mit Repeat-Präfix: nicht sinnvoll)
INS INSB INSW	*dest,DX*		Input string: Lädt den durch das Register DI adressierten Speicheroperanden mit dem Wert des Eingabekanals, der durch das Register DX adressiert ist. Das Register DI wird entsprechend dem D-Flag inkrementiert resp. dekrementiert.
OUTS OUTSB OUTSW	*dest,DX*		Output string: Transferiert den durch das Register SI adressierten Speicheroperanden zum Ausgabekanal, der durch das Register DX adressiert ist. Das Register SI wird entsprechend dem D-Flag inkrementiert resp. dekrementiert.
			b) Steuerung der String-Operationen
CLD		-0-------	Clear Direction-Flag: Direction-Flag zurücksetzen; stellt Auto-Increment-Mode ein.
STD		-1-------	Set Direction-Flag: Direction-Flag setzen; stellt Auto-Decrement-Mode ein.
REP	*stringinstruction*		Repeat: *stringinstruction* wiederholen bis CX = 0.
REPZ/ REPE	*stringinstruction*		Repeat if zero/equal: *stringinstruction* wiederholen, bis CX = 0 oder Z = 0 (CMPS bzw. SCAS bei Ungleichheit vorzeitig abbrechen.)
REPNZ/ REPNE	*stringinstruction*		Repeat if not zero/not equal: *stringinstruction* wiederholen, bis CX = 0 oder Z = 1 (CMPS bzw. SCAS bei Gleichheit vorzeitig abbrechen.)
			Bei String-Operationen mit Repeat-Präfix bleibt der IP auf dem Repeat-Präfix stehen, so dass die String-Operation durch Interrupt unterbrechbar ist (bei 8086/8088: Achtung bei mehreren Präfixen!).

Mnemonic	Operanden	beeinflusste Flags ODITSZAPC	Funktion des Befehls
			Sprungbefehle *a) Unbedingte Sprünge* *Direct Jump*: direkter Sprung (Adresse des Zieles bzw. Distanz zum Ziel in der Instruktion)
JMP	*farlabel*		– Intersegment: IP und CS mit der absoluten Adresse des Sprungzieles *farlabel* laden (jedes Ziel erreichbar).
	nearlabel		– Intrasegment near: Zum IP die vorzeichenbehaftete 16-Bit-Distanz zum Sprungziel *nearlabel* addieren. CS bleibt unverändert (Ziel innerhalb des aktuellen Code-Segments erreichbar).
	shortlabel		– Intrasegment near: Zum IP die vorzeichenbehaftete 8-Bit-Distanz zum Sprungziel *shortlabel* addieren. CS bleibt unverändert (Ziel im Bereich -128...+127 erreichbar).
			Indirect Jump: indirekter Sprung (Adresse des Zieles steht in Register- oder Speicheroperand)
JMP	*mem32*		– Intersegment: IP mit dem niederwertigen Wort, CS mit dem höherwertigen Wort des Speicheroperanden *mem32* laden (jedes Ziel erreichbar).
	reg16 *mem16*		– Intrasegment: IP mit dem Operanden laden. CS bleibt unverändert (Ziel innerhalb des aktuellen Codesegments erreichbar).
			b) Bedingte Sprünge Conditional intrasegment direct short Jump: Wenn Bedingung erfüllt ist, zum IP die 8-Bit-Distanz zum Ziel shortlabel addieren. CS bleibt unverändert (Ziel im Bereich -128...+127 erreichbar). – Verzweigung nach einem bestimmten Flag
JZ	*shortlabel*		Jump if zero $Z = 1$
JNZ			not zero $Z = 0$
JP/JPE			parity/parity even $P = 1$
JNP/JPO			not parity/parity odd $P = 0$
JC			carry $C = 1$
JNC			not carry $C = 0$
JS			sign (minus) $S = 1$
JNS			not sign (plus) $S = 0$
JO			overflow $O = 1$
JNO			not overflow $O = 0$

Mnemonic	Operanden	beeinflusste Flags ODITSZAPC	Funktion des Befehls
JE JNE JB/JNAE JAE/JNB JBE/JNA JA/JNBE	shortlabel		– Verzweigung nach Vergleich von vorzeichenlosen Grössen Jump if equal Z = 1 not equal Z = 0 below/not above or equal C = 1 above or equal/not below C = 0 below or equal/not above C = 1 or Z = 1 above/not below or equal C = 0 and Z = 0
JE JNE JL/JNGE JGE/JNL JLE/JNG JG/JNLE	shortlabel		– Verzweigung nach Vergleich von vorzeichenbehafteten Grössen Jump if equal Z = 1 not equal Z = 0 less/not greater or equal O ≠ S greater or equal/ not less O = S less or equal/not greater O ≠ S or Z = 1 greater/not less or equal O = S and Z = 0
			c) Iterationsbefehle
LOOP	shortlabel		Loop instruction sequence until count complete: Loop-Counter CX dekrementieren. Wenn CX ≠ 0, erfolgt intrasegment direct short Jump nach *shortlabel* (8-Bit-Distanz zum IP addieren).
LOOPZ/ LOOPE	shortlabel		Loop while zero/equal: Loop-Counter CX dekrementieren. Wenn CX ≠ 0 und Z =1, erfolgt intrasegment direct short Jump nach *shortlabel* (8-Bit-Distanz zum IP addieren).
LOOPNZ/ LOOPNE	shortlabel		Loop while not zero/not equal: Loop-Counter CX dekrementieren. Wenn CX ≠ 0 und Z =0, erfolgt intrasegment direct short Jump nach *shortlabel* (8-Bit-Distanz zum IP addieren).
JCXZ	shortlabel		Jump if CX zero: Wenn CX = 0, erfolgt intrasegment direct short Jump nach *shortlabel* (8-Bit-Distanz zum IP addieren).

Mnemonic	Operanden	beeinflusste Flags `ODITSZAPC`	Funktion des Befehls
			Unterprogrammbefehle *a) Unterprogrammaufruf*
CALL	*farlabel*		– Intersegment: CS und IP im Stack sichern. CS und IP mit Adresse des Unterprogrammes *farlabel* laden (jedes Unterprogramm erreichbar).
	nearlabel		– Intrasegment: IP im Stack sichern. Zum IP die vorzeichenbehaftete 16-Bit-Distanz zum Unterprogramm *nearlabel* addieren. CS bleibt unverändert (Unterprogramm innerhalb des aktuellen Codesegments erreichbar).
			Indirect Procedure Call: indirekter Unterprogrammaufruf (Adresse des Unterprogramms bzw. Distanz zum Unterprogramm steht in Register- oder Speicheroperand).
CALL	*mem32*		– Intersegment: CS und IP im Stack sichern. CS mit dem höherwertigen, IP mit dem niederwertigen Wort des Speicheroperanden *mem32* laden (jedes Unterpogramm erreichbar).
	reg16 *mem16*		– Intrasegment: IP im Stack sichern. IP mit dem Inhalt des Operanden laden. CS bleibt unverändert (Unterprogramm innerhalb des aktuellen Codesegments erreichbar).
			b) Rücksprung
RET	*[const16]*		Return from Procedure: Rücksprung von Unterprogramm – intersegment: Rücksprungadresse aus dem Stack in IP und CS laden. – intrasegment: Rücksprungadresse aus dem Stack in IP laden. Bei (fakultativer) Angabe von *const16* wird die 16-Bit-Konstante zum Register SP addiert.

Mnemonic	Operanden	beeinflusste Flags ODITSZAPC	Funktion des Befehls
			Interrupt-Behandlung
INT	*const8*	- - 0 0 - - - - -	Software-Interrupt: Flags im Stack sichern, Interrupt-Enable und Trap-Flag zurücksetzen. CS und IP im Stack sichern. CS mit dem höherwertigen, IP mit dem niederwertigen Wort des 32-Bit-Speicheroperanden an Adresse 4^{*}*const8* laden.
INTO		- - 0 0 - - - - -	Interrupt on overflow: Wenn Overflow-Flag = 1, erfolgt Software-Interrupt INT 4.
IRET		ODITSZAPC	Return from Interrupt-Procedure: Rücksprungadresse aus dem Stack in IP und CS laden, Flags aus dem Stack laden.
STI		- - 1 - - - - - -	Set Interrupt-Enable Flag: Hardware-Interrupt freigeben.
CLI		- - 0 - - - - - -	Clear Interrupt-Enable Flag: Hardware-Interrupt sperren (Software-Interrupt und NMI werden dadurch nicht gesperrt).
			Processor Control
HLT			Halt: Bringt den Prozessor in den Haltezustand. Programmausführung wird bis zum Eingreifen von RESET, NMI oder INTR (falls freigegeben) gestoppt.
WAIT			Wait for TEST: Hält den Prozessor im Wartezustand, solange TEST = low (für Synchronisationszwecke). IP bleibt auf dem Befehl stehen, so dass der WAIT-Befehl durch Interrupt unterbrechbar ist.
LOCK	*instruction*		Lock-Präfix: Für die Ausführungsdauer der mit dem Lock-Präfix versehenen *instruction* wird das MAX-Mode-Steuersignal LOCK aktiv (Busverriegelung bei Mehrrechnersystemen).

Mnemonic	Operanden	beeinflusste Flags `ODITSZAPC`	Funktion des Befehls
ESC	*externopcode,mem*		Escape: Adresse des Operanden *mem* wird berechnet und über den Bus abgegeben. Die eintreffenden Daten werden aber nicht vom Bus übernommen. Ein anderer Baustein kann diese Daten übernehmen und so mit dem Speicher arbeiten, wie wenn er eine eigene Buskontrolllogik und Prozessorsteuerungen hätte. Mit dem 6-Bit-breiten *externopcode* wird diesem Baustein während des ESC-Fetch-Zyklus ein Operationscode zugänglich.
STC		`--------1`	Set Carry: Carry-Flag setzen
CMC		`--------C`	Complement Carry: Carry-Flag invertieren
CLC		`--------0`	Clear Carry: Carry-Flag zurücksetzen
NOP			No Operation: keine Operation
instruction	CS: *mem* SS: *mem* DS: *mem* ES: *mem*		Segment-Override-Präfix: Welches Segmentregister zur Berechnung der physikalischen Adresse des Speicheroperanden *mem* verwendet wird, ist durch die Operation und die verwendete Adressierungsart (Art, wie die effektive Adresse gebildet wird) stillschweigend vereinbart. Diese Vereinbarung kann (für die Dauer einer einzigen Befehlsausführung) mit dem Override-Präfix umgestossen werden. Zur Berechnung der physikalischen Adresse des Operanden *mem* wird verwendet: – das Code-Segment-Register CS – das Stack-Segment-Register SS – das Data-Segment-Register DS – das Extra-Segment-Register ES Bei String-Befehlen gilt das Override-Präfix immer für den durch SI adressierten Speicheroperanden.

Mnemonic	Operanden	beeinflusste Flags ODITSZAPC	Funktion des Befehls
			Instruktionen, die nur für 80186/88 gelten
			Zusätzliche Befehle der Prozessoren 80186/188
ENTER	*const16,const8*		High Level Procedure Entry: Einrichten eines Stackframe beim Prozedureintritt. Der erste Operand spezifiziert die Anzahl Bytes, die für lokale Variablen reserviert werden, der zweite Operand spezifiziert die statische Schachtelungstiefe der Prozedur.
LEAVE			High Level Procedure Exit: Inverse Operation zu ENTER. Abbau des Stackframe beim Prozeduraustritt.
BOUND	*reg16,mem32*		Check Array Against Bounds: Der Operand *mem32* repräsentiert einen aus zwei vorzeichenbehafteten Word-Elementen bestehenden Speicherblock, wobei das erste Element die untere Schranke eines Wertebereiches definiert. Wenn der im Operand *reg16* enthaltene Wert ausserhalb dieses Wertebereiches liegt, erfolgt Interrupt 5.

A.2 Alphabetische Befehlsliste der Prozessoren 8086 und 80186

Mnemonic	Operanden	beeinflusste Flags ODITSZAPC	Funktion des Befehls
			Instruktionen, die nur für 80186/88 gelten
AAA		?---??A?C	ASCII adjust after addition
AAD		?---SZ?P?	ASCII adjust befor division
AAM		?---SZ?P?	ASCII adjust after multiplication
AAS		?---??A?C	ASCII adjust after subtraction
ADC	reg,reg	O---SZAPC	Add with carry (op1 := op1 + op2 + CF)
	reg,mem		
	mem,reg		
	reg,const		
	mem,const		
ADD	reg,reg	O---SZAPC	Add (op1 := op1 + op2)
	reg,mem		
	mem,reg		
	reg,const		
	mem,const		
AND	reg,reg	O---SZ?P0	And (op1 := op1 AND op2)
	reg,mem		
	mem,reg		
	reg,const		
	mem,const		
BOUND	reg16,mem32		Check Array Against Bounds
CALL	farlabel		Farcall direct, Intersegment
CALL	mem16		Nearcall indirect, Intrasegment
	reg16		
CALL	mem32		Farcall indirect, Intersegment
CALL	nearlabel		Nearcall direct, Intrasegment
CBW			Convert byte to word (AL → AX)
CLC		--------0	Clear Carry
CLD		-0-------	Clear Direction-Flag (autoincrement)
CLI		--0------	Clear Interrupt-Enable Flag
CMC		--------C	Complement Carry
CMP	reg,reg	O---SZAPC	Compare
	reg,mem		
	mem,reg		
	reg,const		
	mem,const		
CMPS	dest,src	O---SZAPC	Compare string
CMPSB			
CMPSW			
CWD			Convert word to double word (AX → DX:AX)
DAA		?---SZAPC	Decimal adjust after addition
DAS		?---SZAPC	Decimal adjust after subtraction

Mnemonic	Operanden	beeinflusste Flags ODITSZAPC	Funktion des Befehls	
			Instruktionen, die nur für 80186/88 gelten	
DEC	*reg* *mem*	O---SZAP-	Decrement by one	
DIV	*reg* *mem*	?---?????	Divide unsigned	
ENTER	***const16,const8***		**High Level Procedure Entry (stackframe)**	
ESC	*externopcode,mem*		Escape, coporcessorinstructions and address	
HLT			Halt	
IDIV	*reg* *mem*	?---?????	Integer division	
IMUL	*reg* *mem*	O---????C	Integer multiplication	
IMUL	***reg16 [,reg16],const*** ***reg16,mem16,const***	**O---????C**	**Integer multiplication**	
IN	*accu,portadr* *accu,DX*		Input from port	
INC	*reg* *mem*	O---SZAP-	Increment by one	
INS	***dest,DX***		**Input string**	
INSB				
INSW				
INT	*const8*	--00-----	Software Interrupt	
INTO		--00-----	Interrupt on overflow	
IRET		ODITSZAPC	Return from Interrupt-Procedure	
JA	*shortlabel*		Jump if above	C = 0 and Z = 0
JAE	*shortlabel*		Jump if above or equal	C = 0
JB	*shortlabel*		Jump if below	C = 1
JBE	*shortlabel*		Jump if below or equal	C = 1 or Z = 1
JC	*shortlabel*		Jump on carry	C = 1
JCXZ	*shortlabel*		Jump on CX zero	CX = 0
JE	*shortlabel*		Jump if equal	Z = 1
JG	*shortlabel*		Jump if greater	O = S and Z = 0
JGE	*shortlabel*		Jump if greater or equal	O = S
JL	*shortlabel*		Jump if less	O ≠ S
JLE	*shortlabel*		Jump if less or equal	O ≠ S or Z = 1
JMP	*shortlabel*		Jump unconditional short (+127 ... –128)	
	nearlabel		Jump unconditional direct near	
	farlabel		Jump unconditional direct far	
	mem16		Jump unconditional indirect near	
	reg16		Jump unconditional indirect near	
	mem32		Jump unconditional indirect far	
JNA	*shortlabel*		Jump if not above	C = 1 or Z = 1
JNAE	*shortlabel*		Jump if not above or equal	C = 1
JNB	*shortlabel*		Jump if not below	C = 0
JNBE	*shortlabel*		Jump if not below or equal	C = 0 and Z = 0
JNC	*shortlabel*		Jump if not carry	C = 0
JNE	*shortlabel*		Jump if not equal	Z = 0
JNG	*shortlabel*		Jump if not greater	O ≠ S or Z = 1

Mnemonic	Operanden	beeinflusste Flags ODITSZAPC	Funktion des Befehls	
			Instruktionen, die nur für 80186/88 gelten	
JNGE	shortlabel		Jump if not greater or equal	O ≠ S
JNL	shortlabel		Jump if not less	O = S
JNLE	shortlabel		Jump if not less or equal	O = S and Z = 0
JNO	shortlabel		Jump if not overflow	O = 0
JNP	shortlabel		Jump if not parity	P = 0
JNS	shortlabel		Jump if not sign (plus)	S = 0
JNZ	shortlabel		Jump if not zero	Z = 0
JO	shortlabel		Jump if overflow	O = 1
JP	shortlabel		Jump if parity	P = 1
JPE	shortlabel		Jump if parity even	P = 1
JPO	shortlabel		Jump if parity odd	P = 0
JS	shortlabel		Jump if sign (minus)	S = 1
JZ	shortlabel		Jump if zero	Z = 1
LAHF			Load AH with Flags	
LDS	reg16,mem32		Load data segment register	
LEA	reg16,mem		Load effective Address	
LEAVE			High Level Procedure Exit	
LES	reg16,mem32		Load extra segment register	
LOCK	instruction		Lock-Prefix (Lock bus for next instruction)	
LODS	src		Load string	
LODSB				
LODSW				
LOOP	Shortlabel		Loop instruction sequence until CX = 0	
LOOPE	Shortlabel		Loop while equal (CX≠0 and Z=1)	
LOOPNE	Shortlabel		Loop while not equal (CX≠0 and Z=0)	
LOOPNZ	Shortlabel		Loop while not zero (CX≠0 and Z=0)	
LOOPZ	Shortlabel		Loop while zero (CX≠0 and Z=1)	
MOV	reg,reg		Move (op1 := op2, *sreg ≠ CS)	
	reg,mem			
	mem,reg			
	reg,const			
	mem,const			
	sreg*,reg16			
	sreg*,mem16			
	reg16,sreg			
	mem16,sreg			
MOVS	dest,src		Move string	
MOVSB				
MOVSW				
MUL	reg	O---????C	Multiply unsigned	
	mem			
NEG	reg	O---SZAPC	Negate	
	mem			
NOP			No Operation	
NOT	reg		Not	
	mem			

Mnemonic	Operanden	beeinflusste Flags ODITSZAPC	Funktion des Befehls
			Instruktionen, die nur für 80186/88 gelten
OR	reg,reg reg,mem mem,reg reg,const mem,const	0---SZ?P0	Or
OUT	portadr,accu DX,accu		Output to port
OUTS OUTSB OUTSW	dest,DX		Output string
POP	reg16 sreg* mem16		Pop from stack (*sreg ≠ CS)
POPA			Pop All Registers from stack
POPF		ODITSZAPC	Pop Flags from stack
PUSH	reg16 sreg mem16 const		Push to stack
PUSHA			Push All Registers to stack
PUSHF			Push Flags to stack
RCL	reg,1 mem,1 reg,CL mem,CL reg,const8 mem,const8	O-------C	Rotate left through Carry
RCR	reg,1 mem,1 reg,CL mem,CL reg,const8 mem,const8	O-------C	Rotate right through Carry
ROL	reg,1 mem,1 reg,CL mem,CL reg,const8 mem,const8	O-------C	Rotate left
ROR	reg,1 mem,1 reg,CL mem,CL reg,const8 mem,const8	O-------C	Rotate right
REP	stringinstruction		Repeat stringinstruction until CX = 0
REPE	stringinstruction		Repeat if zero/equal
REPNE	stringinstruction		Repeat if not equal

Mnemonic	Operanden	beeinflusste Flags ODITSZAPC	Funktion des Befehls
			Instruktionen, die nur für 80186/88 gelten
REPNZ	*stringinstruction*		Repeat if not zero
REPZ	*stringinstruction*		Repeat if zero
RET	*[const16]*		Return from Procedure
SAHF		----SZAPC	Store AH into Flags
SAL	*reg,1*	O---SZ?PC	Shift arithmetic left
	mem,1		
	reg,CL		
	mem,CL		
	reg,const8		
	mem,const8		
SAR	*reg,1*	O---SZ?PC	Shift arithmetic right
	mem,1		
	reg,CL		
	mem,CL		
	reg,const8		
	mem,const8		
SBB	*reg,reg*	O---SZAPC	Subtract with borrow
	reg,mem		
	mem,reg		
	reg,const		
	mem,const		
SCAS	*dest,src*	O---SZAPC	Scan string
SCASB			
SCASW			
SHL	*reg,1*	O---SZ?PC	Shift left
	mem,1		
	reg,CL		
	mem,CL		
	reg,const8		
	mem,const8		
SHR	*reg,1*	O---SZ?PC	Shift right
	mem,1		
	reg,CL		
	mem,CL		
	reg,const8		
	mem,const8		
STC		--------1	Set Carry
STD		-1-------	Set Direction-Flag (autodecrement)
STI		--1------	Set Interrupt-Enable-Flag
STOS	*dest,src*		Store string
STOSB			
STOSW			
SUB	*reg,reg*	O---SZAPC	Subtract
	reg,mem		
	mem,reg		
	reg,const		
	mem,const		

Mnemonic	Operanden	beeinflusste Flags ODITSZAPC	Funktion des Befehls
			Instruktionen, die nur für 80186/88 gelten
TEST	reg,reg reg,mem mem,reg reg,const mem,const	0---SZ?P0	Test
WAIT			Wait for BUSY inactive (HIGH)
XCHG	reg,reg reg,mem mem,reg		Exchange
XLAT XLATB	table		Translate
XOR	reg,reg reg,mem mem,reg reg,const mem,const	0---SZ?P0	Exclusive or

B

ASCII-Zeichensätze

B.1 ISO-Latin-1-Zeichensatz

	0	1	2	3	4	5	6	7	8	9	A	B	C	D	E	F
0	0 0	1 1	2 2	3 3	4 4	5 5	6 6	7 7	10 8	11 9	12 10	13 11	14 12	15 13	16 14	17 15
1	20 16	21 17	22 18	23 19	24 20	25 21	26 22	27 23	30 24	31 25	32 26	33 27	34 28	35 29	36 30	37 31
2	40 32	41 33 !	42 34 "	43 35 #	44 36 $	45 37 %	46 38 &	47 39 '	50 40 (	51 41)	52 42 *	53 43 +	54 44 ,	55 45 -	56 46 .	57 47 /
3	60 48 0	61 49 1	62 50 2	63 51 3	64 52 4	65 53 5	66 54 6	67 55 7	70 56 8	71 57 9	72 58 :	73 59 ;	74 60 <	75 61 =	76 62 >	77 63 ?
4	100 64 @	101 65 A	102 66 B	103 67 C	104 68 D	105 69 E	106 70 F	107 71 G	110 72 H	111 73 I	112 74 J	113 75 K	114 76 L	115 77 M	116 78 N	117 79 O
5	120 80 P	121 81 Q	122 82 R	123 83 S	124 84 T	125 85 U	126 86 V	127 87 W	130 88 X	131 89 Y	132 90 Z	133 91 [	134 92 \	135 93]	136 94 ^	137 95 _
6	140 96 `	141 97 a	142 98 b	143 99 c	144 100 d	145 101 e	146 102 f	147 103 g	150 104 h	151 105 i	152 106 j	153 107 k	154 108 l	155 109 m	156 110 n	157 111 o
7	160 112 p	161 113 q	162 114 r	163 115 s	164 116 t	165 117 u	166 118 v	167 119 w	170 120 x	171 121 y	172 122 z	173 123 {	174 124 |	175 125 }	176 126 ~	177 127
8	200 128	201 129	202 130	203 131	204 132	205 133	206 134	207 135	210 136	211 137	212 138	213 139	214 140	215 141	216 142	217 143
9	220 144	221 145	222 146	223 147	224 148	225 149	226 150	227 151	230 152	231 153	232 154	233 155	234 156	235 157	236 158	237 159
A	240 160	241 161 ¡	242 162 ¢	243 163 £	244 164 ¤	245 165 ¥	246 166 ¦	247 167 §	250 168 ¨	251 169 ©	252 170 ª	253 171 «	254 172 ¬	255 173 -	256 174 ®	257 175 ¯
B	260 176 °	261 177 ±	262 178 ²	263 179 ³	264 180 ´	265 181 µ	266 182 ¶	267 183 ·	270 184 ¸	271 185 ¹	272 186 º	273 187 »	274 188 ¼	275 189 ½	276 190 ¾	277 191 ¿
C	300 192 À	301 193 Á	302 194 Â	303 195 Ã	304 196 Ä	305 197 Å	306 198 Æ	307 199 Ç	310 200 È	311 201 É	312 202 Ê	313 203 Ë	314 204 Ì	315 205 Í	316 206 Î	317 207 Ï
D	320 208 Ð	321 209 Ñ	322 210 Ò	323 211 Ó	324 212 Ô	325 213 Õ	326 214 Ö	327 215 ×	330 216 Ø	331 217 Ù	332 218 Ú	333 219 Û	334 220 Ü	335 221 Ý	336 222 Þ	337 223 ß
E	340 224 à	341 225 á	342 226 â	343 227 ã	344 228 ä	345 229 å	346 230 æ	347 231 ç	350 232 è	351 233 é	352 234 ê	353 235 ë	354 236 ì	355 237 í	356 238 î	357 239 ï
F	360 240 ð	361 241 ñ	362 242 ò	363 243 ó	364 244 ô	365 245 õ	366 246 ö	367 247 ÷	370 248 ø	371 249 ù	372 250 ú	373 251 û	374 252 ü	375 253 ý	376 254 þ	377 255 ÿ

B.2 IBM-PC-Zeichensatz

	0	1	2	3	4	5	6	7	8	9	A	B	C	D	E	F
0	♪ (0,0)	☺ (1,1)	☻ (2,2)	♥ (3,3)	♦ (4,4)	♣ (5,5)	♠ (6,6)	• (7,7)	◘ (10,8)	○ (11,9)	◙ (12,10)	♂ (13,11)	♀ (14,12)	♪ (15,13)	♫ (16,14)	☼ (17,15)
1	► (20,16)	◄ (21,17)	↕ (22,18)	‼ (23,19)	¶ (24,20)	§ (25,21)	▬ (26,22)	↨ (27,23)	↑ (30,24)	↓ (31,25)	→ (32,26)	← (33,27)	∟ (34,28)	↔ (35,29)	▲ (36,30)	▼ (37,31)
2	(40,32)	! (41,33)	" (42,34)	# (43,35)	$ (44,36)	% (45,37)	& (46,38)	' (47,39)	((50,40)	) (51,41)	* (52,42)	+ (53,43)	, (54,44)	- (55,45)	. (56,46)	/ (57,47)
3	0 (60,48)	1 (61,49)	2 (62,50)	3 (63,51)	4 (64,52)	5 (65,53)	6 (66,54)	7 (67,55)	8 (70,56)	9 (71,57)	: (72,58)	; (73,59)	< (74,60)	= (75,61)	> (76,62)	? (77,63)
4	@ (100,64)	A (101,65)	B (102,66)	C (103,67)	D (104,68)	E (105,69)	F (106,70)	G (107,71)	H (110,72)	I (111,73)	J (112,74)	K (113,75)	L (114,76)	M (115,77)	N (116,78)	O (117,79)
5	P (120,80)	Q (121,81)	R (122,82)	S (123,83)	T (124,84)	U (125,85)	V (126,86)	W (127,87)	X (130,88)	Y (131,89)	Z (132,90)	[(133,91)	\ (134,92)	] (135,93)	^ (136,94)	_ (137,95)
6	` (140,96)	a (141,97)	b (142,98)	c (143,99)	d (144,100)	e (145,101)	f (146,102)	g (147,103)	h (150,104)	i (151,105)	j (152,106)	k (153,107)	l (154,108)	m (155,109)	n (156,110)	o (157,111)
7	p (160,112)	q (161,113)	r (162,114)	s (163,115)	t (164,116)	u (165,117)	v (166,118)	w (167,119)	x (170,120)	y (171,121)	z (172,122)	{ (173,123)	| (174,124)	} (175,125)	~ (176,126)	△ (177,127)
8	Ç (200,128)	ü (201,129)	é (202,130)	â (203,131)	ä (204,132)	à (205,133)	å (206,134)	ç (207,135)	ê (210,136)	ë (211,137)	è (212,138)	ï (213,139)	î (214,140)	ì (215,141)	Ä (216,142)	Å (217,143)
9	É (220,144)	æ (221,145)	Æ (222,146)	ô (223,147)	ö (224,148)	ò (225,149)	û (226,150)	ù (227,151)	ÿ (230,152)	Ö (231,153)	Ü (232,154)	¢ (233,155)	£ (234,156)	¥ (235,157)	₧ (236,158)	ƒ (237,159)
A	á (240,160)	í (241,161)	ó (242,162)	ú (243,163)	ñ (244,164)	Ñ (245,165)	ª (246,166)	º (247,167)	¿ (250,168)	⌐ (251,169)	¬ (252,170)	½ (253,171)	¼ (254,172)	¡ (255,173)	« (256,174)	» (257,175)
B	░ (260,176)	▒ (261,177)	▓ (262,178)	│ (263,179)	┤ (264,180)	╡ (265,181)	╢ (266,182)	╖ (267,183)	╕ (270,184)	╣ (271,185)	║ (272,186)	╗ (273,187)	╝ (274,188)	╜ (275,189)	╛ (276,190)	┐ (277,191)
C	└ (300,192)	┴ (301,193)	┬ (302,194)	├ (303,195)	─ (304,196)	┼ (305,197)	╞ (306,198)	╟ (307,199)	╚ (310,200)	╔ (311,201)	╩ (312,202)	╦ (313,203)	╠ (314,204)	═ (315,205)	╬ (316,206)	╧ (317,207)
D	╨ (320,208)	╤ (321,209)	╥ (322,210)	╙ (323,211)	╘ (324,212)	╒ (325,213)	╓ (326,214)	╫ (327,215)	╪ (330,216)	┘ (331,217)	┌ (332,218)	█ (333,219)	▄ (334,220)	▌ (335,221)	▐ (336,222)	▀ (337,223)
E	α (340,224)	β (341,225)	Γ (342,226)	π (343,227)	Σ (344,228)	σ (345,229)	µ (346,230)	τ (347,231)	Φ (350,232)	θ (351,233)	Ω (352,234)	δ (353,235)	∞ (354,236)	φ (355,237)	∈ (356,238)	∩ (357,239)
F	≡ (360,240)	± (361,241)	≥ (362,242)	≤ (363,243)	⌠ (364,244)	⌡ (365,245)	÷ (366,246)	≈ (367,247)	° (370,248)	• (371,249)	· (372,250)	√ (373,251)	η (374,252)	² (375,253)	■ (376,254)	(377,255)

Unterstützende Unterlagen und Kontakte

Über das Internet unter `http://www.zhwin.ch/publikationen/tin1` sind zusätzliche unterstützende Unterlagen und Materialien zu diesem Buch erhältlich.

Da bekanntlich nichts beständiger ist als der Wandel, finden Sie im Notfall den obigen Link auch auf der Internet-Seite des vdf Verlags: `http://vdf.ethz.ch/`

Lösungen zu den Übungsaufgaben:

`http://www.zhwin.ch/publikationen/tin1/loesungen/`

Bilder als Folien im Postscript-Format:

`http://www.zhwin.ch/publikationen/tin1/folien/`

Korrigenda:

`http://www.zhwin.ch/publikationen/tin1/korrigenda.shtml`

Kontakte:

Falls Sie Fragen, Anregungen oder Korrekturen zu diesem Buch haben, so freut sich der Herausgeber über entsprechende Rückmeldungen an folgende Adresse:

Zürcher Hochschule Winterthur
Thomas Müller
Postfach 805
CH-8401 Winterthur
Schweiz

Oder wenden Sie sich direkt an den Autor des entsprechenden Kapitels:

Kapitel / Anhang	Autor	E-Mail
6, 7, 13, A, B	Rolf Gübeli	rolf.guebeli@zhwin.ch
1, 2, 3, 4, 8, 9, 12, 15, 16	Hans Käser	hans.kaeser@zhwin.ch
11, 14, 18	Rolf Klaus	rolf.klaus@zhwin.ch
5, 10, 17, C	Thomas Müller	thomas.mueller@zhwin.ch

Literaturverzeichnis

[1] Claude E. Shannon: *A Mathematical Theory of Communication*, BSTJ 27 (1948), S. 379–423, 623–656

[2] Prof. Dr.-Ing. Werner Gitt: *Information – die dritte Grundgrösse neben Materie und Energie*, Siemens-Zeitschrift 4/89, S. 4–9

[3] R. W. Hamming: *Error Detecting and Error Correcting Codes*, Bell System Technical Journal 29 (1950), S. 147–160

[4] Bernd Behr: *Welt der Zeichen*, C't, 1992 Heft 9, S. 241-247

[5] R.M. Fano: *The Transmission of Information*, MIT-Report 65 (1949)

[6] Gregory K. Wallace: *The JPEG Still Picture Compression Standard*, Submitted in December 1991 for publication in IEEE Transactions on Consumer Electronics 6

[7] Mark Nelson: *Datenkomprimierung, Effiziente Algorithmen in C*, Hannover: Heise, 1993

[8] Th. Müller: *Technische Informatik II: Mikroprozessor-Hardware und Programmiertechniken*, vdf

Index

Symbols

ADC 171
ADD 171
AND 183
ASSUME 200
BYTE PTR 143
CALL 275
CBW 178
CLC 186
CLD 285
CMC 186
CMPSB 286
CMPSW 286
CMP 222
CWD 178
DB 197
DD 197
DEC 174
DIV 177
DUP 198
DW 197
ENDP 276
ENDS 199
END 193, 202
EQU 197
EVEN 202
FAR 277
IDIV 177
IMUL 176
INC 172
INS 286
IN 141
JAE 220
JA 220
JBE 220
JB 220
JCXZ 224
JC 221
JE 220
JGE 220
JG 220
JLE 220
JL 220
JNAE 220
JNA 220
JNBE 220
JNB 220
JNC 221
JNE 220
JNGE 220
JNG 220
JNLE 220
JNL 220
JNO 221
JNP 221
JNS 221
JNZ 221
JO 221
JPE 221
JPO 221
JP 221
JS 221
JZ 221
LODSB 286
LODSW 286
LOOPE 224
LOOPNE 224
LOOPNZ 224
LOOPZ 224
LOOP 224
MOVSB 286
MOVSW 286
MOV 139
MUL 176
NAME 193
NEAR 277

Index

NEG 175
NOP 157
NOT 184
OFFSET 204
OR 183
OUTS 286
OUT 141
POPA 274
POPF 273
POP 273
PROC 276
PTR 205
PUSHA 274
PUSHF 273
PUSH 273
RCL 185
RCR 185
REPE 288
REPNE 288
REPNZ 288
REPZ 288
REP 287
RET 276
ROL 186
ROR 186
SAR 188
SBB 173
SCASB 286
SCASW 286
SEGMENT 199, 204
SHL 187
SHR 188
STC 186
STD 285
STOSB 286
STOSW 286
SUB 173
TEST 222
WORD PTR 143
XCHG 141
XOR 183
1-aus-10-Code 39
2-aus-5-Code 39
7-Segment-Code 292
8-Spur-Lochstreifen 47

A

Ablaufstrukturen
    Prinzip 230
absoluter Sprung 212
ACF *siehe* Auxiliary Carry Flag
Addition 171
    BCD 38
    mit Carry 171
additive Zahlensysteme 15
additiver Code 36
Adressbus 105
Adresse
    Displacement 136
    effektive Adresse 136
    Offset 135, 136
Adressierung
    Adressierungsart 117, 135
    direkt 118, 135
    immediate 118, 135
    implizit 135, 151
    indirekt 119, 135
    Register 117, 135
Adressparameter 278
Adressraum 130
Akkumulator
    Extended 176
    Register 125
Aktoren 104
Alphabet 3
ALU 125, 165
Apobetik 2
Arithmetic and Logical Unit 125, 165
Array 255
ASCII
    Code 41
    Steuerzeichen 43
Assembler 191
    Übersetzungsprogramm 191
    Direktive 196
    Identifier 194
    Kommentar 196
    Konstanten 198
    Label 194
    Literal 197
    Makro 192

Namen 194
Operator 203
Programmiersprache 191
Programmstruktur 193
Pseudobefehl 196
Schlüsselwort 194
Syntax 193
Variablen 198
Zahlenbasen 195
Zahlenwerte 195
Aufruf
   Prozedur- 278
   Unterprogramm- 278
Auftretenswahrscheinlichkeit 81
Aufzählungstyp *siehe* Enumeration
Auxiliary Carry Flag 126

B

Barcode *siehe* Strichcode
Basisregister 136
BCD
   Code 37
   packed 38
   Pseudotetraden 38
   unpacked 38
Befehl
   ADC 171
   ADD 171
   AND 183
   CALL 275
   CBW 178
   CLC 186
   CLD 285
   CMC 186
   CMPSB 286
   CMPSW 286
   CMP 222
   CWD 178
   DEC 174
   DIV 177
   IDIV 177
   IMUL 176
   INC 172
   INS 286
   IN 141

   JAE 220
   JA 220
   JBE 220
   JB 220
   JCXZ 224
   JC 221
   JE 220
   JGE 220
   JG 220
   JLE 220
   JL 220
   JNAE 220
   JNA 220
   JNBE 220
   JNB 220
   JNC 221
   JNE 220
   JNGE 220
   JNG 220
   JNLE 220
   JNL 220
   JNO 221
   JNP 221
   JNS 221
   JNZ 221
   JO 221
   JPE 221
   JPO 221
   JP 221
   JS 221
   JZ 221
   LODSB 286
   LODSW 286
   LOOPE 224
   LOOPNE 224
   LOOPNZ 224
   LOOPZ 224
   LOOP 224
   MOVSB 286
   MOVSW 286
   MOV 139
   MUL 176
   NEG 175
   NOP 157
   NOT 184

OR 183
OUTS 286
OUT 141
POPA 274
POPF 273
POP 273
PUSHA 274
PUSHF 273
PUSH 273
RCL 185
RCR 185
REPE 288
REPNE 288
REPNZ 288
REPZ 288
REP 287
RET 276
ROL 186
ROR 186
SAR 188
SBB 173
SCASB 286
SCASW 286
SHL 187
SHR 188
STC 186
STD 285
STOSB 286
STOSW 286
SUB 173
TEST 222
XCHG 141
XOR 183
Bereichsüberlauf 25
Big Endian 109, 244
Binärcode 36
Biquinärcode 39
BIU 124, *siehe* Bus Interface Unit
Blocksicherung 66
Boolean 248
Bus Interface Unit 124, 125
Busbreite 105
Bussystem 105

C

Calculators 103
Carry-Flag 126, 166
case 235
CCITT
    Alphabet Nr. 2 46
    Alphabet Nr. 3 47
CF *siehe* Carry-Flag
Character 245
Characterset 3
Code 4
    1-aus-10 39
    2-aus-5 39
    7-Segment 292
    Biquinär 39
    einschrittig 40
    Fehlererkennung 39
    Hamming 68
    Lochkarte 48
    m aus n 39
    Morse 4
    packed BCD 38
    Strichcode *siehe* Strichcode
    unpacked BCD 38
    Walking 39
Codewandlung
    7-Segment-Code 292
    Parameterblock 299
    Prinzip 291
Codierung 4
    diskret Cosinus 96
    Dynamic-Markov 83
    Huffmann 99
    JPEG 96
    strukturierte 230
Computer 103
Control Unit 125
CRC 60
CRC-Bildung 62
Cross-Reference 192
Cyclic Redundancy Check 60

D

Datenbus 105
Datentransferbefehle 137
Datentyp
    Array 255
    Boolean 248
    Character 245
    Enumeration 247
    Floating Point 249
    Integer 246
    Konzept 240
    Pointer 262
    Real 249
    Record 254
    Set 258
    String 261
    Subrange 249
    user defined 240
Datum 3
Decodierung 4
Decrement 174
Default-Segmentregister 150
Deklaration
    Unterprogramm 276
Deltacode 49
DF *siehe* Direction-Flag
Direction-Flag 126, 285
direkte Adressierung 135
direkter Sprung 212
Direktive 196
diskrete Cosinus-Transformation 96
Displacement 136
Division 177
    durch null 177
    durch Zweierpotenz 187
Double Real 253
Dynamic-Markov-Codierung 83

E

EAN 49
    Artikelcode 56
    Code 53
    EAN-13-Code 55
    EAN-8-Code 54
    Landescode 56
    Organisation 56
EBCDIC 45
effektive Adresse 136
Ein-/Ausgabe 105, 110
    Adressraum 130
    Befehl 141
    Port 110
Einerkomplement 21
einschrittiger Code 40
Embedded Processors 122
Entropie 10
Entschlüsselung 4
Enumeration Type 247
Escape-Code 79
Escape-Sequenz 79
EU 124, *siehe* Execution Unit
Even Parity 59
Execution Unit 124, 125
Exponent 250
Extended Real 253
Extended-Akkumulator 176
Extrasegment-Sprung 213
Exzessdarstellung 22
    Floating-Point-Exponent 250

F

False 248
Fano 12
Far-Prozedur 277
Far-Sprung 212
Fehler
    -erkennung 66
    -korrektur 66
    -lokalisation 66
Fehlererkennung
    EAN-Code 55
    Hamming 68
Fehlerkorrektur
    ein-Bit- 70
    Hamming 70
Feld *siehe* Array
FIFO 269

Flag
    arithmetisch 126, 166
    Carry 166
    CF 166
    OF 168
    Overflow 168
    Parity 170
    PF 170
    Register 125
    SF 169
    Sign 169
    Steuerungs- 126
    Veränderung des Carry 186
    Zero 169
    ZF 169
Floating Point 249
    Double Real 253
    Exponentendarstellung 250
    Extended Real 253
    IEEE-754 253
    IEEE-854 253
    Mantisse 250
    Not a Number 252
    null 251
    Single Real 253
    unendlich 252
Floating-Point-Zahlen 23

G

ganze Zahlen *siehe* Integer
Generator-Polynom 65
Gleichgewichtiger Code 36
globale Variablen 278
Gray-Code 40

H

Hamming
    -Codes 68
    -distanz 70
Hardware 104
Hexadezimalsystem 17
Hidden Bit 250
Hollerith-Code 48
Horner-Schema 18

I

I/O *siehe* Ein-/Ausgabe
Identifier 194
IEEE-754 253
IEEE-854 253
IF *siehe* Interrupt-Flag
if-then-else 233
Immediate-Adressierung 118, 135
implizite Adressierung 135, 151, 154
Increment 172
Indexregister 125, 136
indirekte Adressierung 135
indirekter Sprung 212
Industrial-2-aus-5-Code 51
Informationsgehalt 6
Input/Output *siehe* Ein-/Ausgabe
Instruction Queue 125
Integer 246
Interleaved Two of Five Code 52
Interleaved-2-aus-5-Code 51
Interrupt-Flag 126
Intervallhalbierung 296
Intrasegment-Sprung 213
IOR-Signal 116
IOW-Signal 116
ISO-Latin-1 44
Iteration 231

K

Kardinalzahlen *siehe* Integer
Kommentar 196
Konstanten
    Attribute 195
    Deklaration 198
Konstantenadressierung 118
kontinuierlicher Code 52
kontinuierlicher Strichcode 49
Konvertierung 178
Kybernetik 1

L

Label 194
Lauflängencodierung 79
LIFO 270
Literal 197
Little Endian 109, 244
Location Counter 193
Lochkarte 48
logische Befehle 181
logischer Datentyp *siehe* Boolean
Longitudinal Redundancy Check 60
LRC 60
LZ77 88
LZ78 88

M

Mantisse 250
Matrix-2-aus-5-Code 52
Mehrbreitencode 49
Mehrfachverzweigung 235
Memory 105, 106
MEMR-Signal 116
MEMW-Signal 116
Mengendatentyp *siehe* Set
Message 3
Mikrocomputer 103, 105
Mikrocontroller 123
Mikroprozessor 105
Minimalcode 36
Modul
    Barcode 49
Morse-Code 4
Move-Befehl 139
MPEG 101
Multiplikation 176
    mit Zweierpotenz 187

N

Nachricht 3
Namen 194
Near-Prozedur 277
Near-Sprung 212
Negieren 175
No Operation 157
Not a Number 252

O

Object-File 193
Odd Parity 59
OF *siehe* Overflow-Flag
Offset 135, 136
Opcode 148
Operation
    Addition 171
    Addition mit Carry 171
    AND 182
    arithmetisch 163
    binär 163
    Decrement 174
    Division 177, 187
    Increment 172
    Konvertierung 178
    logische 181
    Multiplikation 176, 187
    Negieren 175
    OR 182
    Rotate 184
    Shift 184
    String 285
    Subtraktion 173
    Subtraktion mit Borrow 173
    unäre 163
    XOR 182
Operationscode 111, 148
Operator
    OFFSET 204
    PTR 205
    SEGMENT 204
    Assembler 203
optimaler Code 36
ordinaler Datentyp 242
Overflow-Flag 126, 168

P

Paragraphennummer 128
Parameterübergabe 278
    Adressparameter 278
    globale Variablen 278
    Parameterblock 299
    Wertparameter 278
Parameterblock 299

Paritätsbit 59
Parity-Flag 126, 170
PDF417-Beispiel 50
PF *siehe* Parity-Flag
Pointer 262
Pointer-Register 125
Präfix
    Repeat 287
Pragmatik 2
Processor Status Word 126
Programm-Listing 192
Programmstruktur 193
Programmzähler 111
Prozedur *siehe* Unterprogramm
Prozessor
    Adressbildung 127
    Blockschaltbild 8086 124
    Entwicklungsgeschichte 122
Pseudobefehl 196
    ASSUME 200
    DB 197
    DD 197
    DUP 198
    DW 197
    ENDP 276
    ENDS 199
    END 193, 202
    EQU 197
    EVEN 202
    FAR 277
    NAME 193
    NEAR 277
    PROC 276
    SEGMENT 199
Pseudotetraden 38
PSW *siehe* Processor Status Word

Q
Quantisierung 98
Querverweisliste 192
Queue 269

R
RAM 107
Random Access Memory 107
Read Only Memory 107
Real *siehe* Floating Point
Record 254
Redundanz 8
Register 125
    Adressierung 117, 135
    AH 125
    AL 125
    AX 125
    Basis- 136
    BH 125
    BL 125
    BP 136
    BX 125, 136
    CH 125
    CL 125
    CX 125
    DH 125
    DI 125, 136
    DL 125
    DX 125
    Index- 136
    SI 125, 136
    sichern 277
relativer Sprung 212
Repeat-Präfix 287
repeat-until 233
ROM 107
Run Length Coding 79

S
SACV 56
Schleifen 224
Sedezimalsystem 17
Segment-Override-Präfix 150
Segmentpräfix 143
Segmentregister 128
Selektion 231
Semantik 2
Sensoren 104
Sequenz 231
Set Type 258

SF *siehe* Sign-Flag
Shannon 1
Short-Sprung 212
Sign and Magnitude 21
Sign-Extension 28
Sign-Flag 126, 169
Signal 4
    analoges 4
    digitales 4
Signalleitungen 116
Signalparameter 4
Single Precision Floating Point 250
Single Real 253
skalarer Datentyp 240, 242
Software 104
Speicher 105, 106
    „Big Endian"-Organisation 109
    „Little Endian"-Organisation 109
    Adressraum 130
    peripher 106
    RAM 107
    ROM 107
    seriell 108
    zentral 106
Sprungbefehl 211
    absolut 212
    arithmetisch signed 220
    arithmetisch unsigned 220
    bedingt 211
    direkt 212
    Extrasegment 213
    far 212
    Flag-orientiert 221
    indirekt 212
    Intrasegment 213
    near 212
    relativ 212
    short 212
    unbedingt 211
Stack 269, 270
Startadresse 194
Startzeichen 52
Statistik 2
Stellenwertsysteme 15
Steuerbus 105

Steuerzeichen 43
Stoppzeichen 52
Strichcode 49
    Delta 49
    diskret 49
    EAN-13 55
    EAN-8 54
    Industrial-2-aus-5 51
    Interleaved Two of Five 52
    Interleaved-2-aus-5 51
    kontinuierlich 49, 52
    Matrix-2-aus-5 52
    Mehrbreiten 49
    mehrdimensional 50
    PDF417-Beispiel 50
    Portable Data File 50
    Startzeichen 52
    Stoppzeichen 52
    Zweibreiten 49
String 261
String-Operationen 285
Strukturelement
    Iteration 233
    Realisierung 233
    Selektion 233
    Sequenz 233
strukturierten Codierung 230
strukturierter Datentyp 240, 242
Subrange Type 249
Subtraktion 173
    mit Borrow 173
    negativer Zahlen 25
Symboltabelle 192
Syntax 2

T

Tastencode 294
TF *siehe* Trap-Flag
Trap-Flag 126
True 248

U

Unicode 44
Unterbereichstyp *siehe* Subrange
Unterprogramm
    Aufruf 275
    Parameterübergabe 278
    Rücksprung 276
UPC 49
    Code 53
    Organisation 56
user defined type 240

V

Variablen
    Attribute 195
    Deklaration 198
Vergleichsbefehl 211, 222
Verschlüsselung 4
Vertical Redundancy Check 60
VRC 60

W

Wahrscheinlichkeit 2
Walkingcode 39
Wertparameter 278
while 233
Wortlängen-Erweiterung 27

Z

Zählcode 39
Zählschleifen 224
Zahlenbasen 195
Zahlencode 37
Zahlensystem
    Basis 16
    Stellenwert 16
Zahlenwandlung 18
Zahlenwerte 195
Zeichen 3, 245
Zeichenketten *siehe* String
Zeichensatz 3
    IBM-PC 329
    ISO-Latin-1 328
Zeichenvorrat 3
Zeiger *siehe* Pointer
Zero-Flag 126, 169
ZF *siehe* Zero-Flag
Ziffer 16
Zweibreitencode 49
Zweierkomplement 22